U0463614

百姓身边的维权助手

◎王基丞 / 著

民商权益维护新论

CIVIL AND COMMERCIAL INTERESTS IN MAINTAINING NEW THEORY

团结出版社

图书在版编目(CIP)数据

民商权益维护新论/王基丞著. -北京:团结出版社,2013.5
ISBN 978-7-5126-1812-1/D.366

Ⅰ.①民… Ⅱ.①王… Ⅲ.①民法-权益保护-研究-中国②商法-权益保护-研究-中国 Ⅳ.①D923.04

中国版本图书馆CIP数据核字(2013)第083663号

出　版:团结出版社
(北京市东城区东皇城根南街84号　邮编:100006)
电　话:(010)65228880　65244790(传真)
网　址:www.tjpress.com
E-mail:65244790@163.com
经　销:全国新华书店
印　刷:郑州市诚丰印刷有限公司
开　本:787mm×1 092mm　1/16
印　张:20.25
字　数:350千字
版　次:2013年5月第1版
印　次:2013年5月第1次印刷

书　号:978-7-5126-1812-1/D.366
定　价:48.00元

内容提要

本书深刻分析了我国目前民商权益维护的问题和现状;论述了民商法学领域关于民商权益维护的有关法学问题;典型剖析了重大疑难民商事案件及其具有指导意义的多种民商权益的维权方法。作者根据对国内外民商法学领域的成果比较研究认为,民商法哲学理论对于民商权益维护具有指导意义,进而提出“民商行为科学理论”研究势在必行。

本书提出的论点和对实务的研究,有利于市场经济条件下民商行为交易安全的维护,有利于民商事纠纷处理中公平正义原则的贯彻实施,有利于民商事案件的案结事了、服判息诉和民商领域的反腐倡廉。

本书对于学术研究、民商事实务交流、特别是民商权益维护都具有参考价值。本书愿成为民商行为科学研究和民商权益维护的参考和助手。

前　言

中共中央总书记习近平同志在2013年1月就做好新形势下政法工作作出重要指示时指出，全力推进平安中国、法治中国，努力让人民群众在每一个司法案件中都能感受到公平正义，保证中国特色社会主义事业在和谐稳定的社会环境中顺利推进。而民商事法律实务涉及社会生活各个方面，民商权益维护关系到经济、社会的可持续发展和国家的长治久安。

民商法规属于私法规范性质的法规，民商行为的实施和民商权益的维护始终贯彻着意思自治原则。民商权益维护需要公民、法人等民商事主体的参与，需要民商事主体对民商事法律权益保护的认知能力的提高，民商权益维护离不开民商事主体自我认知、自我保护和自力救济。同时，我国应当贯彻民商法律分立原则，以利于社会主义市场经济条件下交易安全的维护。所以，应当研究民商行为和区分民商责任。

在以上探讨的基础上，本书认为民商行为应当是一种科学行为，民商行为科学研究势在必行。

作者注意到在学术理论界曾有的从理论到理论，与社会实践和工作实际存在距离的情况，本书运用真实典型的民商疑难案例，力图分析研究民商行为科学形成和发展的客观必要性。本书为尽量避免给案件当事人等可能带来的不便，写作过程中做了隐去当事人姓名或名称等技术处理，不足之处望能理解。同时，根据本书主要研究民商权益维护和民商行为科学的实际需要，为方便读者维权和研究时参考，特附录部分民商事法律法规及司法解释，以飨读者。

本书在写作过程中，参考了国内外专家、学者的有关著作和观点，从而使其能够对于民商行为科学这一命题进行深入地探讨、比较和研究。在此，表示最崇高的感谢！同时，对于本书在编写过程中有关人士的大力支持表示感谢！

由于本人水平有限，加之是业余完成的，不足及错误之处在所难免，敬请广大读者批评指正。

王基丞

2013 年 3 月于北京

目 录

第四章 民商行为科学论 …………………………………………………… 209

第一节 马克思主义哲学是民商法学研究和发展的基础 ……………… 211

民商法学主体的具体生活环境、学识基础和思维能力，决定着认识主体的认识与认识对象认知的客观真实程度。马克思主义哲学是科学的世界观和方法论，为我们能动地按照世界本来面目认识世界和改造世界提供了思想武器

第二节 民商法哲学理论具有世界指导意义 ……………………………… 214

在英国，晚近以来特别是欧洲一体化的背景下，制定法与判例并重。财产法、侵权法和合同法是美国私法领域的三大法律制度。德国属于大陆法国家，德国的私法及其整个法律思维方式，都受到了古罗马法的强烈影响。不同的法系之间从法律渊源到具体制度的看法正在逐渐地接近，特别是在民商法领域对于合意、错误、显失公平、胁迫和诚信原则的评价等等普遍贯彻客观辩证的理念。因此，民商法哲学理论的形成和发展具有世界意义

第三节 民商行为科学的形成势在必行 …………………………………… 222

民商行为科学，要求民商事主体的民商事行为是科学行为；民商行为科学是民商法私法规范性质的客观要求，是民商权益维护和助推社会公平正义的客观需要

附 录

一、中华人民共和国合同法（节录） ………………………………………… 232

二、最高人民法院关于适用《中华人民共和国合同法》若干问题的解释（一） ………………………………………………………………… 245

三、最高人民法院关于适用《中华人民共和国合同法》若干问题的解释（二） ………………………………………………………………… 249

四、最高人民法院关于当前形势下审理民商事合同纠纷案件若干问题的指导意见 ……………………………………………………………… 252

五、最高人民法院关于审理买卖合同纠纷案件适用法律问题的解释 ……… 255

第一章 民商权益维护趋势论

第一节
民商权益维护关系到国家的长治久安

民商事法律事务涉及社会生活各个方面，民商权益维护关系到经济、社会的可持续发展和国家的长治久安，民商行为科学的研究愈显必要

一、随着中国特色社会主义市场经济体系的建立和发展，在中国特色社会主义法治体系环境下，民商权益维护机制的完善和发展显得越发重要。

统计显示：2008 年，我国各级人民法院共受理各类案件 10711275 件（含上年未结案 806687 件），审结、执结各类案件 9839358 件，审结案件数是 1978 年的 19.5 倍；共审结民事一审案件 5381185 件，诉讼纠纷标的金额 7955 亿元。其中，审结一审民事案件占受理案件总数的 50.24%。

2009 年，我国各级人民法院共受理案件 11392193 件，共审结一审民事案件 5797160 件，标的额 9205.75 亿元。其中，审结一审民事案件占受理案件总数的 50.89%。2010 年，我国各级人民法院共受理各类案件 11712349 件，

各级人民法院审结各类一审民事案件6112695件,标的额9137.25亿元。其中,审结一审民商事案件占受理案件总数的52.19%。

2011年,我国最高人民法院受理案件11867件,地方各级人民法院受理案件1220.4万件,审执结1147.9万件。全国各级人民法院受理案件12215867件。

统计表明,从2008年到2010年底,民商案件在我国人民法院受理的案件中的比例逐年增加,由50.24%、50.89%,到52.19%。同时,这只是各级人民法院审结的一审民事案件,还不包括二审民事案件、再审民事案件等。民商事案件的及时处理和民商权益的有效保护越来越关系到我国的长治久安,关系到我国经济社会的和谐和可持续发展。

二、民商权益维护需要公民、法人等民商事主体的参与,需要民商事主体对民商事法律权益保护的认知能力的提高。

民商法规属于私法规范性质的法规,民商行为的实施和民商权益的维护始终贯彻着意思自治原则。资料显示,在中国13多亿人口中,目前大学生的毛入学率仅15%,而美国为82%,日、英、法等发达国家均在50%以上,韩、印度、菲律宾也在30%左右。据专家预测,“十二五”期间,我国人口将达到13.7亿,劳动年龄人口在2014年达到最高峰9.97亿。根据我国民政部发布的《2011年社会服务发展统计公报》显示,2011年全国共依法办理离婚手续的有287.4万对,比上年增加0.13个千分点;2011年全国共有1302.4万对依法办理结婚登记,比上年上升0.4个千分点。家庭是社会的细胞,婚姻家庭问题涉及感情、财产、子女抚养和父母、子女、夫妻及其相互之间的权利义务。

从中国总人口看,能够对自己意思自治正确表达和对民商法律法规深入理解的人口数量是有限的,然而,所有的民商事主体的民商权益都应当保护。因此,民商权益维护需要公民、法人等全社会民商事主体的参与,需要民商事主体对民商事法律权益保护的认知能力的提高。也就是说,民商权益维护离不开民商事主体自我认知、自我保护和自力救济。

三、农民权益保护现状的民商法分析。

我国“三农”问题的解决和和谐的社会主义新农村建设之关键在于农民权益的全面保护。长期以来我国农民权益得不到充分有效保护的根源之一在于涉农法律制度上的欠缺。

当前,我国农民在社会地位、经济收入、利益保护、社会竞争力、就业和社会保障等方面,其权益的保护仍不尽人意。农民的最基本的财产权利,特别是农民的土地承包经营权得不到全面有效的保护。对于广大农民来说,土地可以说是他们谋生的主要手段。然而,现实生活中,一些地方损害农民土地使用权的现象时有发生。

我国农民权益的保护与农民的社会主义市场经济的市场主体地位相关联。目前,在我国,由于农民的市场主体地位受到一定限制,影响了农业生产的发展和农民权益的保护。拥有合理的收益是农民的基本权益,要保护好农民权益最为根本的就是应想方设法增加农民收入和福利。我国农民权益的保护,从民商法律制度层面讲,农村土地承包经营权是农民财产权利中最为核心和重要的组成内容,农村承包经营户应当成为市场经济的平等主体。然而,一定程度上可以看出,作为农村土地发包方的村组集体往往行使的是一种管理权,这样,就导致农村土地经营主体模糊不清的现象发生,农民的土地承包合同往往被随意地解除或终止,进而损害了农民的土地承包经营权。要解决这些问题,就应当从民商法律层面给予明确界定,以切实保障广大农民的财产权。

农民享受司法救济的权利也存在缺位。在社会现实中,广大农民由于自身的经济条件、受教育程度以及法律知识普及程度等原因,在司法活动中往往处于不利的境地。尽管通过法律援助是解决广大农民在生活中遇到的法律纠纷,实现其社会诉讼权利的重要途径,但是,如果仅限于此,希望全面维护农民的民商事权益还是不够的。

随着人类生存空间的拓展,我国广大农村劳动力要向国际转移,农民权益保护国家间的合作也成为必要。为了分享合作所产生的更大利益,农民权利保护也应从单向国际化走向双向国际化,并迅速走向多边化、国际化。农民民商权益全面保护显得尤为重要。

鉴于上述,随着我国社会主义市场经济体系的形成和发展,民商事法律关系的调整愈显重要;民商法律行为的行使和民商权益的依法保护,需要民商主体的自我认知、自我保护和自力救济。因此,民商权益维护的研究,应当从国家法治建设的层面来考察。

第二节 影响法治贯彻的诸多因素决定了民商权益维护的复杂多变

法治的健全状况、法律法规制定的条件限制、我国新时期的新事物、新问题层出不穷等等使民商权益维护不得不面临许多困难

民商事案件涉及面广，法律关系纷繁复杂，特别是随着社会主义市场经济体系在我国的全面确立，各种市场主体之间新的交易关系表现形式下不断涌出，特别是在目前我国全面建成小康社会和全面深化改革开放，加快完善社会主义经济体制和加快转变经济发展方式，全面推进依法治国的社会大背景下，新事物、新问题、新矛盾层出不穷，因此，我们应当全面加强民商法学研究和民商权益维护。

首先，应当加强民商法律的制定和民商法律制度的完善。截至目前，民商事法律的法典化建设方面相对滞后，并且往往法律条文概括简疏。比如，我国《民法通则》是

1986 年 4 月 12 日公布，1987 年 1 月 1 日起实施，有九章 156 条。而法国 2010 年新版《法国民法典》有五卷 44 编 150 章 2283 条；经 2009 年 9 月新修订的《德国民法典》五编 39 章 2385 条。我国《合同法》、《物权法》、《侵权责任法》等一系列民事基本法的实施，为依法保护民商权益起到了相当大的作用，但也把本来应当在上位法规定的基本原则降至由下位法领域去规定，某种程度上造成法律适用上的困难。

其次，我国目前的执法环境有待改善。钱权交易、以权谋私现象仍然存在，司法裁判的标准不统一，"同案不同判"等等，都不可避免地给民商权益维护形成不便。

第三，在合同案件中，由于当事人在订立合同时，即使具有丰富的交易经验和雄厚的法律知识，也不可能对未来发生的各种情况事先都作出充分的预见，所以在合同中出现某些漏洞，甚至某些条款不明确、不具体，是难以避免的。这就对合同的履行、内容的解释等等造成困难。特别是格式条款是一方为了重复使用而预先拟定的，它不是为特定的相对人拟定的，而是为不特定的相对人拟定的，因此，格式条款的解释所依据的原则又具有其特殊性，给合同相对人民商权益维护埋下了风险和隐患。

第四，涉法涉诉上信访案事件对民商权益维护的挑战。它既有因审判机关自身存在问题导致上访人长期上访，如因生效裁判无法执行或执行不到位而造成的所谓法院"打白条"等；也有因上访人自身的原因，使涉法涉诉上访难予避免。如因某些当事人举证不能，或期望值过高，不能正视存在问题，不愿承担诉讼风险，以为案件到了法院就进了"保险箱"，自己的权益一旦不能够得到最终实现，就一定寻找理由让风险由法院或政府来承担等等。

在目前情况下，涉诉涉法上访信访案事件，处理难度大、任务重、费时长、耗财多，是我国社会和经济体制转型时期的不可避免的矛盾，它是一项复杂的社会系统工程，需要社会各界的共同努力。我们认为，解决的根本途径之一，应当是民商权益的维护必须合法有据，公平合理！

第五，电子商务给消费者权益保护带来新课题。电子商务的兴起拓宽了消费市场、增大了消费信息量和增加了市场透明度，给消费者带来了福音，但是，又不可避免地使消费关系复杂化并增加了消费者遭受损害的机会。因此，电子商务给消费者权益保护带来了新的挑战。从国内外的实践来看，电子商务对消费者的威胁或者潜在威胁主要表现在，一是电子商务可以使欺诈行为人将其欺诈行为掩盖得惟妙惟肖和毋庸置疑，使其快速准确地达到受害者，通过匿名的方式躲避调查，并通过寻找没有法律调整或者执法不严的地区使执法者束手无策。二是因特网具有惊人的整理信息并进行分类的能力，在线消费者的信息随时都有被收集和扩散的危险，从而对传统的隐私价值产生了新的潜在威胁。而各国对销售对象、折扣、产品安全和要求的纰漏程度差别极大，即使在一国之内也会有这种情况，使一些网上交易本来就具有很大的不可预见性。

这就需要我们深入研究怎样使民商行为成为科学行为，进而更好地维护民商权益。

第三节
恶意诉讼频发甚至泛滥，使民商权益维护面临更大风险

恶意诉讼通常以符合法律程序的形式进行，带有很强的欺骗性和隐蔽性。它既是对善良当事人合法权益的挑战，也是对国家公权力的挑战

在民事经济纠纷及其诉讼日益复杂化、多样化的今天，一些地方恶意诉讼现象日趋严重，其危害性足以引起我们的重视。由于恶意诉讼通常以符合法律程序的形式进行，带有很强的欺骗性和隐蔽性，因此，恶意诉讼很容易造成误判，损害了国家审判机关的权威性，使民事诉讼这一保障社会安定的最后救济手段面临着巨大的冲击。

恶意诉讼，是诉讼参加人恶意串通或虚构民事法律关系或法律事实，伪造证据，通过符合程序的诉讼形式，诱使法院作出错误裁判，从而达到损害他人利益、谋取非法利益之目的的违法行为。

例如,广东省发生经过长达8年时间,才得以纠正的案件,是以损害当事人合法权益为目的的典型恶意诉讼案例。

2004年,广东某原告在法院提起离婚诉讼,对方当事人为了达到非法转移共同财产,与他人恶意串通、伪造证据,以该当事人为被告的拖欠货款等纠纷的多起案件,先后在多家法院分别被提起诉讼,并且,由于该当事人的确认,法院先后作出多份生效法律文书,确认该被告拖欠货款等合计数百万元,使其恶意处分和转移了大量案涉财产。该原告得知情况后,坚持在案涉法院之间进行申诉、上诉、收集材料、调查证据、申请执行回转等等,至2011年底,原审法院或上级法院终于陆续撤销了上述多份生效文书,截至2012年2月,该原告才领到了打了8年官司的纠正错误案件的生效法律文书。但多数财产因已被执行到案外人名下,其仍需为财产权利的实现付出艰辛的努力。

在司法实践中,恶意诉讼的花样繁多,目的各异,且隐蔽性强。比如,企业法人的法定代表人或负责人在诉讼中为牟取私利,与对方当事人恶意串通,最终达到骗取国有或集体资产的目的;原、被告之间不存在事实上的民事商事纠纷,但行为人恶意串通,虚构法律事实、虚拟法律关系,故意制造诉讼状态,以达到损害第三人利益之目的。

恶意诉讼,是对善良当事人合法权益的挑战,也是对立法司法执法等公权力的挑战。恶意诉讼的人们为了以形式上"合法"的诉讼来达到其非法目的,往往在起诉前就做好了充分的谋划,甚至有懂法执法的专家、律师的"高见"。恶意诉讼频发甚至有泛滥趋势的主要原因在于:恶意诉讼的隐蔽性很强、难于查处和恶意诉讼行为人的违法成本太低!

因此,如何识破和杜绝恶意诉讼,也是我们全面维护民商权益的重要课题之一。

第二章

民商权益维护法学论

第一节
民商法的私法规范性质的认识是民商权益维护的基本前提

民商事法律关系的争议属于私法规范的争议，民商法规在立法时就给当事人的行为留有较大的空间；商法的私人性、财产性和效益最大化决定了民商权益的维护必须充分认识民商法的私法规范性质

在大陆法系国家，存在着两种体制，一种是民商分立，就是把民法和商法分开，在民法典之外，还有一个商法典，然后把有关像公司法、保险法、破产法、票据法、海商法等法律和商法典一起统称为商法，这是民商分立的体制。另外一种体制，称为民商合一，就是仅制定一部民法典，在民法典之外不再单独制定商法典，民法典统辖所有的像有关公司法、保险法、票据法、海商法等有关法律，这些法律统称为民商法或统称为民法，这些商事的法律也可以称作民法的特别法。一般观点认为，从民事立法总的发展趋势来看，都是逐渐从民商分立走向民商合一。我们国家的民商立法体制，截至目前，大多倾向于民商合一。然而，作者认为，民商法的提法更能体现民商事法律的权利义务关系以及市场主体的私法性质和社会主义市场经济发展的规律性，因此，作者主张实行民商分离，即应当既有《中华人民共和国民法典》，还应有《中华人民共和国商法典》。

民法属于私法，它调整社会普通成员之间人身关系和财产关系。民法的私法性质表现在民事主体为私主体，民事权利为私权利，民事行为为私行为等，这必然导致民事主体的自我决策和自负责任即意思自治原则的贯彻。意思自治即民事主体人格独立、意思自由、契约神圣，任何民事行为均是通过个人意志来实现，它既不受国家权利机关的非法干预，也不受其他公民、法人和其他组织的非法干预。意思自治贯彻到任何需要民事主体表达自己意志才能发生法律效力的行为中。

马克思主义认为，法律作为制度型上层建筑，与其他类型的上层建筑一样，是由经济基础决定并且反作用于经济基础的。经济基础的一般要求以及习惯法被思想家发现和反映，并在理论层面上加以提炼，形成意识形态的法律观念，称为观念层面上的法。统治阶级又依照这种观念，通过承认习惯以及创制新法的方法实施立法，于是而有制定法。制定法因人而为，于是而有善法和恶法之分，其判断标准则看是否反映经济基础一般要求。由于制定法与习惯法是用于经济基础，与经济基础相互印证，因此，反映并适应经济基础一般要求的进步的是善法。在普通法国家，尽管事实上存在着民法这样的法律部门，但它却不是通过成文法典，而是通过判例的形式表现出来的。“遵循先例”的原则使判例所体现的私法原则在普通法国家起到了法律规范的作用。在法学教学和研究中，通常具体地体现为财产法、契约法、侵权行为法等。民法这一概念是人类对法律体系尤其是法律部门科学认识的产物。在这种认识形成之前，本无民法可言。然而，当民法概念形成之后，却可以用来溯指此前的事实，例如说罗马民法、日耳曼民法，甚至中国古代民法等。从上述层面讲，民法的产生、发展和进步都离不开马克思主义哲学。

马克思指出：“法的关系正像国家的形式一样，既不能从它们本身来理解，也不能从所谓人类精神的一般发展来理解，相反，它们根源于物质的生活关系，这种物质的生活关系的总和，黑格尔按照 18 世纪英国人和法国人的先例称之为‘市民社会’”。马克思的这段话，揭示了法律尤其是市民法，根源于市民社会的真谛，启示我们，要理解民法，就要理解市民法、理解市民社会。我们研究民法应植根于社会，植根于社会矛盾的解决。

市民社会，是人们相互关系的总和。所谓市民，其本义是城市居民，但历史含义，却是商品生产者，或者市场经济社会的成员。在人们的生产力发展的一定状况下，就会有一定的交换和消费形式。在生产、交换和消费发展的一定阶段上，就会有一定的社会制度，一定的家庭、等级或阶级组织，一句话，就会有一定的市民社会。有一定的市民社会，就会有不过是市民社会的正式表现的一定的政治国家。马克思和恩格斯指出："市民社会包括各个个人在生产力发展的一定阶段上的一切物质交往，它包括该阶段上的整个商业生活和工业生活，因此，它超出了国家和民族的范围。"从以上论述中，我们可以了解马克思主义经典作家关于市民社会的思想，了解市民社会与市民法的相互关系的思想，进而了解市民社会与市场经济、经济全球化的相互关联关系。

市民社会的经济本质是商品生产与交换，作为商品生产与交换的高级形态的市场经济，亦符合市民社会的本质。在今天，我国实行社会主义的市场经济，故我国社会亦是市民社会，仍然需要市民法——社会主义的市民法。马克思、恩格斯关于市民社会的思想，在今天依然具有重要的理论意义，而且，市民社会这一术语本身，也具有不可替代的说明价值。它特别提醒我们以下几点：市民社会是全部历史的真正发源地和舞台；政治国家不过是市民社会的正式表现，并非只有国家才是一切，而别的则是微不足道的。对于欠缺市民社会的民族性体验的中国人来说，理解这一点是很重要的，尽管又是很不容易的；市民社会是市民交往的总和。市民的经济成分是商品生产者，他们因为有赖于市场，所以定居于市镇之中。而对市民社会来说，市民又是社会的普通一员。市民的交往，也就是社会普通成员的交往，而非政治国家中的官方交往或者公法层面的交往，表现市民交往的市民法，当然也就是"私"法，而不是公法。私法应当采用有别于政治国家对于社会管理的思路和调控手段，应当尊崇市民交往的规则，应当发掘市民社会的法律文化遗产，为社会主义的市民社会服务。中国几千年的封建社会是以自给自足为特征的小农经济。尽管我们建立和发展了社会主义市场经济，但是，市民社会那种体现商品生产和商品交换的品质，对我国国民的进步意义仍然毫不逊色。我们需要那种反映商品经济本质的等价有偿、公平诚信的私法规范的普及和巩固,进而为我国社会主义民法体系的完善和发展作出贡献。

民法表现了商品生产和交换的一般条件。恩格斯指出:“民法准则只是以法律形式表现了社会的经济生活条件。”由于民法所表现的社会是市民社会,这一社会的经济生活条件,就是商品生产和交换的条件。商品生产的首要条件是社会分工,生产与消费必须通过交换才得以连结。也就是说,交换成为再生产过程不可或缺的环节。罗马私法,把所有权作为全部财产制度的基础和首要原则。资产阶级大革命中,饱尝了专制王朝掠夺之苦的市民等级,把保障私有财产作为头等重要条款,写进了“人权和市民权宣言”。在近现代民法中,整个财产法的规范体系仍然以所有权为中心。商品生产和交换,要求独立自由的主体,即生产和交换的担当者。只有独立自由的主体,才能成为劳动产品的所有人,才能按照自己的意思进行交换。契约与意思自治是商品生产的条件之一。彼此平等的市民进行商品交换,相互出让自己的商品及其所有权,换取对方的商品及其所有权,是一个双向选择过程。作为交换的媒体,就是契约。所谓契约,是交易当事人自愿达成的关于交换商品的合意。商品交换不但规定了主体的全面平等,而且还与所有权制度共同规定了契约和契约自由。市民尊奉私法自治理念去参与生活,必须把理性判断作为交往的心理前提。罗马市民法由此产生“非依意思不负担义务”的理念。中世纪的教会法则把意思作为从逻辑上统一说明权利义务得失变更的出发点。近代德国法学更抽象出“法律行为”的概念,作为蕴涵契约和其他以意思表示为要素的合法行为的一般概念,进而建立了体系化的法律行为制度,使之成为贯彻意思自治理念的锐利武器。资产阶级思想家,通过对市民社会的观察,从市民平等、自由、所有权和契约中,升华出人权(自然权利)和宪法——社会契约的观念。这不但说明市民权和契约制度的深远影响,而且足以证明马克思主义关于市民社会是政治国家的基础这一论断的正确性。

商法,也称商事法,是指调整有关商主体在营业过程中形成的商事关系的一系列法律规范的总称。我们认为,商事关系作为商法之调整对象,是指商主体在营业过程中所形成的一种特定的社会关系,这种特定的社会关系,我们可以称之为营业关系。它与其他社会关系相比较,具有以下基本特征:私人性,商事关系是商主体基于平等、自愿,在营业过程中形成的一种私人之间的民间关系，它与公法所调整的公共管理关系不同；财产性，商事关系，严格说包括商主体在营业过程中形成的人身关系和财产关系，但是商事关系实质上主要指的是一种财产关系；营业性，商事关系虽然主要指的是私人财产关系，但并非所有的私人财产关系均为商事关系。

商事关系与民法所调整的一般财产关系相比较，虽然同属于私人财产关系，但商事关系仅指商主体在营业中形成的那部分特殊财产关系，这种营业性财产关系，或者说经营性财产关系，具有不同于民事财产关系的诸多特点。首先，商事关系体现着鲜明的营利目的性，存在于动态的营运之中。民法的财产关系主要调整静态的财产关系，它以确定具体的、有形的财产的最终所有、归属为基本目标。而商法所调整的商事关系则集中于商主体营业中即市场营运中的财产关系，它是一种动态财产关系，在这种动态财产关系中，商主体所关注的已不是具体财产的所有和归属，而是财产在流转、变动、交换中的增值，即财产营运中的最大化增值和财富的不断积累，才是商主体努力追求的目标和奋斗的原动力。其次，商事关系表现为财产权能的分离形式。民法调整的财产关系追求的是权利的完整性和权能的内在统一性，特别如物权法定原则和一物一权原则，锁定了特定权利人的财产权利行使空间。而商法所调整的财产关系因处于营业状态，对商人来说，追求财产权利本身的完整已无实质意义，而关键是财产权利的行使方式能否给其带来最大的效益。因此，财产权能的分化、财产所有与财产营运的分离、财产权的委托代理行使就成为商事财产存在的一种常态，这种不惜牺牲权利"体系上的优雅"的营业性财产关系，与具有内在逻辑统一性的民事财产关系有着明显的不同。第三，商事关系适用于特殊的财产责任原则。在民事财产关系中，公平原则与权利义务的对应性、统一性决定了财产的所有者、占有者、使用者、受益者应对财产权利行使的后果承担民事责任，无论是物权关系，还是合同义务，抑或侵权责任，根据权利来配置义务，要求违反义务的行为人承担完全责任，如合同中违约责任和损害赔偿责任，侵权法中的实际赔偿责任或不当利益返还原则等，均是民事财产关系归责的一般规则。第四，商法所调整的财产关系，是以出资人的营业投资、财产营运为原点来展开的，为鼓励投资，减轻投资人的市场风险，现代商事责任形成以有限责任为原则，以无限、连带责任为补充的新型归责原则，有效地规避了投资者的商业风险。特别是现代有限责任公司、股份有限公司的独立人格，有效地锁定了投资者的风险范围，公司人格就如隔在投资者与债权人之间的一道法律屏障和面纱，使投资者免予被公司债权人直索，投资者的市场风险被大大降低。此外，现代商业保险如意外事故险、责任保险等，使投资者和经营者的部分责任向社会转嫁，这种责任的转移也极大地化解了投资者、经营者的风险。从以上分析不难看出，正确把握和分析民法与商法异同和规则，实行民商分立是完全必要的。

民商事法律关系属于私法规范范畴，私法规范一直贯彻着意思自治原则，对当事人的权利义务规范，不可能做到面面俱到，在立法时就给当事人的行为留有较大的空间。同时，又由于成文法的局限性，反映到司法实践中，则多数情况下，可能出现法律漏洞与空白，这就给司法者留有自由裁量的余地。又因司法自由裁量表现为审判者的权力，我们理论界与实务界称为法官自由裁量权。在中国现阶段，由于法律体系不够健全、条文简疏，修改程序也较漫长。并且，往往是行政规章和政策代替法律进行调整，造成审判裁量权较大，又缺乏直接的约束与规范措施，导致裁判标准不统一，突出表现为“同案不同判”。这可能是当前一些当事人和社会舆论对司法审判不满的一个重要原因。我国最高人民法院 2012 年 2 月 28 日以法发[2012]7 号提出了《关于在审判执行工作中切实规范自由裁量权行使保障法律统一适用的指导意见》，该指导意见指出，中国特色社会主义法律体系如期形成，标志着依法治国基本方略的贯彻实施进入了一个新阶段，人民法院依法履行职责、维护法制统一、建设社会主义法治国家的责任更加重大。我国正处在重要的社会转型期，审判工作中不断出现新情况、新问题；加之，我国地域辽阔、人口众多、民族多样性等诸多因素，造成经济社会发展不平衡。这就要求人民法院强化法律统一适用的同时，正确运用司法政策。规范行使自由裁量权，充分发挥自由裁量权在保障法律正确实施，维护当事人合法权益，维护司法公正，提升司法公信力等方面的积极作用。人民法院在审理案件过程中，对下列情形依法行使裁量权：（一）法律规定由人民法院根据案件具体情况进行裁量的；（二）法律法规由人民法院从几种法定情形中选择其一进行裁量，或者在法定的范围、幅度内进行裁量的；（三）根据案件具体情况需要对法律精神、规则或者条文进行阐释的；（四）根据案件具体情况需要对证据规则进行阐释或者对案件涉及的争议事实进行裁量认定的；（五）根据案件具体情况需要行使自由裁量权的其他情形。同时，该指导意见提出了自由裁量权的行使原则包括合法原则、合理原则、公正原则和审慎原则。该指导意见将有利于规范自由裁量，维护我国法制统一。法官裁量案件的过程，就是从确认具体案件事实，援用法律条款，直到得出案件裁判结论的一系列逻辑思维活动。法官、检察官、律师等将一般法律规定适用于具体案件的过程，我们称之为法律推理，即综合运用各种具体的逻辑推理，指导出具体案件的裁判结论的逻辑思维方法与过程。然而，辩证思维方法是由马克思主义哲学认识论所研究的，这就体现了马克思主义哲学辩证思维方法对民商法学的必然指导性。

第二节
意思自治原则是民商权益维护的金钥匙

意思自治原则决定了民商事主体民事行为的自己做主、民事权益的自我保护和民事诉讼的自由处分

意思自治原则是民法的基本原则。民法的基本原则，是反映民法的基本属性和基本价值，是对民事立法、司法和守法活动具有最高指导意义的准则。民法的基本原则，虽然尽可能地被规范为民法的一般条款，但它具有非规范性和不确定性。正是因为这种不确定性和抽象性，使它成为授权条款，授权司法机关以自由裁量、考察具体情况解决问题的权利。从民商法哲学层面分析认为，在民法一般条款有具体规定的情况下，应当适用其具体条款。在没有具体规定的情况下，才适用授权条款。同时，这种自由裁量应当是有规可循、有据可查的，而不是司法者意志的随意。

近代民法的基本原则，奠定于1804年的《法国民法典》。近代民法典的基本原则是人格平等、私权神圣、契约

自由和过错责任。《法国民法典》确立的人格平等、私权神圣、自由契约和过错责任成为近代民法的基本原则，并因法国大革命的影响而传播到整个世界，成为近代民法乃至整个世界私法的原则和精神。自 20 世纪以后的各国民事立法，对近代民法基本原则的修正和补充，形成了现代民法的基本原则，其中包括诚实信用原则、公序良俗原则、权利不得滥用原则、无过错责任原则。如 2009 年 11 月 20 日发布的《法国民法典》第 6 条规定，任何人均不得以特别约定违反涉及公共秩序和善良风俗的法律。该法第 537 条规定，个人得自由处分属其所有的财产，但应遵守法律规定的各种限制。该法第 1109 条规定，如同意是因错误所致，受胁迫或者受欺诈而为，不为有效同意。该法第 1382 条规定，人的任何行为给他人造成损失时，因其过错致该行为发生之人有义务赔偿损失。我国民法明确规定的基本原则是：主体平等原则、意思自治原则、诚实信用原则、民事权利保护原则和民事权利不得滥用原则。关于平等原则，我国《宪法》第 33 条第 2 款规定："中华人民共和国公民在法律面前一律平等。"我国《民法通则》第 3 条规定："当事人在民事活动中的地位平等。"这两条规定是我国平等原则的法律渊源。关于平等，有两种理解，一种是实质平等观，它追求行为结果的平等；另一种是程序平等观，它追求机会平等。民法上的平等原则一般指程序平等。按照这样的理解，平等原则实质上反映在法律的平等待遇上，即每个自然人享有的权利、承担的义务和责任均是一致的，其所受的法律保护也应当是相同的，而不是指获得的收益相同或最终积累的财富相同。对此应辩证地分析、认识和对待，而不能机械地片面地去理解。

意思自治的含义是，民事主体从事民事活动时自己做主，既不受国家权力机关的非法干预，也不受其他人非法干预。国家非法干预，是指在当事人民事活动不违背国家利益、公共利益和法律规定时，国家意志替代当事人意志，国家机构（如法院）宣布其行为无效、干预其权利的行使、没收其应得的利益。他人的非法干预，是指民事法律关系相对人及相对人以外的其他人的非法干预，例如，利用强制、胁迫、威胁、恐吓，使其违背本人意愿签订合同和实施民事行为。意思自治的深层含义是：民事活动由民事主体实施和主宰。意思自治是在强制性法律规范范围内的自治。在民事行为领域，意思自由独立仍要承受法律的限制，它不是无政府主义。

诚实信用原则的理解，存在两种学说，一是客观诚信，二是主观诚信。我国许多学者理解的诚信仅指客观诚信，而把主观诚信称之为善意，排除出诚信原则的适用范围。实质上，诚信原则是适用于全部民事法律关系的原则，善意亦在这一原则范围之内。从马克思主义认识论层面讲，只有行为人善意的主观诚信才是构成客观诚信的前提和基础。诚实信用原则的作用表现在两个方面，一方面对当事人的民事活动起着指导作用，要求当事人进行民事活动时应当诚实、善意，善意地行使权利，履行义务，尊重他人的利益，以对待自己事务的态度和注意来对待他人事务。另一方面，诚信原则具有校正具体民事法律关系不公平的功能和填补法律漏洞的功能。当人民法院在司法审判实践中，在遇到民事法律行为严重违反公平时，调整当事人之间的既定的权利义务关系；在遇到法律未有规定时，可直接依据该原则行使公平裁量权，作出判决。因此，诚信原则意味着承认司法活动的创造性与能动性。由于诚信原则具有如此重要功能，它被称为帝王条款。但是，诚信原则的适用亦应受到严格的限制，不能动辄越过具体的民法规定直接适用该原则，否则会导致对一般条款的逃避。只有在具体的民法规定存在欠缺或不敷使用时，才可适用诚信原则，并且要客观、公正、审慎地使用。

与民事权利受法律保护原则相配套的是民事权利不得滥用原则。我国《民法通则》第7条规定："民事活动应当尊重社会公德，不得损害社会公共利益，破坏国家经济计划，扰乱社会经济秩序。"有些学者将这一规定解释为"权利不得滥用原则"，而有的学者将之解释为"公序良俗原则"。公序良俗是公共秩序与善良风俗的简称。公序良俗原则是指民事主体的行为应当遵守公共秩序，符合善良风俗，不得违反国家的公共秩序和社会的一般道德。权利滥用是指民事主体行使民事权利超过正当的界限，有损他人利益或社会利益。权利不得滥用原则不仅仅在于指导当事人行为不得滥用权利，不得侵害他人或社会利益，还在于宣布滥用行为无效。滥用的标准实质上也包括了公共利益乃至善良风俗。应当认为权利不得滥用原则包括公序良俗内容。

民事权利不得滥用原则是对意思自治原则的限制。民法赋予和保护人们的权利，而民法又肯定意思自治和自决。但是，权利的行使不是无限制，而是需要权利不得滥用的限制。因此，对权利的限制就是对当事人意思自治能力的限制。同时需要强调的是，如果仅仅将民事权利不得滥用原则理解为应当遵守社会公德，不得损害社会公共利益，扰乱社会经济秩序是不够的，还应当包括不得损害他人的合法利益。因为,随着市场经济的发展,商品生产和商品交换更加繁荣和发达,也由于市场竞争的激烈和残酷,可能使一些民事主体规避法律,即尽量满足其行为“不得损害社会公共利益,扰乱社会经济秩序”而只针对特殊民事主体“他人”即自己的相对人使其遭受损失,而自己得到不应该得到的貌似合法实为非法的个人私利。这种情况在民事诉讼中已经表现得相对突出。例如,某当事人之间曾签订了合伙合同约定合伙经营,后该当事人等又协商一致解除合伙合同并达成股权转让协议且股权转让人自此不再管理原合伙任何事宜。在这种情况下,当事人之间就貌似存在两个法律关系:合伙合同关系和股权转让的债权债务关系,而实际上合伙合同关系已经解除,已成为债权债务关系。但是,原合伙的部分当事人为了达到个人某种不当利益,仍以已经解除的合伙合同为据向人民法院起诉合伙合同纠纷。我们认为应当属于恶意诉讼,因为已经是债权债务纠纷。受理法院认为该案存在争议。所以我们说,民事权利不得滥用应当包括不得侵害他人或社会利益,同时,也包括诉权的不得滥用。

民法基本原则的功能,普遍认为,主要有三方面的功能,分别是立法准则功能,行为准则和审判准则的功能,授权功能。立法准则功能:如前所述,经过长期文化沉淀,形成了一些民法的共同原则,立法者首先应当从中选择和确定适合本国国情的基本原则,作为立法的指导方针和思想。这也就是说,民法基本原则产生于具体民法制度和民法规范之先,再以其准则制定民法制度和民法规范,民法基本原则成为各项民法制度和民法规范的基础、来源和依据。行为准则和审判准则的功能:民法基本原则不是具体的行为规范,但是,它对民事主体行为仍然具有指导意义。在民事立法缺失具体规范的情况下,民法基本原则便直接具有行为准则的功能。因为法律规范与审判规范(依据)具有同一性,因此,民法基本原则同时也是司法机关对具体民事法律关系进行裁量和审判的规则。民法基本原则作为行为准则对民事主体的民事行为具有指导和约束的效力,作为审判准则是审判机关审理和裁判具体民商事案件的准则和灵魂。授权功能:由于民事立法存在局限性,而民法基本原则作为整个民法的价值取向,具有指导司法机关审理案件的作用。此作用被称为授权司法机关进行创造性活动的功能。这就使司法机关能够在司法活动中对法律进行补充,包括漏洞补充和价值补充。当然,这仅限于一部分的民法基本原则。在民事立法特别是民事法具体规范相对健全时,授权功能也将相对减弱。并且,司法机关在司法活动中行使对法律进行查缺补漏功能时，是要遵守法律和规则的。同时，我们认为至少还应有马克思主义世界观和方法论作指导，使之基本客观公平，以至于避免和减少司法者主观意志与客观事实的差异。

我国最高人民法院在2009年7月《关于当前形势下审理民商事合同纠纷案件若干问题的指导意见》中明确指出：慎重适用情势变更原则，合理调整双方利益关系。当前市场主体之间的产品交易、资金流转因原料价格剧烈波动、市场需求关系的变化、流动资金不足等诸多因素的影响而产生大量纠纷，对于部分当事人在诉讼中提出适用情势变更原则变更或者解除合同的请求，人民法院应当依据公平原则和情势变更原则严格审查。人民法院在适用情势变更原则时，应当充分注意到全球性金融危机和国内宏观经济形势变化并非完全是一个令所有市场主体猝不及防的突变过程，而是一个逐步演变的过程。在演变过程中，市场主体应当对于市场风险存在一定程度的预见和判断。人民法院应当依法把握情势变更原则的适用条件，严格审查当事人提出的“无法预见”的主张，对于涉及石油、焦炭、有色金属等市场属性活泼、长期以来价格波动较大的大宗商品标的物以及股票、期货等风险投资型金融产品标的物的合同，更要慎重适用情势变更原则。人民法院要合理区分情势变更与商业风险。商业风险属于从事商业活动的固有风险，诸如尚未达到异常变动程序的供求关系变化、价格涨跌等。情势变更是当事人在缔约时无法预见的非市场系统固有的风险。人民法院在判断某种重大客观变化是否属于情势变更时，应当注意衡量风险类型是否属于社会一般观念上的事先无法预见、风险程度是否远远超出正常人的合理预期、风险是否可以防范和控制、交易性质是否属于通常的“高风险高收益”范围等因素，并结合市场的具体情况，在个案中识别情势变更和商业风险。以上意见始终贯穿着马克思主义哲学的辩证思想，也反映了授权功能的谨慎适用。

意思自治原则，要求民事主体对其民事行为的性质、利益、风险等具有一定明知和判断；意思自治原则要求商事主体对其经营性牟利行为具有更高程度的风险意识和防范意识，应当明知高投入高收益同时也高风险。意思自治原则在民事行为和商事行为的判断适用上应当明确区分。作者认为，商事行为，一般不应适用情势变更、显失公平等救济手段。民商主体要想更好地维护民商权益，必须认识、理解、合理运用意思自治原则这一维权金钥匙。

第三节
正确认识和处理民事权利义务关系有助于民商权益维护和避免侵权

民事权利的行使，虽然属于个人私事，却关系相对人乃至第三人的利益，甚至会影响社会的公共生活，因而应当受到民法价值体系的制约

民事法律关系是以民事权利和民事义务为内容的法律关系。民事法律关系不同于其他类型法律关系的特点，在于它的民事主体平等、权利义务的非“公法”性质、责任的同质救济性等等。但最核心的区别，还是以民事权利与义务作为法律关系的内容。民事法律规范由两部分构成，一是“法律要件”，二是“法律效果”。其中，“法律要件”给出了“法律效果”的条件，而“法律效果”则给出了“法律要件”被生活事实所充分时的效果，该效果归结为权利义务的得失变更。民事法律规范实施于社会生活，方有民事法律关系出现。民事法律关系是民法规范中的法律效果部

分在生活中的实现。需要注意的是,民法规范调整社会生活,其主要方式是以裁判影响人们的行为。人们正是从裁判中得知政府的行为,并据此建立自己行为计划的合理预期。因此,民事裁判的公正性就显得尤为重要,马克思主义哲学指导民事法律规范的正确适用将是必不可少的。

民事法律关系的三要素为主体要素、内容要素和客体要素。民事法律关系的主体是指民事法律关系的参加者或当事人。一般认为,民事主体分为自然人、法人和其他组织。国家在特殊场合也以当事人的身份参与民事活动,而为"公法人"。民事法律关系的客体,指主体之间据以建立民事法律关系的对象性事物。对于任何关系来说,客体都是不可或缺的。主体也是相对于客体而言的,无客体,主体也就无从证实自己,取得自己的存在。民事法律关系的各个类型,都有其固有的客体类型。例如,财产权关系的客体是财产,人身权关系的客体是人格和身份,知识产权关系的客体是知识性事物。民事法律关系的内容,指当事人之间的权利义务联系。当事人相互联系的具体性质正是由法律关系的"内容要素"即民事权利和民事义务决定的。正是民事权利和义务,如同纽带那样,把当事人在法律上联结到一起,使他们形成了法律关系。

民事能力,指民事法律关系主体的法律地位。民事能力又进一步分为"权利能力"、"行为能力"、"意思能力"和"责任能力"等,而"行为能力"和"意思能力"则系权利能力者实施法律行为和意思表示的资格,"责任能力"更系权利能力者负担民事责任的资格,它们均属权利能力获得后的进一步的资格。权利能力,是能够作为民事权利义务担当者的法律资格,权利能力属于主体资格。权利能力自然取得,权利能力是人与生俱来的,无论自然人或者法人均属如此。在法人,尽管其成立须履行必要的手段,例如,批准、登记,但那些手续,仅系政府关于产业以及特别事业的管制手段,以及对法人的法律要件是否充分的审查行为,而并非不许法人当然取得权利能力。因为,当认定申请的团体符合法律要求,特别是充当法人要件之后,政府便使法人当然取得主体资格。在今天,对于营利法人这一法人基本类型,我国政府采行"准则主义"的设立原则,更体现了对于法人权利能力取得上的便利态度。民事主体的权利能力不得抛弃并且不得非法剥夺,在今天,民主国家的政治哲学皆如此。

行为能力,是权利能力者能够独立实施依其意思表示内容发生法律效果的行为的能力,行为能力就是独立实施法律行为的能力。自然人的行为能力依其内容,可划分为财产行为能力和身份行为能力。前者包括处分行为能力和负担行为能力,后者则包括结婚能力、收养能力等。从行为能力与其他民事能力的关系看,行为能力,以权利能力为前提。权利能力,在自然人人皆有之,而且平等。而行为能力,则未必人人皆有,就其有者而言,其能力内容也未必彼此同一。行为能力与意思能力的关系,行为能力以意思能力为前提。然而应当指出,意思能力属于心理能力,而行为能力则属于法律资格。此外,意思能力与行为能力在个别场合未必相互对应。无意思能力者,固无行为能力;然而,其逆定理却不成立:无行为能力者,未必尽无意思能力。例如,早熟的未成年人,尽管其智商值等于甚至超过成年人,由于硬性规定的行为能力制度,却使他无从具有与其意思能力相适应的行为能力。但是,这一硬性规定是值得商榷的。有专家提出,我国现行《民法通则》将十周岁作为区分有无民事行为能力的标准,而根据我国现在实际情况,六至七周岁是许多地方的入学年龄,入学的未成年人已具备一定的认知能力和判断能力,现行法律仍将其规定为无民事行为能力与实际不符,以规定不满七周岁的未成年人为无民事行为能力人为宜。作者赞同这种观点,因为应当遵循发展和联系的观点,根据社会的不断发展需要而不断完善法律。

意思能力是权利能力者能够理解自己的行为并且预见其后果的能力。意思能力的要素包括,第一是理解力,无理解力者无意思能力;第二是想象力,具体说是对行为后果的想象力。无此想象力者也无意思能力。以上两点,也就是理性。民法以意思自治为基本理念,因此,意思能力是实现意思自治的心理条件,是当事人参与生活,享受权利和承担义务的前提。责任能力,是权利能力者能够理解自己的行为、并且预见其违法后果的心理能力。责任能力实际是关于违法行为的意思能力。责任能力是与自己责任原则配套的制度,它体现了意思自治尤其是自己责任的价值。责任能力与权利能力以及意思能力的关系是,责任能力以权利能力和意思能力为前提。无权利能力者,固然谈不上责任能力;而无意思能力者,也同样谈不上责任能力。它与行为能力的关系,责任能力与行为能力属于共生关系。有民事行为能力者,同时也有民事责任能力。不过,责任能力的档次区分,与行为能力不尽相同,例如,限制行为能力人是有责任能力的,而不是限制性的责任能力。对此,我们应当辩证地看问题。

关于民事权利,在民法学,权利指人实现正当利益的行为依据。权利是自由的体现,权利在本质上体现为人依其意思实施行为的自由。所谓自由,在法律上是指人能够运用其知识能力选择和参与生活,而不受他人不正当专断意志强制的状态。权利是社会秩序对自由的肯定和保障。权利作为自由的依据,是社会秩序所肯定的。如果社会秩序并不肯定,即无自由成为权利。但在这里应当注意,社会秩序的肯定与实证法的肯定却未必相同。权利是不可剥夺的正当利益在法律上的定型化。然而,权利所体现的利益正当与否,却须以与社会发展是否相适应,以被社会认可的道德准则作判断。这里,马克思主义哲学的指导尤为重要。

民事权利以其作用、内容、性质等作为标准,可以分为事实上的权利和观念上的权利;财产权、人身权、知识产权;支配权、请求权、形成权和抗辩权等等。我们只从若干层面分析以说明其与民商法哲学研究之关系。

形成权是依权利人单方意思表示使既存法律关系发生变化的权利。形成权的特征,是仅依权利人单方意思表示,即足以使效力未定的法律行为生效,或者使法律关系变更、终止,从而突破了所谓"双方法律关系非经协议或有法律上的原因不得变更"的传统原则。形成权有权利人直接行使者,也有法律规定须依诉行使者。我国《民法通则》第 59 条第 1 款规定,对于重大误解和显失公平行为得请求人民法院或者仲裁机关予以变更或者撤销。此即须依诉行使的形成权。除法律对依诉讼行使有其规定者外,其他形成权为可直接行使的形成权。在后者,当然也完全可以经由诉讼去行使。通过诉讼行使形成权,即构成民事诉讼法上的"形成之诉"。要具体情况具体分析,区别对待。

抗辩权是能够阻止相对人所行使的请求权效力的权利。抗辩权主要是针对请求权的权利。抗辩权的效力在于阻止请求权的效力,从而使抗辩权人能够拒绝对相对人履行义务,而不在于否认相对人的请求权。其与诉讼上所谓"权利未发生的抗辩"和"权利已消灭的抗辩"不同,也不在于变更或者消灭相对人的权利,其与形成权不同。抗辩权虽主要是针对请求权,但又不以请求权为限。例如,也有对于抵销权的抗辩权。诉讼上的抗辩,指被告人用来防御、对抗原告主张的一切主张。诉讼上的抗辩主要有:一是关于权利未发生的抗辩,即主张对方的请求权根本没有发生,亦即不存在。二是关于权利消灭的抗辩,即主张对方的请求权业已因清偿、免除以及其他原因而消灭。三是权利排除抗辩,即主张自己有拒绝给付的权利,亦即主张自己有民法上的抗辩权。诉讼法上的三种抗辩当中，只有其中的权利排除抗辩与民法上的抗辩权互为表里，并以后者为其依据。换言之，实施此项抗辩，亦即行使民法上的抗辩权，否则，即被视为抗辩权的放弃。而权利未发生的抗辩和权利消灭的抗辩则不同，只要具备作为抗辩要件的法律事实，即使被告人未主张，法院也有审理追究的职责。

民事权利，依其效力所及范围为标准，划分为绝对权与相对权。绝对权是得请求一般人不为特定行为的权利。换言之，是以权利人之外的一切人为其义务人的权利，因而又称之为“对世权”。绝对权的义务人为不特定的一切人，义务的内容是对他人权利的容忍、尊重和不侵扰。相对权是得请求特定人为一定行为的权利。相对权因其义务人是特定的，故而又称为“对人权”。相对权的义务人是特定人，但义务的内容不限于消极的不作为，也包括积极的作为，债权的请求权即属于相对权。应当指出，权利被区分为绝对权与相对权，原是罗马法的传统理论，近代已受到批评。因为，任何权利，既然受到法律保护，便都具有不可侵犯性，都具有要求一般人容忍、尊重和不侵扰的效力。所以，有学者认为从义务人特定与否来区分绝对权和相对权，并非妥当。但是，作者认为，对世权和对人权的区分，对当事人的权利维护，特别是诉讼中对当事人的确定等都有一定的积极意义。所以值得商榷。

民事权利，依其相互地位划分为主权利与从权利，原权与救济权。关于主权利与从权利，主权利是相互关联的几项权利中不依赖其他权利而独立存在的权利。从权利是须以主权利为前提的权利。例如，在担保之债中，被担保债权是主权利，担保权则是从权利。在具有原生与派生关系的几项权利中，依其地位划分为原权与救济权。原权是原生的权利。救济权是原权受到侵害或者有被侵害之危险时产生的救援性权利。“有权利即有救济”说明了原权和救济权的关系。权利难免遭遇危险，因而有加以保护的必要。权利保护的方法，关键在救济权制度。民法在赋予当事人原权的同时，也配套地赋予救济权，不过后者暂时处于潜在且停止的状态。当且仅是原权遭遇危险或有危险之时，方自然启动而去救济原权。请求权中凡不属基础权利的效力发生者，即为救济权。

关于民事权利的体系问题，有以下几点应明确：第一，在上述权利划分标准当中，有些标准是有争论的。第二，划分标准是单纯性的，即从一定角度着眼。如果变换一个角度，就会得到另外的标准，可作另外的划分。例如，所有权，既被归类于财产权，又被归类于支配权、绝对权、既得权、原权；在它受到侵害时又发生物权法的请求权。第三，上述权利划分标准，是学术上的，尽管大都被立法予以承认或者予以遵循，但并非均明文载于法条之中。例如，形成权、期待权、救济权等，即并未在条文中出现。第四，权利类型都是随生活而发展的，生活的发展，会使权利类型有所变动，还会引起新的权利类型问世。第五，我们应当认为，对民事权利体系的研究，不仅具有学术价值，而且也具有实践指导意义，只是需要我们辩证地和发展地看问题。在民商事案件处理中，对于案件争议的属于何种权利，应当适用哪些法律规定的研究，对我们民商事法律工作者尤为重要，因此，认为民商法学理论的研究仅仅是专家学者的事情的观点是错误的。

与民事权利体系相对应，民事义务也有自己的体系。由于义务对应于权利，因此，权利据以划分的标准，大都适用于义务。我们可以根据同样的标准，把义务划分为财产义务、人身义务与知识产权义务；绝对义务和相对义务；原生义务和派生义务；主义务、从义务与附随义务；对应于一般权利的尊重义务与对应于请求权的给付义务等等。对于这些义务类型，从其相对应的权利即可得到理解，而无须赘述。义务也有不同于权利的划分方式，如可以把义务分为积极义务与消极义务。积极义务是以特定作为为内容的义务。例如，给付货物、交付工作成果等即是。消极义务是以特定不作为为内容的义务。消极义务又可分为两类，即对应于一般权利的尊重义务和对应于请求权的特定不作为义务。前者指不实施妨碍或者侵犯权利的行为的义务。此项义务，通常以不作为为其内容。对应于请求权的特定不作为义务，仅对应于请求权，而不对应于支配权，其内容，则为特定的不作为。例如，依约在一定时间不喧哗、不弹琴唱歌，或者不经营某种事业即是。义务这一概念，在债务上体现得最集中、最丰富。

民事权利与民事义务之间是对立统一的关系。首先，对立统一。权利与义务互相对立，权利不是义务，义务也不是权利。权利与义务又互相依存，有权利必有义务，有义务也必有权利。权利靠义务辅佐而实现，相反，义务不履行，权利就无从实现自己。其次，也存在既属权利、又属义务的特别情况。例如，亲权和监护权，它们虽名为权利，但同时又是义务。既属权利又属义务的情况应认定为权限，即体现享有人的利益从而接近于权利的那种权限。普遍认为，形成权是没有义务与之相对应的权利。对于形成权来说，并无任何人负担义务。然而，如果把义务的内容理解为尊重，那么似乎也可以认为有义务与之对应。不过，在义务与权利对立统一的意义上，义务不是指此种对于一般权利尊重的义务。公法上的义务,普遍认为,权利的行使,不得以侵犯他人权利为目的,且不得损害公共利益和公共秩序。这一要求表明,权利本身就包含着义务。我们认为,不得滥用权利和不得侵害公共利益、公共秩序的要求,不属民事义务,而是公民、或其他民事主体法人作为社会的成员对于公共社会所负担的义务,即所谓“公法义务”。

民事权利的行使与保护。民事权利的行使,是权利的享有者依照权利的内容和范围实施必要行为,以实现其利益的情形。民事权利的行使,虽然属于个人私事,却关系相对人乃至第三人的利益,甚至会影响社会的共同生活,因而应当受到民法价值体系的制约。权利行使的指导原则是诚实信用原则,以及由它演绎出来的公共利益原则和禁止权利滥用原则,它是指导民事权利行使的价值标准。就适用顺序而言,具体原则优于一般原则。公共利益原则的基本点是,行使权利应当遵守而不违反社会公共利益。关于这个问题,罗马法有两条格言,其一是“行使权利,不损害任何人”。其二是“体面生活,不害他人,各得其所”。显然,后者更符合民法价值体系的要求,它蕴涵了公共利益原则的意味。在近代,公共利益原则倍受重视,德国、法国等国家通过判例确认了该项原则。我国《民法通则》第 7 条规定了“民事活动应当尊重社会公德,不得损害公共利益”的基本原则。关于违背公共利益行使民事权利的效力如何,值得研究。我们认为,首先是无效的。其次,如果构成侵权行为,加害人应对受害人承担法律责任。

禁止权利滥用原则的含义是,行使权利不得背离权利应有的社会目的,也不得超越权利应有的界限,更不得以损害他人和公共利益为代价。《德国民法典》第 226 条规定:“权利行使不得专以损害他人为目的”,这是制定法上关于禁止权利滥用原则的首例规定。《瑞士民法典》第 2 条第 2 款规定:“公然滥用权利,不受法律保护。”1922 年《苏俄民法典》第 1 条有“民事权利行使,违背社会和经济目的者”不受保护的明文规定。日本 1947 年修订民法,新增了“权利滥用不许之”的规定,作为第 1 条的第 3 款。我国民国时期制定的《民法典》第 148 条设有“权利之行使,不得以损害他人为主要目的”的条文。我国《民法通则》,从其整个精神看,无疑十分强调禁止权利滥用的,但在文字上,却没有该项原则的直接表现。

关于权利滥用原则的效果,作为原则,在于否定其权利行使的固有效力,然而,权利滥用的情况相当复杂,在各种权利的行使中都可能发生。例如,在所有权、债权、形成权、抗辩权、知识产权、人格权、身份权等的行使中,均可能发生权利滥用的问题。其效果究竟如何,不能一概而论。对此原则有理论在借鉴国外学说的基础上,提出以下几条意见:权利滥用不具有排除他人侵害的效力。易言之,某项行为如被认定为权利滥用,则纵有人妨害该滥用行为也不构成侵权行为。滥用权利人无从请求后者停止和排除妨害;当加害他人的行为因欠缺违法性要件而不能构成侵权行为时,倘属权利滥用,即应由滥用人就其所致损害,负担如同侵权行为一样的赔偿责任。形成权的滥用,不能产生形成权的固有效力,亦即不能使法律关系发生、变更或者终止。例如,以损害他人为主要目的行使解除权或者抵销权,法院不应支持;恶意不予追认、不予同意、不予抵销、不予变更合同等,法院均应通过裁判加以干预;亲权的滥用,可能导致该权利丧失。例如,滥用惩戒权、怠于行使监护权和财产管理权,倘严重损害子女利益时,法院应当剥夺其有关权利。诚实信用原则是指导一切民事活动的基本原则,当然也是指导权利行使的基本原则。这一原则,应根据具体情况而具体化。问题的关键在于,滥用权利的构成要件是什么,恶意抵销等恶意行为的判断标准又是什么,因滥用权利行为遭受损失如何维权等等,都是值得探讨的。所以,我们认为应当明确,滥用权利行为不受法律保护;滥用权利行为造成他人(包括公共利益等)损失的,应当承担赔偿责任;权利滥用原则的研究和使用,应遵循质量互变规律等马克思主义基本原理,具体问题具体分析。

法律确认的权利与当事人实际享有的权利之间存在着很大差异。民法关于私权神圣的基本理念,要求法制保障民事权利的圆满性和不可侵犯性,这就涉及权利保护问题。权利赋予和权利保护如鸟之双翼,车之两轮,二者同等重要。没有保障的权利是无意义的,保护重于赋予。民法关于权利的保护,根本在救济权制度,即赋予当事人救济权,而且确立方便可靠的程序,确保救济权的行使。这包括,既许可权利人依靠自身力量行使救济权的自力救济程序,又许可权利人通过国家的专门帮助行使救济权的公力救济程序。自力救济是权利人依靠自己的力量强制侵害人,以捍卫受到侵犯的权利的权利保护制度。例如,反击行凶者而保护自己的人身权,追夺逃窜中的盗窃分子所盗赃物,均属自力救济。自力救济是人类早期盛行的权利保护方式。自从国家权力足够发展后,便不再允许该项制度在权利保护上唱主角。这是因为,自力救济容易滋生暴力事件，难免当事人恃强凌弱，循环复仇。此外，当事人仅凭一己的判断即去强制他人，难免感情用事，有违公允。由于上述种种原因，文明社会原则上禁止自力救济。不过，自力救济有其迅捷及时的优势，在某些情况下，公力救济则不免缓不济急。因而在特别情况下，国家例外地认可自力救济。自力救济包括自卫行为和自助行为两种样态。自卫行为，是指为了防卫或者避免自己或者他人所面临的侵害，不得已而侵害加害人的行为。自卫行为包括正当防卫和紧急避险两种形态。正当防卫是反击现实不法侵害行为，以保护自己或者他人权利的行为。正当防卫构成要件：一是须有侵害自己合法权利或者他人合法权利的行为，即有侵权行为存在。至于其侵犯客体属于防卫人的权利，抑或他人权利，以及权利类型，均不予考虑。二是须侵害行为属于不法。侵害权利行为，从权利不可侵犯方面讲，本无合法可言。然而，假如具备法律规定的特殊事由，却可以阻却其违法性。因此，本要件实际上是指不具备违法性阻却事由。三是须属现实性侵害。所谓现实性侵害，是指正在实施、倘若不予以反击就可能到来或者扩大的侵害。四是须防卫不超过必要程度。超过必要程度的防卫，仍须承担法律责任。所谓必要程度，指足以排除侵害的程度。其具体认定，须就个案具体判断，且应大致相当，“足以”制止和排除不法侵害。这里一方面要靠国民法律知识和维权意识的提高，一方面又要鼓励自助维权，对正当防卫不可苛求。

紧急避险是为避免自己或者他人生命、身体、自由以及财产上的急迫危险，不得已而实施的加害他人的行为。紧急避险与正当防卫，虽然同属自卫行为，但后者是对侵害行为予以反击，前者却只是逃避侵害，而且加害无辜的人，因此，二者大不相同。紧急避险的构成要件：一是须有急迫危险。危险指足以导致侵害的情形，既包括人的加害行为，也包括事件。危险的急迫性，其含义与正当防卫中侵害的现实性相同。二是须为避免自己或者他人生命、身体、自由以及财产上的危险。关于逃避的险别，各国立法例通常仅规定财产上的危险，而不包括人身危险。但我国民国时期制定的《民法典》第 150 条，却规定生命、身体和自由这三项人格权上的危险，令人瞩目。我们认为，这一规定较为合理。因为人格上的危险也应允许逃避。至于人格上的何种危险属逃避的客体，则应以生命、身体和自由三项为限。因为此三项人格权，通过避险行为，确能免除或者减轻损害，而其他人格权上的急迫危险，靠牺牲他人权利是无济于事的，因而只能通过正当防卫去救济。三是须避险行为确属必要。亦即除避险外，别无选择。四是须避险行为带来的损害不超过危险所能导致的损害。倘若避险行为带来的损害比危险所能导致的损害还大,就须负相应赔偿责任。

自助行为,是为了保护自己的权利,而对加害人的自由加以拘束,或者对其财产实施扣押、毁损的行为。民事权利,有无须他人协助即能实现者,例如,支配权;也有没有他人协助不可实现者,例如,请求权。在行使请求权时,如果义务人不履行协助义务,权利人应当通过公力救济以谋保护,原则上不允许自力救济。但是,事有急迫、来不及通过国家机关保护时,例如,盗窃分子正携赃物逃窜,或无票乘车者正欲溜走,如不及时处置,势将导致权利无从实现,或者实现显有困难,此时,则不应机械地强令受害人坐受侵害。相反,而应允许其实施自助行为,以补公力救济之不足。自助行为构成要件:一是须自己的权利受到不法侵害。自助行为救济的权利,须属行为人自己的权利,他人权利受到侵害,则不适用之。二是须时间急迫,来不及受国家机关援助。急迫的认定标准是,倘不立即实施自助行为,则势必导致权利无从实现或其实现显有困难。相反,如可在事后请求公力救济,保护其请求权,那么,即使会增加困难或者导致迟延,也不得实施自助行为。三是须自助行为所使用的手段适于请求权的实现。亦即不得滥用自助行为。四是须不逾越保全请求权的必要程度。实施拘束他人自由,或者扣押他人财产的自助行为之后,行为人须及时请求国家主管机关依法处理。这里需要注意的是我们既应当保护、支持自助行为,又要防止自助行为的滥用;既允许对急迫情况下的“扣押”类行为,又要限制其应当“及时”报请国家有关机关依法查处;对携赃逃跑类加害者有扣押、报案、归案之权,无加害之权。民商事主体行使民商事权利,要具有相应的权利能力和行为能力,并能认识权利义务之间的关系,才能使其民商权益得到及时有效地保护。总之,要辩证地、联系地、全面地判断和分析,不可偏废。

第四节
认识我国民事主体的特殊性，有利于民商权益的合理维护

> 在我国，民事主体除了自然人、法人、其他组织外，还应当包括个体工商户、农村承包经营户和合伙

对于民事主体的认识和理解，应当贯彻辩证思维的理念。我们认为，在我国，根据截至目前民事法律制度和民事诉讼制度的规定，又鉴于我国经济社会发展的实际情况，民事主体除了包括自然人、法人、其他组织外，还应当包括个体工商户、农村承包经营户和合伙。第一，不宜将民事主体简单称为“人”，而应分述为自然人、法人、其他组织等。第二，不宜将个体工商户、农村承包经营户简单归称为自然人。第三，不宜将合伙类主体简单归称其他组织，因为，它们的权利能力、行为能力、特点等各自不同，各具特点。第四，应当指明在我国，民事主体除自然人、法人、其他组织外，就民事主体研究层面讲还应当包括个体

工商户和农村承包经营户，它们既不宜省略，也不宜合并或简称。因为，我国是在农业大国的基础上建立的社会主义市场经济，个体工商户、农村承包经营户等是一个相当大的群体，其民事权利民事义务的保护应当充分给予重视和加强而不是相反。

法人是具有独立民事权利能力和独立民事行为能力并独立承担民事责任的团体。我国《民法通则》第 36 条规定："法人是具有民事权利能力和民事行为能力，依法享有民事权利和承担民事义务的组织。"法人的独立人格，一般应当具有四个要件：独立名称、独立意思能力、独立财产、独立责任。第一，法人的独立名称，它不仅区别于其他法人，而且区别于法人成员，使法人具有标示独立主体的符号。第二，法人应当具有独立的住所。第三，一切私权的行使都离不开权利主体的意思能力。法人并不是其成员的简单相加，也不是其全体成员意志的简单相加，法人必须具有自己意志的形成和实现机制即法人机关。法人机关相当于生物人的大脑，用于形成、对外表达法人的意思。第四，自然人民事主体具有人格并不以财产为条件，而法人具有人格则要以拥有财产为绝对要件，同自然人一样，法人应当以其全部资产独立清偿其对其他民事主体的债务。

法人作为民事主体制度，有其重要的社会价值。社团法人具有自然人不可比拟的巨大优势：资金优势。团体能够聚集巨资，兴办自然人财力难以企及的事业，这是第一；第二，持续发展优势。团体在理论上具有连续性，得以突破自然人寿命限制，完成须经数代人努力方能达成的事业；第三，化解风险优势。团体在经营中的风险，可由团体自行负担，而不殃及成员。此对于集资用于经营，无疑是巨大优点；第四，管理优势。团体有条件集中众人智慧，从而实现对于单个自然人智力的超越。总而言之，由于团体的上述优势，使之获得了极大的发展。财团法人的价值表现在：公益价值。捐助财产以公益事业，不论用之于教育、学术抑或慈善事业，其益于社会，功在当代，利在千秋；财产的保值增值；管理价值等等。

就法人的能力而言，在目前，法人实在说已成为我国的通说，因此，法人的民事能力，几乎与自然人一样地广泛。法人的权利能力自其成立时开始，至其清算完结时终止。我国《民法通则》第 36 条第 2 款规定："法人的民事权利能力和民事行为能力，从法人成立时产生，到法人终止时消灭。"企业法人和社会团体法人的终止须完成注销登记。法人终止的节点，是以法人清算完结之日，还是以清算完毕注销登记之日为准？我们认为，应以清算完毕注销登记之日为准，因为，解散是法人终止的原因，清算是法人清理财产并对债权人债权承担责任，而注销登记则是彻底消灭法人资格的标志。同时，在实践中，由于种种原因，一些法人，特别是一些企业法人既不年检，也不注销，更不清算的情况层出不穷。类似法人的权利能力如何分析认定和对待呢？作者认为，就法人的民事权利能力终止而言，应以法人年检注册为准，未经年检注册即丧失民事权利能力。就法人的民事责任能力终止而言，应以清算完毕注销登记之日为准，因为，第三人对法人的能力的知道和应当知道，只能以登记机关的注册登记为准。

法人权利能力的限制。第一，性质上的限制。凡以自然人的天然性质为前提而为自然人专属的民事权利和义务，法人均无从享有和负担。人身权自不待言，即使财产权中，基于自然人的身份发生的权利和以自然人的劳务为给付标的的义务，法人也无从享有和负担。例如，扶养和赡养请求权、继承权、创作和讲学等给付即是。第二，法律上的限制。法人的民事权利能力，受到法律和行政规章的限制。另外，国外立法例普遍禁止有限责任法人充任其他法人的无限责任股东或者合伙人；同时，除依法律或者章程规定以保证为目的的事业者外，法人不得担任保证人。这一原则乃理所当然，因为充任其他法人的无限责任股东、合伙人或者保证人，均与有限责任的本质相违。对于国有企业法人来说，尚意味着国家财产的风险加大。第三，登记范围的限制。即法人的权利能力范围，以其事业目的所必要的范围为限。经登记设立法人，该范围须经登记核准。我国《民法通则》第 42 条规定：“企业法人应当在核准登记的经营范围内从事经营。”此外，该法第 49 条规定，企业法人的行为超出核准登记范围即属非法经营，须予以制裁，其中包括对于负责人的刑事制裁。可见，我国十分强调企业法人权利能力在目的上所受的限制。

法人具有民事行为能力。我国《民法通则》也明确规定法人具有行为能力。法人行为能力是通过担任其执行机关和代表机关的自然人来予以实现。该机关的行为，即为法人本身的行为。我国《民法通则》明确规定，法人是具有民事权利能力和民事行为能力的组织。依照法律或者法人组织章程规定，代表法人行使职权的负责人是法人的法定代表人。企业法人对它的法定代表人和其他工作人员的经营活动，承担民事责任。但是，在实践中，法定代表人或者其他工作人员在实施法人活动过程中，往往因委托代理、授权行为、签字盖章等等行为不规范,形成纠纷。对此,我们应当根据合同法等法律法规规定,结合个案实际,具体问题具体分析,贯彻辩证思维的理念以确认其行为是法人职务行为或是个人行为。

法人行为能力的范围。法人的行为能力,应当以其权利能力的范围为限。依照我国《民法通则》第42条和第49条的规定,企业法人须在核准登记的经营范围内经营。我国《民法通则》对于企业法人的规定除企业法人性质上固有者以外,应准用于其他类型法人,即机关、事业单位和社会团体法人。登记设立法人超越其事业范围行为的效力,所谓“登记设立法人”,是指其以登记为成立要件的法人。在该类法人的登记中,业务范围特别是“经营范围”属于必要登记事项。对于此类法人来说,其意思表示机关实施的超越业务范围的行为,是否属于法人行为?法人是否应当为其承担责任呢?值得探讨。在社团法人,设立人于法人成立后即转化为成员。然而,法人的意思表示机关在实施契约行为时,势必涉及第三人。而后者又难以知晓前者的行为是否逾越法人的目的事业范围。如果过分强调目的事业对于意思表示机关的约束力,当意思表示机关逾越目的事业范围而与第三人为契约行为时,如果使逾越行为无条件地归于无效,即难免令第三人负担过重的信息成本,将使他方视与法人交往为畏途,反给交易造成无谓的阻力。因此,必须谋求上述两方面利益的协调。协调之道,即在软化对于意思表示机关行为的约束力,同时适当强化第三人的信息获知义务。目前,国外立法例已经归纳出了模式,即以第三人知晓意思表示机关的行为逾越目的业务范围为限,令意思表示机关的越权行为无效,否则即属有效。亦即越权行为不得对抗善意第三人。如果法人的成员认为该违反章程的越权行为损害其利益时,即通过追究意思表示机关担当者责任的途径予以解决。这种观点,已为我国《合同法》第50条部分采纳。其规定是:“法人或者其他组织的法定代表人、负责人超越权限订立合同,除相对人知道或者应当知道其超越权限的以外,该代表行为有效。”可惜,关于成员对于越权行为损害赔偿请求权的配套规定例如在公司法或者相应法域作规定,却未采纳。上述规定,是经过痛苦的经验换来的。自20世纪80年代我国改革开放,实行法人制度以来,多年计划经济形成的国家管理体制,令立法和执法部门将查处法人意思表示机关的越权行为视为天职,尽管外国立法早已废止了该制度,这一点却难使我们的同胞欣然采纳。尽管我国《民法通则》、《企业法人登记管理条例》和《公司法》

均未明确规定越权行为无效,但执法机关却基于计划经济的传统,将越权行为解释为无效行为。总之,关于法人行为能力范围和效力的理解,我们认为应当注重以下层面的考察:首先,法人民事行为能力以其民事权利能力范围为限,一般的指法人经依法登记核准的业务范围;其次,在市场经济条件下,除违反国家法律法规禁止性规定外,不因此而确认行为无效;第三,实施法人意思表示的行为人的越权行为不得对抗善意第三人,除非第三人有知道和应当知道的过错。

法人的责任能力。我国《民法通则》第 37 条规定,法人应能"独立承担民事责任"。该法第 43 条进一步规定:"企业法人对它的法定代表人和其他工作人员的经营活动,承担民事责任。"上述规定,明确肯定了法人的责任能力。法人承担责任的要件,一是应当属于代表机关或者其他有权代表法人者实施的行为。法人代表机关的行为,即为法人本身的行为,法人须为之负责。该行为如果充分侵权行为的要件,法人亦须为之负侵权行为责任。此外,其他有权代表法人者——通常是法人的职能机构,如销售科、财务科及法人雇佣人等实施的法人行为,法人也须为之负责。二是应当属于执行法人职务的行为。上述行为,尚须以执行法人职务为要件。非执行职务行为,无须由法人负责。至于何种行为方属职务行为?其判断标准应为:首先,行为在外观上足以被认为属于执行职务。例如,在工作期间所实施者,目的旨在完成法人职务者,其内容属于法人职务者等等。其次,行为依社会共同经验足以认为与法人职务有相当关联。例如,为财团法人募捐中实施的诈欺行为,以及代表法人诉讼中实施的诉讼行为。其三,行为充分一般侵权行为的法律要件:即行为有损害事实;损害与加害行为之间有因果关系;加害行为违法;加害人有责任能力;加害行为出于过失或者故意。

法人的消灭。就法律效果而言与自然人死亡相当,均使全部民事能力丧失。不过,自然人死亡属于自然事件,其权利能力瞬息丧失。其未了事务,尤其是财产关系,只能通过继承和遗赠等制度予以处理;而法人消灭,则属作为其机关或者设立人的自然人的有目的行为,因而,完全可以事先谋划理性程序,使之从容妥善地处理未了事务之后,其民事能力再行消灭,而无须借以继承之类的自然人制度。法人人格消灭的程序,即"解散→清算→法人消灭"。

法人解散,是法人因章程或者法律规定的其本身不能继续存在的事由发生,而停止积极活动,开始整理财产关系的程序。解散作为法人终止程序的一环，是清算的前提。

法人解散的情形及原因。法人的解散分为意定解散和法定解散。意定解散，即基于法人的意思或者设立人的意思而自行解散；法定解散，即根据国家主管机关或者法院的裁判而强制解散。而法人解散中，意定解散的原因主要有，第一，章程所规定法人不能再存续的事由发生。例如，章程定有存续时间，而该期间届满；或者章程附有解除条件，而该条件成就。第二，意思机关作出解散的决定。例如，国家作出关于全民制企业法人、事业单位法人、机关法人“关闭”、“停止”的决定。法定解散的原因主要有，法人所营事业已经成就或者确定的事业不能成就。事业成就，法人当予解散。而事业已至确定的不可能成就时，法人亦应解散。

法人的清算。法人的清算是指已解散法人清理财产，了结其作为当事人的法律关系，从而使该法人在法律上归于消灭的程序。解散—清算—法人消灭，从理论上不难理解，然而，在司法实践中，涉及此类民事纠纷却很复杂。有的法人变更不予登记、有的到期不予年检、有的法人已经歇业、有的法人股东已经投资其他企业而原来法人不予解散更不予清算等等，这些法人，单从民法理论上讲，民事权利能力仍然存在，民事行为可能仍在行使，但是民事责任能力早已不复存在。这些法人已经给民事行为相对人或者善意第三人造成损害或者损害威胁，已经成为社会经济秩序的不安定因素。民法理论的研究应当为民事纠纷的及时解决提供理论依据。我们认为，对于上述社会现象应当根据民法的平等原则、权利义务对等原则、诚实信用原则等，结合个案实际，运用马克思主义哲学基本原理实事求是地予以解决。

非法人团体的法律地位问题。在现实生活中，有大量不具备法人资格的组织充当着各种角色，以“民事主体”形式与其他民事主体建立民事关系，进行民事活动。在我国法律中被广泛称为“其他组织”。我国现行的《合同法》、《著作权法》、《民事诉讼法》等都规定了其他组织的法律地位，并赋予其一定的权利能力，尤其是诉讼法上的当事人能力。但是，我国《民法通则》并没有明确规定非法人团体的法律地位。由于民事基本法律对其中一些组织体未给予明确的主体资格，使得有些组织体在进行民事交往事务中因缺少法律资格而不具有独立的法律地位，同时，一些民事关系形成法律或理论上的主体缺位。这种缺位现象已经使得法律对一些民事关系的调整发生困难。因此，民法应当适应市场主体发展的需要，承认其他组织作为民事主体的法律地位。只有这样，才能便于其他组织、团体发挥其作用，保护其利益。非法人团体的民事主体资格的解决方案，我们认为，可以通过对民事主体作扩大解释来解决，即除了自然人和法人外，民事主体还包括不具有独立法人资格的组织、团体或企业。该类民事主体的基本特征是，具有稳定的组织机构和独立的名称；具有相应的民事权利能力和民事行为能力；具有相对独立的财产承担责任，但可以不具有独立责任能力。该类民事主体的责任可以不独立，但还应有相对独立的财产承担责任，在不能独立承担时，由他的设立人或成员承担补充责任。该类民事主体的权利：第一，名称权；第二，财产权，包括物权、知识产权和其他财产权；第三，在目的事业范围内从事特定民事活动，缔结民事法律关系，实现特定目的的权利；第四，具有诉讼主体资格，可以提起诉讼或者应诉，维护组织的权益。该类民事主体的范围，根据我国最高人民法院《关于适用 < 民事诉讼法 > 若干问题的意见》的规定，其他组织包括：依法登记领取营业执照的私营独资企业、合伙组织；依法登记领取营业执照的合伙型联营企业；依法登记领取我国营业执照的中外合作经营企业、外资企业；经民政部门批准登记领取社会团体登记证的社会团体；法人依法设立并领取营业执照的分支机构；中国人民银行、各专业银行设在各地的分支机构；中国人民保险公司设在各地的分支机构；经核准登记领取营业执照的乡镇、街道、村办企业；符合本规定的其他组织。

在我国，个体工商户与农村承包经营户的民事主体问题也值得商榷。自然人经商，须取得商事主体亦即商人的资格。这种资格，在民商分立的立法模式下，是为了属人主义的法律适用，亦即对商人适用商法，而对非商人则适用民法。在民商合一的体制下，则仅有对商人加以行政管理的价值。我国实行个体工商户和农村承包经营户制度，系为解决农民的商事地位问题而设。我国《民法通则》第二章第四节规定了"个体工商户、农村承包经营户"。个体工商户是我国公民从事工商经营的法律资格。我国《民法通则》第 26 条规定："公民在法律允许的范围内，依法经核准登记，从事工商业经营的，为个体工商户。"我国《工商户条例》第 2 条规定："有经营能力的城镇待业人员、农村村民以及国家政策允许的其他人员，可以申请从事个体工商业经营，依法经核准登记后为个体工商户。"根据上述规定，可以得出个体工商户的界定，该界定说明，个体工商户属于商个人。个体工商户是商事主体，以经营营利事业为目的。

商事主体依其构成,分为商个人和商企业。前者包括商合伙,后者更进一步分为公司、合作社和非法人企业。个体工商户,显然属于商个人。个体工商户以业主劳动担任经营。个体工商户的经营由业主担当,业主是劳动者,不是“甩手掌柜”,不是“资本家”,不是聘人经营,也不雇工。个体工商户的法律要件须具备下列条件:一、从事工商业经营。即有计划地、持续地从事工商事业。关于事业范围,我国关于《工商户条例》第3条作了列举规定。二、个人亲自经营。个体工商户的资金由公民个人投入。家庭共同投资,也属个人出资的范畴。同时,个体工商户的经营由出资人负担,而不是通过雇佣劳动经营。个人出资和个人经营这两条,规定了个体工商户的个体企业性质,而与“私营企业”区别开来。依《私营企业暂行条例》第2条规定:“私营企业是指企业资产属于私人所有、雇工8人以上的营利性的经济组织。”三、个体工商户的设立。个体工商户的设立的规范基础在《工商户条例》,非依该条例,不得设立个体工商户。个体工商户的民事权利能力,是公民的商事权利能力。个体工商户在核准登记的营业范围内,有商事权利能力和行为能力。个体工商户的变更包括以下内容:一是改变字号名称。二是改变经营者住所。三是改变组成形式。四是改变经营范围。五是改变经营方式。六是改变经营场所。七是家庭经营者个体工商户改变其经营者姓名等等。上述变更,应当依法办理变更登记。个体工商户的异地经营是指,个体工商户在向原登记机关备案、并经异地工商行政管理机关接受、领得该地临时营业执照后,可以在登记地之外的地域经营。个体工商户的终止是指,个体工商户终止其资格,其应当申办“歇业”登记,缴销营业执照。个体工商户自行停业超过6个月者,由登记机关收缴营业执照。

农村承包经营户的民事主体地位。为满足我国农村土地的公有和使用的效率,自20世纪80年代以来,农村进行了以联产承包经营制为内容的经营方式改革,解散了农村人民公社,确认土地归村一级农民集体组织所有,并将土地分包给社员,肯定其土地使用权。为使社员经营所承包的土地,相应地肯定其契约当事人资格,以及将产品送到市场的资格的需要,“农业生产合作社土地及其他大型生产资料承包人”被以“农村承包经营户”的称谓写进了法律文本。

我国《民法通则》第27条规定:“农村集体经营组织成员,在法律允许的范围内,依照承包合同从事商品经营的,为农村承包经营户。”这是法律直接规定的定义。农村承包经营户的要件:第一,应为农村合作社社员。所谓农村合作社,指以土地为基本生产资料的合作社。它们原为我国农业合作化运动的产物,在改革后由原来的农村人民公社的生产大队一级组织演化而来。第二,应从事商品经营。在农村实行农户联产承包经营之前,合作社社员并不是农村承包经营户,因为他们不从事独立的商品经营,而农村承包经营户则须从事工商营利事业,亦即有计划的持续性经营,因而事实上也有商个人的一面。第三,农村承包经营户的经营,以合作社土地的经营权为基础,其事业性质是大农业性的,或者与农业有关,而不像个体工商户那样,原则上不以土地经营权为基础,而是从事与农业无关的事业。第四,履行对于合作社的承包契约义务。承包契约,是农村承包经营户经营的前提,农村承包经营户须履行契约义务,尤其是销售约定的粮、棉、油和其他农产品的义务,这使农村承包经营户不同于个体工商户,它是合作社的经营层次,而不是单纯的个体企业。农村承包经营户的设立,无须经工商行政管理机关核准登记,也无从起字号。

个体工商户、农村承包经营户的责任能力。我国《民法通则》第29条规定:"个体工商户、农村承包经营户的债务,个人经营的,以个人财产承担;家庭经营的,以家庭财产承担。"个体工商户、农村承包经营户本人承担责任的条件是指,由家庭成员中特定个人或几人出资,并由出资人经营,而财产也清楚确定者,即由该个体工商户、农村承包经营户独立承担债务的清偿责任。个体工商户、农村承包经营户应当以其家庭承担责任的条件是指,虽系以家庭成员中的特定一人或几人申请登记,但有下列情形之一者,其债务亦应由家庭共有财产清偿:一、实际是用家庭共同财产出资者;二、经营收益的主要部分供家庭享用者;三、夫妻一方经营,其收益作为夫妻共同财产者。我们认为,根据我国目前的法律规定,个体工商户、农村承包经营户应当成为我国民事主体的组成部分,应当肯定他们的民事权利能力、民事行为能力,同时,他们也应当承担民事主体的相应民事责任。2010年1月1日起施行了我国《农村土地承包经营纠纷调解仲裁法》,根据该法第2条和第3条规定,就确立了农村承包经营户的当事人地位。这样分析认识符合马克思主义辩证法理念和中国社会主义初级阶段的客观实际,也有利于个体工商户、农村承包经营户合法权益的保护和涉及该主体的民事法律关系的确认,以维护我国目前社会主义市场经济的稳定和发展。

第五节
民事法律行为的合法有效是民商权益维护的基础

民事法律行为必须同时具备以下条件：行为人具备相应权利能力和行为能力、意思表示真实、内容合法、形式不违反强制性规定

民事法律行为简称为法律行为。我国《民法通则》第54条对民事法律行为作了规定："民事法律行为是公民或者法人设立、变更、终止民事权利和民事义务的合法行为"。而在学理上，法律行为，指以意思表示为要素，因意思表示而发生一定私法效果的法律事实。法律行为与其他具有法律意义的行为相比较，具有如下特征：其一，法律行为属一种法律事实；其二，法律行为以意思表示为要素；其三，法律行为在于产生行为人所预期的私法法律后果。不产生法律后果或者能产生法律后果而非私法上后果的行为，不是法律行为；能产生私法上后果而非行为人所预

期后果的行为,也不是法律行为。

法律行为属于表示行为。人的行为,依是否以意思表示为要件,划分为表示行为与非表示行为。表示行为,是以意思表示为要素的民事行为。法律行为以意思表示为要素,是由法律行为的本质规定的,因为,在意思自治体制下,设定权利和负担义务,均经由意思表示方能达成。任何设定权利义务意愿,以及变更或终止既有权利义务的意愿,如不经由意思表示实施,都是不能实现的。表示行为既然以意思表示为要素,那么也就要求表意人必须具有行为能力。行为能力不适格者,是无从实施意思表示的。意思表示由目的和表示等要素构成,作为表示行为,即须目的与表示具有同一性。当然,目的与表示是否具有同一性,是需要证据特别证明的,如果无相反证据,那么,所表示的目的,即为表意人的目的。事实行为,不以意思表示为要素的行为,则属非表示行为,民法学称之为"事实行为"。事实行为的法律效果由法律直接规定,而不是由意思表示确定。例如,生产行为、文学艺术作品的创作行为、遗失物拾得等即是。事实行为因其不以意思表示为要素,故而无须行为人具有行为能力。

法律行为的成立要件指法律行为成立所需的事实要素。行为人实施的行为不具备法律行为的成立要件,就不能承认该法律行为有效。法律行为的成立要件有一般和特殊之分。法律行为的一般成立要件指法律行为成立的共同要件,即确认所有法律行为是否成立的标准。法律行为的一般成立要件包括当事人、意思表示和目的。法律行为的特殊成立要件指某种法律行为成立的特别要件,即某些法律行为除具备一般成立要件外还不能成立,只有当其具备特殊要件时,法律行为才告成立。如实践性行为需行为人交付实物、要式行为需采取法定的方式才成立。

我们认为,法律行为的成立和有效是有区别的。法律行为的有效要件,指法律行为因符合法律规定而产生民事法律关系设立、变更和消灭法律效力的必要事实。法律行为的一般有效要件,依我国《民法通则》第55条的规定,任何法律行为都须具备以下有效要件:第一,行为人适格。行为人适格是指行为人在实施法律行为时,应具备相应的权利能力和行为能力。我国《民法通则》在法律行为制度中,仅明文规定行为人有相应的行为能力是法律行为有效要件。第二,意思表示真实。意思表示真实,即行为人的外部表示与其内心的真实意思相一致。将意思表示真实作为法律行为的有效要件,是贯彻私法自治原则,维护民事流转正常秩序的必然体现,也是设立法律行为制度的目的所在。法律依照当事人的意思赋予其法律效果的前提是,行为人的内心意思与外部表示要相一致。第三,法律行为的内容适当。法律行为的内容适当即行为目的适当,它要求法律行为的内容要合法、稳妥、确定和可能。也就是说,法律行为的内容不仅不能违反法律强行性的规定、社会公共利益和社会公德,而且要确定和可能实现。我国《民法通则》仅将法律行为内容的合法和稳妥作为有效要件,对行为内容的确定和可能未作规定。但民法理论界认为法律行为的内容确定和可能,也应是确定法律行为内容效力的重要组成部分。第四,法律行为的形式合法。法律对法律行为的形式有特殊要求的,该行为符合法律所要求的形式便认为合法。法律对法律行为的形式无任何要求的,行为人采取任何一种形式均认为合法。法律行为的形式指行为人内心追求某种法律后果表示于外部的方式。法律行为的形式实质上就是意思表示的形式。我国《民法通则》第 56 条规定:"民事法律行为可以采取书面形式、口头形式或者其他形式。法律规定用特定形式的,应当依照法律的规定。"

法律行为符合成立和有效要件,成为有效的法律行为,发生当事人所欲实现的法律效果。法律行为不具备成立要件,就不成立,也不发生当事人所欲追求的法律效果。法律行为具备成立要件,欠缺有效条件,本应不发生行为人所预期的法律效果,但民法基于立法政策,针对法律行为欠缺要件的性质所涉及的利益不同而分别规定,使之产生不同的效力。民法理论依法律行为产生效力的不同,将其分为无效的法律行为、可变更或可撤销的法律行为以及效力待定的法律行为。这里,我们主要从分析可撤销或可变更的法律行为,以探讨马克思主义哲学对民商法研究之必要。

可撤销或可变更的法律行为指基于法定的事由,享有撤销权的当事人一方有权请求人民法院或仲裁机关对其所进行的法律行为予以撤销或变更的行为。可撤销或可变更行为属相对无效的行为,其与绝对无效的行为有别。这种行为的特点在于,行为人所进行的行为与其内心意思不一致,法律为体现公平交易和意思自治原则,允许当事人主张撤销或变更自己的法律行为。但这种行为并非自始无效,若行为人不提出变更或撤销的主张,或者行为人虽已提出变更或撤销的请求,在人民法院或仲裁机关并未作确认之前,该行为仍然有效。只有当行为人的撤销或变更请求经法院或仲裁机关确认变更或撤销后,原行为才变更其内容或追溯至该行为自始无效。可撤销或可变更法律行为的类型,依我国现有法律规定,可撤销或可变更的法律行为,大致可分为如下几类:重大误解的法律行为,显失公平的法律行为,因乘人之危而进行的法律行为,因欺诈、胁迫而进行的法律行为。但是,在司法实践中,具体操作却有难度。我们不妨进行比较研究。

第一,重大误解的法律行为。错误是指表意人不知其真意与表示不一致而为意思表示。关于错误,根据《德国民法典》第 119 条规定,如果意思表示的客观含义未能反映存于其后的主观意图,而这一主观意图又关系到意思表示的内容和后果,那么,这一意思表示就可因错误而撤销。在准许撤销时,预期利益落空的对方当事人享有损害赔偿的请求权(《德国民法典》第 122 条)。撤销权人的这种赔偿义务,或多或少作为撤销意思表示的代价,可以用来说明为什么允许如此自由地基于错误而撤销意思表示。对于错误,我国《民法通则》和最高人民法院关于贯彻执行《民法通则》的意见规定了重大误解的民事行为为可撤销、可变更的法律行为。重大误解的法律行为的构成要件为:其一,行为人对法律行为的内容发生误解,一般包括对法律行为的性质、标的、履行期限、履行地点、履行方式的误解。其二,误解是重大的,是否构成重大误解的判断标准有两方面:一是客观上行为内容涉及的对象是否重大,二是主观上行为后果与行为人的意思相背,且社会一般人也认为重大。三是造成行为人较大的损失。四是行为人对行为内容认识上的错误与其所实施的行为有因果关系。

第二,显失公平的法律行为。显失公平的法律行为是有偿行为中一方当事人利用优势或对方无经验,而实施的双方权利与义务明显违反公平、等价有偿原则的法律行为。其特征:一是行为结果造成双方利益上的不平衡,即一方显然得利,而另一方显为不利,形成损人利己的状态。二是双方利益的不平衡为法律所不容。显失公平的行为仅发生在财产利益的交换行为中,若在非利益交换的行为中,纵有利益上的不平衡也不能认为是显失公平。在利益交换行为中,亦非一切利益不平衡的行为均可认为是显失公平,只有在交换双方利益的不平衡已达法律不容的程度(法律不容的程度是什么程度),显然违背公平、等价有偿的原则时,才被认为是显失公平。三是背离不利一方当事人的真实意志。这种不利并非出自不利方的自愿,而是因不利方在交易活动中没有经验或处于劣势不得已而为之。四是得利方有过错。显失公平的行为是得利方利用自身优势或对方没有经验故意实施的损人利己的行为，故得利方对显失公平的后果产生在主观上是有过错的。

第三，因乘人之危而实施的法律行为。乘人之危行为，指一方当事人利用对方的急迫需要或危难处境，迫使对方违背本意作出接受对其不利后果的行为。其特征主要有：一是有乘人之危的行为，即一方当事人利用对方陷入困难处境使之接受不利条件的行为。二是须有乘人之危的故意，即乘人之危一方是明知对方处于危难之中，并利用对方的不利地位，迫使对方作出违背真实意志的表示。三是相对人限于困境不得已接受苛刻条件，作出违心表示，即受困方应已实施行为，且该表示行为对受困方严重不利。一般乘人之危一方的目的是牟取不当利益，因而损害危难方的利益是乘人之危行为的必然结果。

第四，因欺诈、胁迫而进行的法律行为。这类行为的基本特征同“因欺诈、胁迫而为的损害国家利益的法律行为”相似，其不同之处在于，不再以损害国家利益为要件。之所以将这类行为定为可撤销的法律行为，是因为当事人因欺诈、胁迫而为的违背真意行为，并不必然损害国家利益。因此，在仅损害对方当事人利益的情况下，给受损方以选择权，让其自己决定该行为产生何种效果，显然是更为合理的。

关于可撤销、可变更的法律行为的研究过程中，何谓重大误解？何谓损失较大？何谓显失公平？具体标准是什么？等等问题我国现行法律没有具体规定，是值得研究的。对此，作者认为仅在民法理论本身研究，不便于它的认定和实务处理。然而，我们如果运用马克思主义哲学基本原理去分析，结果就不同。比如，在重大误解的法律行为中，构成要件之一，是造成行为人重大的损失。那么，这里的重大是多大？在显失公平的法律行为中，构成要件之一，是交换双方利益的不均衡已达法律不容的程度。那么，这里的法律不容的程度是什么程度？都难于把握。但是，马克思主义哲学的质量互变规律告诉我们，任何事物都是质和量的统一，度是反映事物质和量统一的哲学范畴，是事物保持自己质和量的限度。在度的限度内为此物，一旦超出这个限度即为他物。无论是“重大损失”，还是“法律不容”的程度，划分的标准是看，是否超出事物度的规定性。因此，关于可撤销、可变更的法律行为问题，我们应当明确以下几点：首先，如果做出错误意思表示是出于某种不切实际的期望或奢想，那么，该错误并不是表达错误，而是动机错误，撤销则是不允许的。其次，重大误解应当是对行为质的根本的错误理解。第三,造成较大损失应当以损失是否导致其合同目的不能实现。第四,对双方当事人利益的不均衡的程度要有一个量的规定性。罗马法中的"短少逾半规则"是值得参考的,即买卖价金差于标的物价值一半时,出卖人得解除合同,返还价金而请求返还标的物。第五,该规则的适用,应当根据马克思主义哲学的质量互变规律、对立统一规律、矛盾律等基本原理作为指导来判断,而不能是主观的、片面的或者纯粹的"自由裁量"。

第六节
规范合同行为，维护合法权益

合同主体之间法律地位平等、意思自治、平等自愿。违背诚信原则等不当合同行为可能被变更、撤销或确认无效

合同也称作契约。我国《民法通则》第 85 条规定，合同是当事人之间设立、变更、终止民事关系的协议。我国《合同法》第 2 条规定，合同是平等主体的自然人、法人、其他组织之间设立、变更、终止民事权利义务关系的协议。婚姻、收养、监护等有关身份关系的协议，适用其他法律规定。在民法中，民事权利义务关系可以分为财产关系和人身关系，民法上的合同分为债权合同、身份合同等。合同法合同为债权合同，这种民事法律关系具有如下特征：一、合同主体之间的法律地位平等。尽管自然人、法人、其他组织在法律上的人格可能不尽一致，但在法律地位上是平等的。二、合同各方当事人的意思表示一致。三、以设立、变更、终止民事权利义务关系为目的。四、合同当事人意

思自治、平等自愿。

合同法的含义有广义、狭义之分。广义是指，根据法律规定的实质内容，调整合同关系的所有的法律法规的总称；狭义是指，基于法律的表现形式，即由立法机关制定的，以“合同法”命名的法律，在我国即1999年3月15日通过的《中华人民共和国合同法》。我国《合同法》是调整平等主体之间设立、变更、终止财产权利义务的合同关系的法律规范的总称。根据合同法的含义和特征，以下情形不适用合同法：政府管理活动属于行政关系，适用有关行政管理的法律；法人、其他组织内部的管理关系，适用有关公司、企业法律；有关婚姻、收养、监护等身份关系的，适用其他法律规定。我国《合同法》作为我国迄今为止条文最多、内容最丰富的民事合同法律，具有以下特点：统一性，因此结束了经济合同法、涉外经济合同法、技术合同法多元鼎立的立法模式。任意性，其规范多为任意性规范，即允许当事人对其内容予以变更的任意性法律规范。强制性，对于某些严重影响国家、社会、市场秩序、当事人利益的内容，则采用强制性规范和禁止性规范。

合同法的基本原则包括：平等原则、自愿原则、公平（正义）原则、诚实信用原则、公序良俗及禁止权利滥用原则、合同具有法律拘束力原则。平等原则，我国《合同法》第2条规定，合同当事人的法律地位平等，一方不得将自己的意志强加给另一方。对这一原则应当理解以下几层含义：一、这里的“平等”是指合同当事人法律地位平等，而不是事实上的平等；二、平等是指当事人之间的机会平等，而不是实质平等。机会平等它不要求也不可能要求当事人最终取得的结果也是平等的，实质结果是否平等，合同法是不可能决定的；三、平等原则是合同自由原则的基础和前提；四、平等原则实际上也为国家权利干预民事关系划定了疆界。在合同法法域平等主体之间的民事关系，国家公权力不予介入。只有当事人发生纠纷而诉诸法律时，法院才得以启动国家公权力对当事人的合同关系及权利义务进行评论或界定；五、平等原则贯彻于合同的全过程，他要求合同当事人以平等、协商的方式设立、变更或消灭合同关系。避免一方将自己的意志强加于对方的情况发生。对于本条规定，应注意的问题是，本条属一般性条款，法院裁判案件一般不直接援引，只有在通过司法解释仍不能找到适用的依据，才可能适用本条规定。这是第一。第二，司法实践中，要注意这里的平等主体指的是机会平等和程序平等，至于实质平等和结果平等，法律并不是不加以规制和调控,只是由其他条款调整而不是本条规定。

自愿原则,我国《合同法》第 4 条规定,当事人依法享有自愿订立合同的权利,任何单位和个人不得非法干预。合同自愿原则又称之为合同自由原则、契约自由原则,是指合同当事人在法律允许的范围内享有完全的自由,按照自己的自由意思决定合同关系,为自己设定权利或对他人承担义务,任何机构、组织和个人不得非法干预。自愿原则不仅是民法的基本原则,也是市场经济的基本原则。没有合同自由,就没有真正的民法和真正的市场经济。自愿原则是合同法的精髓和灵魂,反映了商品经济的运行规律。自愿原则亦是私法自治(意思自治)的核心部分,其实质是合同的成立以当事人的意思表示一致为必要,合同权利义务仅以当事人的意志而成立时,才具有合理性和法律上的效力。合同自愿原则的基本内容包括:缔约自由、相对人自由、内容自由和方式自由。缔约自由,即当事人可以自由地决定是否与他人缔结合同,不受他人强迫或干预;相对人自由,即当事人可以自由地选择与何人缔结合同;内容自由,即当事人可以自由地决定合同的内容;方式自由,即当事人有权自由地选择以何种方式(书面、口头等)订立合同。但是,法律有特殊规定的除外。

公平原则,我国《合同法》第 5 条规定,当事人应当遵循公平原则确定各方的权利义务。公平原则又称公平正义原则、合同正义原则,是指当事人应根据社会公认的公平观念进行民事活动,设定民事权利义务。合同公平原则主要是针对合同的内容,即合同的权利义务而设的。公平原则要求之一是给付与对待给付之间的等值性,符合等值性原则的即公平,不符合等值性原则的即非公平。通过分析发现合同法是通过如下方法实现公平原则的:设置了"显失公平"规则;规定了合同风险的合理分配;对合同其他权利义务的合理配置,如撤销权的规制、对免责条款的规制等;对格式条款的规制等等。合同法将公平原则确定为合同当事人的行为准则,可以防止当事人滥用合同权利,维护及平衡当事人之间的利益。

诚实信用原则,我国《合同法》第 6 条规定,当事人行使权利、履行义务应当遵循诚实信用原则。诚实信用原则,是指当事人在从事交易时应诚实信用,以善意方式取得权利和履行义务,不得滥用其权利和损害他人和社会的利益。诚实信用原则是我国民法中的基本原则之一,其适用范围及于整个民事活动领域,更是合同法中的一项极为重要的原则。该原则兼有道德性规范与法律性规范的双重特点,不允许当事人以约定排除其适用。合同约定条款违背诚实信用原则,应为无效。当事人履行合同违背这一原则,使对方受到损失的,应当承担赔偿责任。正因为如此,诚实信用原则被称之为系属帝王条款,君临法域之基本原则,是现代民法的最高指导原则,学者称之为"帝王条款"。诚实信用原则具有:指导当事人正确行使权利、履行义务,解释、评价和补充法律行为,解释和补充法律等三大功能。

公序良俗原则及禁止权利滥用原则,我国《合同法》第7条规定,当事人订立、履行合同,应当遵守法律、行政法规,尊重社会公德,不得扰乱社会经济秩序,损害社会公共利益。

公序良俗原则是指民事法律行为的内容及目的不得违反公共秩序和善良风俗。我国《合同法》第52条规定"损害社会公共利益"的合同无效。禁止权利滥用原则是指一切民事权利的行使不得超过其正当界限,超过正当界限则构成权利滥用,应承担侵权责任。

合同具有法律拘束力原则,我国《合同法》第8条规定,依法成立的合同,对当事人具有法律约束力。当事人应当按照约定履行自己的义务,不得擅自变更或者解除合同。依法成立的合同,受法律保护。合同具有法律拘束力原则是指合同对当事人在法律上的约束力,其主要内容是当事人必须受合同约定的约束,非依法律或双方约定,不得擅自变更或解除合同。

合同的形式,根据我国《民法通则》第56条规定,民事法律行为可以采取书面形式、口头形式或其他形式。根据我国《合同法》第10条规定,合同当事人订立合同,有书面形式、口头形式和其他形式。法律、行政法规规定采取书面形式的,应当采用书面形式。当事人约定采用书面形式的,应当采用书面形式。所谓合同的形式,又称合同的方式,是当事人合意的表现形式,是合同内容的外部表现,是合同内容的载体。根据我国《合同法》第10条、36条、37条的规定,应当认为,合同的书面形式仅具有证据的效力。合同的书面形式的主要作用在于证明当事人之间的权利义务关系。如果当事人能够证明其相互之间存在权利义务关系,即是就某合同没有采用法律规定的形式,其合同的效力也不受影响。在工程合同中,设计变更的内容应当属于合同的组成部分,但往往存在对设计变更内容未经签证或未能保存而使一方遭受损失。我国《合同法》第11条规定,书面形式是指合同书、信件和数据电文(包括电报、电传、传真、电子数据交换和电子邮件)等可以有形地表现所载内容的形式。合同签订时应当约定送达、通知等与合同和合同履行有关的联系方式。

格式合同又称格式条款,格式条款是指当事人为了重复使用而预先拟定,并在订立合同时未与对方协商的条款。含有格式条款的合同为格式合同或定式合同。此类合同的订立应注意合同法的相关规定。提供格式条款的相对人只能在接受格式条款和拒签合同两者之间进行选择。格式合同广泛应用于交通、银行、医院、水电等行业中,是现代社会普遍存在的交易形式。

我国《合同法》为了公平原则,确保格式条款合同文本中相对人的合法权益,对格式条款合同作了专门的限制规定:一、采用格式条款签订合同的,提供格式条款的一方应当遵循公平原则确定当事人之间的权利和义务,并采取合理方式提请对方注意免除或限制其责任的条款。此外,应按照对方的要求,对该条款予以说明。二、格式条款合同中具有我国《合同法》第50条和53条规定情形的,或者提供格式条款合同一方免除其责任、加重对方责任、排除对方主要权利的,该条款无效。三、对格式条款的理解发生争议的,应当按照通常理解予以解释。对格式条款有两种以上解释的,应当作出不利于提供格式条款合同一方的解释。格式条款和非格式条款不一致的,应当采用非格式条款。

无论从理论上或是从实践上讲,都有必要区别格式合同和示范合同的不同。示范合同是通过有关的专业法规、商业习惯等确立的,为当事人订立合同时参考的文本格式。其主要作用在于提供一个参考模式,对双方当事人无法律拘束力,当事人可参考、可修改、增减条款。而格式合同的对方当事人则无选择的余地,要使合同成立,只能接受合同的条款即要么接受,要么拒绝。格式合同与一般合同不同,它具有以下特征:合同的要约具有广泛性、持久性和细节性;合同条款的不可协调性;合同双方经济地位或法律地位的不平等性。

订立合同具体方式很多,有的是通过口头或书面往来协商谈判,有的是采取拍卖、招投标等方式。但不管采取什么方式,都必须经过两个步骤,即要约和承诺。我国《合同法》第13条规定,当事人订立合同,采取要约、承诺方式。鉴于作者的实践,以下分析多以工程合同为例。

要约,根据我国《合同法》第13条规定,要约是希望和他人订立合同的意思表示,该意思表示应当符合下列规定:(一)内容具体确定;(二)表明经受要约人承诺,要约人即受该意思表示约束。要约是希望和他人订立合同的意思表示。要约又被称为发盘、出盘、发价、报价等。发出要约的人称为要约人，接受要约的人称为受要约人或承诺人。要约，在相对人承诺前，只有形式上的拘束力，而不发生实质上权利义务关系，故要约既不属于事实行为，也不属于法律行为，在法律性质上属于一种意思表示。但该意思表示适用法律对意思表示的规定。要约的构成要件：第一，该意思表示的内容应当具体确定。“具体”是指意思表示的内容必须具有足以使合同成立的最基本的条款。“确定”是指要约的内容必须是清楚明白不能引入误解或产生歧义。第二，表明经受要约人承诺，要约人即受该意思表示的约束。要约人在要约有效期内要受自己要约的约束，并负有与作出承诺的受要约人订立合同的义务。如在建设工程合同签订过程中，承包人向发包人递交投标文件的投标行为就是一种要约行为，作为要约的投标对承包人具有法律约束力，投标人在投标生效后无权修改或撤回投标以及一旦中标就必须与发包人签订合同，否则，要承担相应责任。

要约邀请，我国《合同法》第 15 条规定，要约邀请是希望他人向自己发出要约的意思表示。寄送的价目表、拍卖公告、招标公告、招股说明书、商业广告等为要约邀请。商业广告的内容符合要约规定的，视为要约。要约邀请又称为要约引诱，是希望他人向自己发出要约的意思表示。要约邀请不是合同成立过程中的必经过程，它是当事人订立合同的预备行为，在法律上无须担责。这种意思表示的内容往往不确定，不含有得以成立的主要内容，也不含相对人同意后受其约束的表示。在合同法中，要约邀请行为，属于事实行为而一般没有法律约束力，只有经过被邀请的一方作出要约并经邀请方承诺后，合同方能成立。在建设工程合同签订过程中，发包方发布招标通告或招标邀请书的行为就是一种要约邀请行为，其目的在于邀请承包方投标，其显著特点是受要约人是特定的，而要约人是不特定的。

要约撤回，要约可以撤回。撤回要约的通知应当在要约到达受要约人之前或者与要约同时到达受要约人。要约的撤回是指要约在发出后生效前，要约人宣布将要约取消。世界各国立法都承认要约人的撤回权。《联合国国际货物销售合同公约》第 15 条之(2)规定，意向发价，即使是不可撤销的，得予撤回，如果撤回通知于发价送达被发价人之前或同时送达被发价人。及时的要约撤回，具有阻止要约生效的效力，受要约人收到要约时，如果已经先予收到或同时收到要约撤回通知，该要约不生效。如果撤回要约的通知迟于要约到达，则要约已经生效,不能撤回。

要约的撤销,要约可以撤销。撤销要约的通知应当在受要约人发出承诺通知之前到达受要约人。要约的撤销是指要约在生效后,通过一定方式将要约取消,使要约丧失法律效力。但在下列情况下,要约不得撤销:(一)要约人确定了承诺期限或以其他形式明示要约不可撤销;(二)受要约人有理由认为要约是不可撤销的,并已经为履行合同做了准备工作。《联合国国际货物销售合同公约》第16条规定,(1)在订立合同之前,发价得以撤销,如果撤销通知于被发价人发出接受通知之前送达被发价人。(2)但在下列情况下,发价不得撤销:①发价写明接受发价的期限或以其他方式表明发价是不可撤销的;②被发价人有理由信赖该发价是不可撤销的,而且被发价人已本着对该发价的信赖行事。

要约生效,要约生效是指要约发生效力,即对要约人和受要约人发生法律的效力。我国《合同法》规定,要约到达受要约人时生效。采用数据电文形式订立合同,收件人指定特定系统接收数据电文的,该数据电文进入该特定系统的时间,视为到达时间;未指定特定系统的,该数据电文进入收件人的任何系统的首次时间,视为到达时间。要约失效,根据我国《合同法》规定,有下列情况之一的,要约失效:拒绝要约的通知到达要约人;要约人依法撤销要约;承诺期限届满,受要约人未作出承诺;受要约人对要约的内容作出实质性变更。

承诺是指受要约人同意要约的意思表示。承诺的内容应当与要约的内容一致。如果受要约人对要约的内容作出实质性变更,则为新要约。承诺应当以通知的方式作出,但根据交易习惯或要约表明可以通过行为作出承诺的除外。承诺应当在要约确定的期限内到达要约人。在招投标中,发包人经过开标、评标,最后发出中标通知书,确定承包人的行为即为承诺。

承诺超期,承诺超期是指受要约人超过承诺期限而发出的承诺。受要约人超过承诺期限发出承诺的,除要约人及时通知受要约人该承诺有效的以外,为新要约。受要约人在承诺期限内发出承诺,按照通常情形能够及时到达要约人,但因其他原因承诺到达要约人时超过承诺期限的,除要约人及时通知受要约人因承诺超过期限不接受该承诺的以外,该承诺有效。

承诺撤回,承诺撤回是指受要约人在发出承诺后承诺生效之前承诺人通过一定的行为将承诺取消使其失去效力。承诺可以撤回,撤回承诺的通知应当在承诺通知到达要约人之前或者与承诺通知同时到达要约人。

承诺效力,承诺生效是指承诺发生法律效力,即对承诺人和要约人产生法律效力。承诺生效时合同成立。承诺通知到达要约人时生效。承诺不需要通知的,根据交易习惯或要约的要求作出要约的行为时生效。承诺生效与合同成立是密不可分的法律事实。我国《招标投标法》规定,招标人和投标人应当自中标通知书发出之日起三十日内,按照招标文件和中标人的投标文件订立书面合同。

缔约过失责任如何认识问题,根据我国《合同法》第42条规定,当事人在订立合同过程中有下列情形之一,给对方造成损失的,应当承担损害赔偿责任:假借订立合同,恶意进行磋商;故意隐瞒与订立合同有关的重要事实或提供虚假情况;有其他违背诚实信用原则的行为。该法第43条规定,当事人在订立合同过程中知悉的商业秘密,无论合同是否成立,不得泄露或不正当地使用,泄露或不正当地使用该商业秘密给对方造成损失的,应当承担赔偿责任。

缔约过失责任,是指在合同订立过程中,一方当事人因过错而导致另一方利益的损失所应承担的民事责任。缔约过失责任是指缔约人故意或过失地违反先合同义务时依法承担的民事责任。先合同义务是自缔约人双方为签订合同而互相接触磋商开始逐渐产生的注意义务,包括相互协助、相互照顾、相互保护、相互通知等义务。当事人这种基于诚实信用原则产生的缔约过程中的义务,并不是因合同产生的义务,它是一种先合同义务,也称合同前义务。

合同的效力,又称合同的法律效力,是指依法成立的合同对当事人具有法律约束力。我国《合同法》第8条规定,依法成立的合同,对当事人具有法律约束力。依法成立的合同,受法律保护。生效时间,该法第25条规定,承诺生效时合同成立。该法第32条规定,当事人采用合同书形式订立合同的,自双方当事人签字或盖章时合同成立。该法第33条规定,当事人采用信件、数据电文等形式订立合同的,可以在合同成立之前要求签订确认书。签订确认书时合同成立。该法第44条规定,依法成立的合同,自成立时生效。法律、行政法规规定应当办理批准、登记等手续生效的,依照其规定。该法第45条、46条同时规定,当事人对合同的效力可以约定附条件。附生效条件的合同,自条件成就时生效。附解除条件的合同,自条件成就时失效。当事人为自己的利益不正当地阻止条件成就的,视为条件已成就;不正当地促成条件成就的,视为条件未成就。当事人对合同的效力可以约定附期限。附生效期限的合同,自期限届至时生效。附终止期限的合同,自期限届满时失效。

无效合同,我国《合同法》第52条规定,有下列情形之一的,合同无效:(一)一方以欺诈、胁迫的手段订立合同,损害国家利益;(二)恶意串通,损害国家、集体或第三人利益;(三)以合法形式掩盖非法目的;(四)损害社会公共利益;(五)违反法律、行政法规的强制性规定。例如,建设工程施工合同的无效认定,我国最高法院《关于审理建设工程施工合同纠纷案件适用法律问题的解释》规定,建设工程施工合同具有下列情形之一的,应当根据《合同法》第52条第(五)项的规定,认定无效:(一)承包人未取得建筑施工企业资质或超越资质等级的;(二)没有资质的实际施工人借用有资质的建筑施工企业名义的;(三)建设工程必须进行招标而未招标或中标无效的。

需要注意的是:第一,一方以欺诈、胁迫的手段订立的合同,只有在损害国家利益时,该合同才为无效;第二,当事人恶意串通,损害国家、集体或第三人利益的无效合同,应当按照我国《合同法》第59条规定处理,即因此取得的财产收归国有或者返还集体、第三人,而不是按照我国《合同法》第58条规定处理;第三,在法律、行政法规无明确规定,但合同又明显地损害了社会公共利益时,可以适用"损害社会公共利益"条款确认合同无效;第四,违反法律、行政法规的强制性规定的确认,应当以全国人大及其常委会制定的法律和国务院制定的行政法规为依据,不得以地方性法规、行政规章为依据。

可变更、可撤销合同,是指因合同缺乏生效条件,一方当事人可依照自己的意思使合同的内容变更或使合同的效力归于消灭的合同。可变更、可撤销合同不同于无效合同,当事人提出请求是合同变更、撤销的前提。当事人如果只请求变更合同,人民法院或仲裁机构不得撤销。我国《合同法》第54条规定,下列合同,当事人一方有权请求人民法院或仲裁机构变更和撤销:(一)因重大误解订立的;(二)在订立合同时显失公平的。一方以欺诈、胁迫的手段或乘人之危,使对方在违背真实意思的情况下订立的合同,受损害方有权请求变更或撤销。当事人请求变更的,人民法院或仲裁机构不得撤销。

根据法律规定,可变更、可撤销合同有以下几种情形:因重大误解订立的合同;订立合同时显失公平的合同;因欺诈、胁迫而订立的合同;乘人之危订立的合同。需要明确的是:因欺诈、胁迫订立的合同,只有在损害国家利益才为绝对无效合同,除此之外,均为可变更、可撤销合同;因欺诈、胁迫的手段或者乘人之危签订的合同,应当使对方存在违背真实意思的情况。

可撤销合同与无效合同的区别。一、可撤销合同必须由当事人提出变更或是撤销,当事人可以选择。二、提出的当事人有举证责任。即提出存在或重大误解,或订立合同时显失公平,或对方在签订合同时采取欺诈、胁迫手段,或乘人之危的证据。三、可撤销合同必须由人民法院或仲裁机构作出裁决,作出裁决之前该合同还是有效的。如果裁决对合同变更,则按照裁决履行;如果裁决该合同被撤销,那么,它从签订时开始就没有法律约束力。四、撤销权的行使有一定限制。有下列情形之一的,撤销权消灭:(一)具有撤销权的当事人自知道或者应当知道撤销事由之日起一年内没有行使撤销权;(二)具有撤销权的当事人知道撤销事由后明确表示或者以自己的行为放弃撤销权。

合同无效和被撤销后的法律后果。根据我国《合同法》第 56 条至 59 条的规定,一、无效的合同或者被撤销的合同自始没有法律约束力。合同部分无效,不影响其他部分效力的,其他部分仍然有效。二、合同无效、被撤销或者终止的,不影响合同中独立存在的有关解决争议方法的条款的效力。该条规定了解决合同争议条款的独立性,这就要求我们在合同签订、履行和发生争议时,充分注意和运用关于争议的解决方式、管辖权的约定等等,以便于当事人及时有效地维护其合法权利。三、合同无效或者被撤销后,因该合同产生的财产问题,依法应当作如下处理:已经取得的财产,应当返还。不能返还或者没有返还必要的,应当折价补偿;有过错的一方应当赔偿对方因此所受到的损失,双方都有过错的,应当各自承担相应的责任;如果因当事人恶意串通,损害国家、集体或者第三人利益合同无效的,因此取得的财产收归国有或者返还集体、第三人。

根据我国《合同法》规定,当事人应当按照约定全面履行自己的义务。当事人应当遵循诚实信用原则,根据合同的性质、目的和交易习惯,履行通知、协助、保密等义务。该条规定表明履行合同应当遵循的原则是:全面履行原则、诚实信用履行原则。全面履行原则又称适当履行原则、正确履行原则,是指合同的当事人必须严格遵守合同约定适当履行合同义务。包括主体适当、标的适当、履行方式和履行地点适当,并按照合同约定的数量、质量、品种等全面履行,不得仅部分履行,部分不履行。否则,即构成违约。诚实信用履行原则,这里是指根据诚实信用原则履行合同的附随义务。当事人应当在履行合同约定之外,履行相应的附随义务。附随义务是基于诚实信用原则,根据合同的性质、目的和交易习惯等而产生的一项附随于主合同的其他相应义务。我国《合同法》规定的附随义务包括:通知义务、协助义务、保密义务、减损义务等。通知义务,是指当事人在履行合同中应当将有关重要的事项、情况以通知的方式告诉对方。例如,一方因客观情况必须变更合同或者因不可抗力致使合同不能履行时,都应当及时通知对方当事人。协助义务,是指当事人在履行合同过程中应当协助对方履行合同,以使合同目的顺利实现。例如,在勘察设计合同中,委托方如不提供技术资料和相关信息,受托方是难于履行勘察设计合同的。协助义务主要是债权人对于债务人的履行给予的协助,因此,它主要是债权人所应遵守的义务。保密义务,是指合同当事人对在合同履行过程中知悉的对方当事人的商业秘密、技术秘密以及对方当事人要求保密的信息、事项负有不得向外界透露的义务。减损义务,即减少损失扩大的义务,是指在合同履行中因某种原因致使当事人遭受损失,双方在有条件的情况下都有采取必要措施防止损失扩大的义务而不管这种损失的造成与自己是否有关。我国《合同法》规定,当事人一方违约后,对方应当采取适当措施防止损失的扩大;没有采取适当措施致使损失扩大的,不得就扩大的损失要求赔偿。当事人因防止损失扩大而支出的合理费用,由违约方承担。

根据上述不难看出,合同法规定的平等原则是相对的,而不是绝对的。合同的变更和撤销是包含着量的规定性,即对于重大误解如何理解,显失公平的标准是什么,怎样理解一方的欺诈、胁迫及乘人之危的程度与当事人违背真实意思的关系等等,都需要运用马克思主义辩证唯物主义来分析,而不仅仅是从合同法条本身去寻找。对此,本书在第二章第一节中根据对成功案例的分析作了比较详细的探讨。

合同的解除,是指享有合同解除权的一方所实施的消灭合同关系的行为。解除权的发生原因可分为约定原因和法定原因。约定原因即合同双方约定某种事实出现后当事人可解除合同的,该约定事实便是解除权发生原因。法定原因,在大陆法系国家中,解除权发生的法定原因包括两个方面:一是合同共通的原因;二是每个具体合同所具有的特殊原因。我国《合同法》第 94 条规定的合同解除原因即共通原因,包括:(1)因不可抗力致使不能实现合同目的。由于不可抗力造成合同不能履行,且不能达到合同目的的,任何一方都有权解除合同。(2)一方预期违约。所谓"预期违约",是指合同当事人于合同履行期到来之前，声明拒绝履行合同义务或以其实际行为表示不履行合同义务的行为。(3)当事人一方迟延履行主要义务，经催告后在合理期限内仍未履行。为了鼓励交易、促进流通，一方履行迟延的并不当然发生对方的合同解除权，只有当违约方经催告后仍不履行义务的，相对方才有合同解除权。(4)当事人一方有根本违约之情形。为了促进交易，法律不轻易支持合同无效或解除。只有在一方迟延履行合同义务或者其他违约行为，致使不能实现合同目的的情形下，法律才赋予相对方合同解除权。

解除权的行使应当以通知的方式进行。合同自通知到达对方时解除。对方有异议的，可以请求法院或者仲裁机构确认解除合同的效力。法律、行政法规规定解除合同应当办理批准、登记等手续的，依照其规定。享有解除权的一方应当在法律规定或者合同当事人约定的期限内行使解除权，期限届满不行使解除权的，解除权消灭。法律没有规定或者合同当事人没有约定解除权行使期限的，享有解除权的一方在经对方催告后在合理期限内不行使解除权的，该权利消灭。解除权是一种形成权，一经行使便使合同关系消灭。如果合同性质属于一时性的合同，如买卖合同，此消灭合同的效力有溯及力。如果合同性质属于继续性合同，解除权无溯及的效力。合同解除后，尚未履行的，终止履行；已经履行的，已经履行的，根据履行情况和合同性质，当事人可以要求恢复原状、采取其他补救措施，并有权要求赔偿损失。

在司法实践中，无论是因法定原因还是约定原因，出现合同解除情形时，如何行使解除权及其行使的法律后果等都是难点。因为往往是由于一方当事人不能实现合同目的或者由于一方履行合同不符合合同约定或者如果合同不予解除将可能给一方当事人造成很大损失。因此，合同另一方当事人往往并不希望解除合同。无论从理论上或是法律规定上，解除权的行使应当以通知的方式进行，合同自通知到达对方时解除。但是，实践中，一方行使合同解除权后，另一方往往不予理睬，或者在纠纷发生后仍寻找理由和证据否定合同的解除等等。合同解除的相对方尽管法律规定了异议的补救措施，但是，既不请求主管机关确认解除合同的效力，也不提出其他异议理由，在他那里好像什么也没有发生一样。可是诉讼发生后，仍然坚持合同在履行中等等。所以，我们认为有必要作为专题进行民商法哲学的分析研究。

对此作者的观点是：

一、关于约定解除合同。第一,如果是合同履行过程中,当事人协商一致解除合同的,应当对于已经履行部分、未履行部分及违约责任等一并约定清楚。第二,如果是合同约定一方解除合同的,当事人行使解除权时,一定要履行通知义务,一定要保全证据,一定要明确合同已经履行部分、未履行部分及损失赔偿、违约责任承担的处理意见,一定要明确对方提出异议的条件、时间及其后果。如果必要,可根据约定立即进行诉讼或仲裁,以免日后造成不必要的财产损失。

二、关于法定解除合同。首先,一定要按照一方行使解除权的程序和要求处理;其次,尚未履行的,终止履行;第三,已经履行的,根据当时情况,是恢复原状或是采取其他补救措施,并应书面通知明确要求;第四,如果因对方过错或违约,要求其承担违约责任;第五,如果采取上述措施后,对方当事人合理期间内不予理睬和配合,那么,应当按照约定及时诉讼和仲裁,诉求解除合同、终止履行、恢复原状、赔偿损失等;最后,如果已经需要诉讼或者正在诉讼中,对于对方当事人在合同解除过程中未提异议、不予理睬的默示行为,应当诉请人民法院认定合同自通知到达对方时解除,并由违约方承担责任。

第七节
认识物权特征，及时行使优先权

物权包括所有权、用益物权和担保物权。不动产物权的设立、变更、转让和消灭，应当依照法律规定登记。担保物权人依法享有就担保财产优先受偿的权利。建设工程的价款就工程折价或者拍卖的价款优先受偿，该优先权优于抵押权和其他债权

物权是权利人在法律规定的范围内按照自己的意志支配自有物或者依照授权支配他人的物，直接享受物的效益的排他性财产权。对于物权的理解应包括以下几方面：一、物权是一种财产权，具有直接的财产内容。二、物权是以一定的物为标的的财产权。三、物权是支配型财产权。财产权依其作用不同分为请求型和支配型两种权利。因合同、侵权行为等发生的债权，是请求型财产权，权利人须通过义务人为财产上的给付，才能实现利益。而物权则是权利人不需请求他人给付财产，自己支配标的物即直接实

现财产利益的权利。所谓支配,就是直接对标的实施取得利益的各种行为。四、物权分为按照自己的意志支配自有物的物权和依照授权支配他人的物的物权。前者是自物权,后者称他为物权。

物权的特征,物权有以下特征:一、对物的支配权,这是物权在作用方面的特征。物权的作用是保障权利人能够对标的物全面支配或限定支配,从而直接享受物的效益。二、排他性财产权,这是物权在效力方面的特征。物权的排他性是指:其一,一物之上不能有两个或两个以上互不相容的物权。其二,物权具有直接排除不法妨碍的性能。物权人行使权利遇有不法妨碍时,凭借物权能够直接请求妨碍人排除妨碍或消除可能发生妨碍的因素。相反,与物权同为财产权的债权,不具有排他性。因为债权是请求权,客体是行为(即"给付"),权利的作用只是请求债务人为一定行为,数个债权人可以同时请求债务人为同种行为而互不影响,所以,法律允许同一客体之上有多个债权存在。三、对世权,这也是物权在效力范围方面的特征。物权对除权利人之外的任何人都有约束力。某人对某物享有物权时,其他一切人都成为义务人。因此,物权的义务人是不特定人。与物权相对存在的债权,只对某个或某些人有约束力,债权关系之外的其他人不受债权的约束。所以,义务人是特定人。由于义务人范围不同,民法上把物权叫做"对世权",把债权称为"对人权"。四、绝对权,这是物权在实现方式方面的特征。物权的实现,不需义务人为积极行为进行协助,而以权利人对标的物进行合法支配为唯一要件。债权是相对权,它的实现,一般以特定义务人完成特定积极行为为要件,债务人不按债的规定完成特定积极行为时,债权就无法实现。所以,债权是有限制条件的相对权利。

我国《物权法》规定,本法所称物权,是指权利人依法对特定的物享有直接支配和排他的权利,包括所有权、用益物权和担保物权。不动产物权的设立、变更、转让和消灭,应当依照法律规定登记。动产物权的设立和转让,应当依照法律规定交付。物权的取得和行使,应当遵守法律,尊重社会公德,不得损害公共利益和他人合法权益。不动产物权的设立、变更、转让和消灭,经依法登记,发生效力;未经登记,不发生效力,但法律另有规定的除外。当事人之间订立有关设立、变更、转让和消灭不动产物权的合同,除法律另有规定或者合同另有约定外,自合同成立时生效;未办理物权登记的,不影响合同效力。因合同建造、拆除房屋等事实行为设立或者消灭物权的，自事实行为成就时发生效力。建设用地使用权人依法对国家所有的土地享有占有、使用和收益的权利，有权利用该土地建造建筑物、构筑物及其附属设施。建设用地使用权人建造的建筑物、构筑物及其附属设施的所有权属于建设用地使用权人，但有相反证据证明的除外。担保物权人在债务人不履行到期债务或者发生当事人约定的实现担保物权的情形，依法享有就担保财产优先受偿的权利，但法律另有规定的除外。以建筑物抵押的，该建筑物占用范围内的建设用地使用权一并抵押。以建设用地使用权抵押的，该土地上的建筑物一并抵押。

我国《合同法》第 286 条明确规定，发包人逾期不支付工程价款的，建设工程的价款就该工程折价或者拍卖的价款优先受偿。同时规定了优先权的两种实现方式：一、协议方式即双方可以协议将工程折价优先受偿工程款；二、拍卖方式即由承包人申请人民法院将工程拍卖优先受偿工程款。这就是说，法律允许发承包双方就工程款优先受偿予以认可和达成协议。我国《最高人民法院关于建设工程价款优先受偿权问题的批复》第 1 条规定，人民法院在审理房地产纠纷案件和办理执行案件中，应当依据《中华人民共和国合同法》第 286 条的规定，认定建筑工程的承包人的优先受偿权优于抵押权和其他债权。承包人的优先受偿权，在法国民法中属于不动产特别优先权的范畴，在我国，我们认为，称为建筑物优先权为宜。

法国民法上的不动产优先权，指债权人对债务人的不动产所享受的优先受偿权利，抵押权是其中最重要的一种。不动产优先权分为一般优先权和特别优先权两类。不动产的一般优先权，在《法国民法典》的体系中，一切不动产的一般优先权都赋予其权利人对于债务人的全部不动产的价款的优先权。

根据《法国民法典》的规定，前述不动产的一般优先权所赋予权利人的优先受偿权利具有很强的效力，其表现为，引用该种优先权的债权人可以先于抵押人而获得清偿；如果数个受益于不动产一般优先权的债权人同时出现，则诉讼费用的优先权位于第一，其余则在其后平等受偿。根据《法国民法典》第 2107 条的规定，这一优先权免除登记的手续。而在其他优先权，为引用其追及权，债权人必须将其优先权予以公示。

不动产的特别优先权，不动产的特别优先权包括由法律规定的抵押权，其具有优先受偿性质，适用抵押权的一般原则。抵押权和不动产特别优先权的设定。抵押权可产生于法律规定、法院判决或当事人订立的合同。而优先权的唯一渊源是法律，优先权的设定只能根据被担保的债权的性质进行。不动产特别优先权的设定有以下几种情况：一、不动产出卖人的优先权，买卖产生的优先权和担保的债权，优先权保证了合同中规定的出卖价款的债权。二、金钱出借人对于以该金钱取得的不动产的优先权。三、共分人的优先权，《法国民法典》第2103条第3项规定的这种“共分人”的优先权是为了确保共分人之间的平等。此种优先权产生于一切不动产的分割，尤其是遗产分割及夫妻共同财产或合伙财产的分割。四、建筑师、承揽人以及工人的优先权。此种优先权设定于修建的不动产，但仅限于建筑工程为该不动产增加的价值部分，且为行使优先权时该增加的价值尚存的部分。事实上，这一担保权是建立在债务人财产中一项价值的混合的观念之上。至于优先权的归属，其应属于一切实施修建工程的人，只要他们与不动产所有人有直接的关系。依这一条件，优先权属于建筑师、承揽人以及工人。就为承揽人利益而工作的工人而言，他们与建筑物所有人无直接关系，故不应具有优先权。但是，他们就其报酬对于其雇主的财产享有优先权。此外，他们具有对抗房屋所有人的直接诉权。五、财产分割的优先权。六、租赁、转让合同之受让人对于所有权的优先权。

抵押权和不动产特别优先权的有效条件：一、形式的完备，即登记程序和费用垫付。《法国民法典》对有关登记程序作了具体规定，当事人应向房地产抵押登记员出示抵押权或优先权的证书的原件或副本，但财产分割及法定抵押除外；进行登记的债权人应垫付费用，但该费用最终由债务人负担。二、登记期限。不动产特别优先权应自产生该优先权的行为或事实出现之日起的一定期间被登记。如果在这一期间内未予登记，优先权的性质即改变。如果自该期限起无任何事项中断登记期间，则登记仍可进行，但该优先权转变为单纯的法定抵押权（《法国民法典》第2113条）。

根据我国《合同法》第286条的规定，发包人逾期不支付工程价款的，建设工程的价款就该工程折价或者拍卖的价款优先受偿。同时规定了优先权的两种实现方式：(1)协议方式即双方可以协议将工程折价优先受偿工程款；(2)拍卖方式即由承包人申请人民法院将工程拍卖优先受偿工程款。这就是说，法律允许发承包双方就工程款优先受偿予以认可和达成协议。我国《最高人民法院关于建设工程价款优先受偿权问题的批复》第1条规定：人民法院在审理房地产纠纷案件和办理执行案件中，应当依据《中华人民共和国合同法》第286条的规定，认定建筑工程的承包人的优先受偿权优于抵押权和其他债权。这表明，无论在审理案件和办理执行案件中，即当事人在执行阶段主张该权利的，只要能认定工程款有优先受偿权，人民法院就应当予以支持。但是，在司法实践中，对于工程款优先权的性质、范围、行使期间等等存在着难点和争议。我们认为对此有必要专门进行探讨和研究。

我国《合同法》关于建设工程价款优先受偿权的这一规定，是在建筑工程合同制度中确立了一项新的法律制度，即承包人的工程价款就建筑工程折价或者拍卖的价款享有优先受偿的权利即承包人的优先受偿权。正确理解与适用这一法律制度，首先应当正确认识承包人的优先受偿权的性质。只有正确把握这一权利的性质才能准确判断其效力。承包人的这种优先受偿权不能简单理解为留置权。尽管在建设工程（包括建筑、安装、装饰工程，不包括工程勘察、设计）中，承包人在未依合同收到发包人的工程款时，对其所承建的建筑物或其他建设工程具有控制权，例如，不交付建设工程钥匙，甚至派人占据、占用建筑物。但是，依照民法原理和现行法律规定，留置权的对象仅限于动产，例如，我国《担保法》第82条的规定。承包人的优先受偿权也不同于法定抵押权。法定抵押权，是指当事人根据法律的规定而直接取得的抵押权。我国《担保法》第33条第1款对抵押的规定是，本法所称抵押，是指债务人或者第三人不转移对本法第34条所列财产的占有，将该财产作为债权的担保。债务人不履行债务时，债权人有权依照本法规定以该财产折价或者以拍卖、变卖该财产的价款优先受偿。

我们认为，在我国，建筑工程承包人的工程款优先受偿权从性质上讲应当界定为建筑物优先权为宜。如同船舶优先权、航空器优先权一样。其权利主体为建筑、安装和装饰施工的承包人，义务主体为建筑工程发包人。这种优先权是法定的，无须登记公示。承包人的这种优先受偿权优于抵押权和一般债权。因为，第一，在发包人拖欠的工程价款中，相当一部分是承包人应当支付的工作人员的工资和其他劳务费用。第二，在现代社会中，建筑业属于国民经济的支柱产业之一。第三,传统合同理论上,建设工程属于承揽合同类,我国《合同法》第 287 条也规定,“建筑工程合同”一章中没有规定的,适用承揽合同的有关规定。从本质上看,建设工程承包合同仍然是一种承揽关系,它与一般的承揽没有质的差别。如果在一般的承揽中,动产的承揽人可以享有留置权,且此种留置权优先于抵押权,那么,在建设工程承包中,由于承包人的优先受偿权实际上类似于留置权,从这个意义上,也应当优先于抵押权。第四,承包人的优先受偿权不需要登记。

承包人的优先受偿权是法律赋予的,但这种权利并不是绝对的。根据我国最高人民法院《关于建设工程价款优先受偿权问题的批复》(法释[2002]16 号)的规定,承包人行使其优先受偿权时除必须享有确定的工程价款这一债权外,还受到以下两方面的限制:第一,承包人的优先受偿权不得对抗消费者作为商品房买受人的权利。第二,承包人行使优先受偿权的期限为 6 个月。承包人的优先受偿权不得对抗消费者作为商品房买受人的权利,这里的“消费者”的含义与《中华人民共和国消费者权益保护法》的规定含义相同,即“为生活消费需要购买”商品房的消费者,不包括为经营目的而购买商品房的消费者。消费者购买商品房与承包人的优先受偿权的关系可分以下两种情形:其一,房屋的所有权尚未转换给买受人时,存在承包人的优先受偿权与买受人的商品房交付请求权之间的冲突。法释[2002]16 号批复认为消费者交付购买商品房的全部或者大部分款项后,承包人就该商品房享有的工程价款优先受偿权不得对抗买受人。这主要是基于以下理由:相对于承包人而言,消费者是弱者。比较承包人的利益与消费者的利益,消费者的利益属于生存利益,应当优先,承包人的利益属于经营利益,应当退居其次。其二,商品房的所有权已转移给消费者,承包人的优先受偿权不可对抗消费者的房屋所有权。

关于该批复规定承包人行使优先受偿权的期限为 6 个月,虽然这一期限可以满足承包人行使优先权,但是,作者认为这里的 6 个月期限应当规定适用中止、中断或者延长的情形。

根据该批复第 4 条的规定,承包人行使优先权的期限从建设工程竣工之日或者建设工程合同约定的竣工之日起计算,是指承包人行使优先受偿权期限的起算点以竣工或者约定的竣工之日起算。但是,在实践中,有些工程处于停工或半停工状态，有些工程是半拉子工程，有些工程已经超过约定的竣工日期，有些存在工期顺延的情形等等，可能都是承包人难于把握6个月的行使期间。这是一个值得研究的问题。承包人对已竣工的工程和未竣工的工程都可行使优先受偿权。根据建筑业的交易惯例和建设部、国家工商局的有关规定，建设工程的价款包括预付款，工程进度款，履行过程中因支付的各种费用、顺延工期、赔偿损失获得发包人确认的签订费，工程完成后的结算款以及期满应归还的履约保证金和保修金等担保性质的价款等。也经常发生在中途停建的"烂尾"工程中，因此，认为承包人的优先受偿权只能在工程竣工后才能行使是不符合实际情况的。如果将承包人的优先受偿权仅限于已竣工的工程，则不利于保护承包人的合法权益。

承包人的优先受偿权的范围问题。该批复第3条规定："建筑工程价款包括承包人为建设工程应当支付的工作人员报酬、材料款等实际支出的费用，不包括承包人因发包人违约所造成的损失。"这一条对我国《合同法》第286条规定的工程价款作出如下界定：一是承包人为建设工程应当支出的工作人员的报酬，包括已经支出的和未支出但应当支出的部分，属于工程价款。这部分是指承包人为建设工程所付出的劳动报酬，这是没有争议的部分。二是承包人已经为建设工程支出的材料款等费用属于工程价款。因而承包人垫资部分凡已经物化的部分属于工程价款。三是承包人因发包人违约所受到的损失不属于工程价款。

根据我国《建设工程施工发包与承包价格管理暂行规定》的规定，建设工程价款包括三部分："成本（直接成本、间接成本）、利益（酬金）和税金。"这种价款的表现形式有：工程估算价、设计概算价、施工图预算价、施工预算（概算）价和竣工决算价五种。我国《合同法》第286条中所称工程价款，如指已竣工工程，应指竣工决算价；未竣工工程则应以施工预算价为基础进行评估确定工程价款。根据我国建设部的规定，工程价款可分四部分：一是直接费，即直接成本，包括定额直接费、其他直接费、现场管理费和材料价差。其中，定额直接费又包括人工费、材料费和施工机械使用费三部分。二是间接费，即间接成本或称企业管理费，包括管理人员工资、劳动保护费等十多项。三是利润，由发包人按工程造价的差别利率计付给承包人。四是税金，包括营业税、城市建筑税、教育费附加三种。这四部分构成工程价款的整体,不应当从中分解出哪部分不可优先受偿。

概括地讲,工程款优先受偿权问题,承包人只能就其承包的建设工程、发包人未支付的工程价款行使优先受偿权,既包括承包人独立完成的、参与完成的建设工程,也包括承包人施工的未完工程。但是作者认为不包括约定完成而实际没有施工的工程,也不包括承包人承包的发包人的其他工程和工程价款。优先权受偿范围,行使工程价款优先受偿权的范围并非建筑工程价款的全部,仅为承包人因承包工程而实际支出的费用,包括工作人员报酬、材料款、机械台班费、各种税费等。对承包人垫付的工程款,确已经物化为建设工程中部分的,应予支持追偿。优先权受偿期限,根据司法解释的规定,建设工程承包人行使优先权的期限为6个月,自建设工程竣工之日或者建设工程合同约定的竣工之日起计算。根据合同自治原则,承发包双方可在合同中约定延长期限。

第三章 民商权益维护方法论

第一节
行使合同变更权，避免损失近百万

商品房代理销售的佣金合同前约定为3%，而签订合同时写为6%，代理商诉求按6%支付销售佣金，开发商面临加倍支付销售佣金的损失。开发商能挽回损失吗？

基本案情：

2003年10月，双方签订了商品房委托策划销售代理合同及补充协议，约定由原告经纪公司为被告开发公司一楼盘代理策划销售，合同前约定项目的广告推广费3%，销售佣金3%，共计6%，而签订合同时条款写为共6%。后双方发生纠纷，在经纪公司支付广告推广费用很有限的情况下，诉请开发公司按6%向其支付佣金等全部款项共计45万余元。经查代理合同称“销售佣金结算比例按销售底价金额的6%提取”，补充协议称应向乙方（经纪公司）“支付广告推广费用及销售佣金”。开发公司认为：当时约定的就是佣金3%，广告推广费3%；按6%支付佣金是不公平的；经纪公司及其他代理商在当地的佣金均不超过3%；代理合同没有陈述清楚，是重大显失公平；按3%计算佣金已不欠经纪公司款项，相反，经纪公司还应退付以广告推广名义多收取的款项数十万元。

经纪公司不予认可。

维权经典：

我国《合同法》等有关法律规定，当事人应当按照约定全面履行自己的义务，当事人一方不履行合同或履行合同不符合合同约定的，应当承担违约责任。如果双方签订的合同是有效的，开发公司应当支付6%的佣金的约定合同注明的非常清楚，不存在约定不明和理解歧义。尽管合同前对6%有说法，但是合同本身无法证明。

然而，否定之否定规律认为，任何事物都是肯定方面和否定方面的统一体。辩证否定是发展的环节，是联系的环节。这就要求我们从实际出发，具体问题具体分析。像人不能两次踏进同一条河流一样，每个民商个案都有区别和差异，以辩证否定的理念指导我们处理民商案件才是科学的。

马克思主义哲学认为世界的联系和发展遵循对立统一规律、质量互变规律和否定之否定规律，这就是唯物辩证规律。否定之否定规律告诉我们，一事物能够转化成其他事物，说明处在变化发展中任何事物内部都包含着相反的两个方面或两个趋势：肯定方面是维持事物存在的趋势，是指事物中维持存在的方面；否定方面是促使该事物灭亡的趋势，是指事物中促使其灭亡的方面。哲学上的肯定、否定，与日常生活中所说的赞同某种意见的肯定、反对某种意见的否定，其含义是不同的。肯定和否定是一切客观事物本身所具有的。任何事物都是肯定方面和否定方面的统一体。肯定和否定是相互对立、相互排斥的，是事物内部所具有的两种互相对立的因素、趋势。但是，肯定和否定两个方面又是互相依存、相互渗透的。唯物辩证法的科学否定观，就是建立在对肯定和否定辩证关系正确理解的基础之上的。世界上的任何事物都不是永恒的、绝对的，总是要被否定的。否定是事物发展的推动力量。辩证的否定是事物的自我否定，否定是事物内部矛盾运动的结果，而不是外力作用的结果。辩证否定具有两个重要特点，即辩证的否定是发展的环节，辩证的否定是联系的环节。

作为发展环节和联系环节的辩证否定就是扬弃。扬弃就是对旧事物既克服又保留,克服体现了发展过程的非连续性;保留体现了发展过程的连续性。事物经过辩证否定而实现的发展过程,都是连续性与非连续性的统一,辩证的否定是包含着肯定因素的否定。坚持辩证的否定观,就是要求人们在观察和思考事物时要采取科学的态度和方法。既要看到肯定方面,又要看到否定方面,要善于在肯定中把握否定,在否定中把握肯定。都要从实际出发,进行具体分析。切忌不加分析地肯定一切或否定一切,防止绝对化、简单化。对待历史文化遗产采取批判的继承态度,吸取其精华,舍弃其糟粕,使其"古为今用"、"推陈出新"。对外国的东西,应当借鉴世界各国一切优秀的成果,我们应认真研究和借鉴世界各国的文明成果。学习和借鉴,要采取分析的态度,积极吸取先进、科学、有益的成分,也要抵制落后、谬误、有害的东西。在民商疑案面前,对各方当事人的陈述和举证,否定什么和肯定什么,否定多少和肯定多少,我们应当从每个民商个案本身的实际出发,具体问题具体分析,辨别真假。从马克思主义物质观分析,物质是客观存在的,事实终归是事实,应当坚信只要努力寻找证据,事实是可以大白于天下的。从辩证否定规律层面分析否定是发展的环节,又是联系的环节,一事物之前为它事物,6%形成之前双方协商的就是佣金3%,广告等费用3%,合计6%。要把6%的全部含义讲清楚,任何否认6%是有条件和多方面的理解都是错误的。从矛盾论层面讲,本案既要坚持两点论又要注重重点论,即既要寻找证据说明6%的全面含义,又要行使法律赋予的撤销和(或)变更的权利,另案另诉,使合同条款变更恢复到合同前的状态,才能从根本上解决问题。

鉴于上述分析,同开发公司协商后采取了如下维权措施:

在答辩的同时,2004年6月,提起变更诉讼。

变更之诉以显失公平为由,依法行使变更合同条款的权利,恢复广告推广费用3%,佣金3%的事实真相,请求变更合同条款。受理法院于2004年7月裁定中止经纪公司关于佣金的诉讼。

开发公司为了改变被动局面,作为原告起诉请求:

人民法院依法变更2003年10月商品房委托策划销售代理合同的第三章第3条。该条应为"每周日由乙方向甲方提交该时间段(7天)完成的销售业绩单据(客户签署购房合同并支付全部房款或客户签署购房合同经甲方签字同意客户借款并办妥按揭贷款才为完成销售),甲方审核确认后,分别于每周一向乙方支付销售佣金。销售佣金结算比例按销售底价金额的 6% 提成(其中 3% 为销售商品房和扩大甲方知名度的广告推广费用)。”

提出事实和理由如下:

一、2003 年 10 月,经纪公司同开发公司签订了商品房委托策划代理销售合同,该合同正在履行中。

开发公司开发建设的花园项目竣工交付后,一直看好整体销售,后因城市规划等原因我公司拟分户销售。从 2003 年 5 月份开始,经纪公司多次来人来函,承诺其代理销售的能力和效果如何如何,能在六个月之内代理销售完毕,且投入 60 万元广告推介费用(每月投入 10 万),以促使销售和扩大我公司商业知名度。但是,经纪公司在单方出具合同时,有意逃避责任,致使合同第三章第 3.5 条款的陈述与事先承诺出现重大差异,造成该条款的严重显失公平:第一,根据合同括号注明,经纪公司在房未真正售出的情况下,就可以提走销售佣金和溢价提成。第二,提成 6% 含 3% 的广告费用即数十万元应在合同条款中注明,但事实上没有注明,形成了极不公平的合同条款。

二、真实情况是:首先,1. 经纪公司不提供按揭的有关资料,致使房款目前无法收回的商品房合同价 230 余万元;2. 两位购房户退房而经纪公司已经提走了销售佣金款;3. 经纪公司擅自扣压房卡,使其无法办理按揭贷款,房款无法收回,但经纪公司却提走了佣金和溢价等等;4. 结果是经纪公司未完成销售的购房户加上已经退房的未完成销售共计 60 余户,至今尚有房款 300 余万元未收回。就是说,从事实上讲,房款未收回和已退房的房款,应视为经纪公司没有完成销售任务,不应该提取 3% 的佣金。但如果以合同所约定,则视为已售出,明显存在严重的显失公平。其次,该合同条款对 6% 当中应含 3% 即数十万元广告推广费未注明是不公平的。如果按 2000 万的 3% 即 60 万元应为广告费,未支付广告费的情况下就不应该收取该 3% 。实际上,经纪公司仅支付很少部分的广告费,应该只收取已支付的广告费,而不应该按 3% 提取广告费用。多提总房款的 3% 属不当得利和显失公平。

三、根据我国《合同法》第 54 条规定,下列合同,当事人一方有权请求人民法院或仲裁机构变更和撤销:因重大误解订立的;在订立合同时显失公平的。本案中,销售商品房收回房款、代为销售收取佣金应是双方的合同目的,但合同陈述的却是只要订了购房合同支付首付款,不论该房是否真正售出,不论房款是否都能收回,即视为完成销售,显然对开发公司是严重不公平的。同时,以支付广告推广费为由,白拿数十万元的所谓提成也是绝对于法无据的。

综上所述,开发公司请求人民法院依法查清2003年10月签订的商品房委托策划销售代理合同存在严重显失公平的事实,并且依法变更该合同第三章第3款为:“每周日由乙方向甲方提交该时间段(7天)完成的销售业绩单据(客户签署购房合同并支付全部房款或客户签署购房合同经甲方签字同意客户借款并办妥按揭贷款才为完成销售),甲方审核确认后,分别于每周一向乙方支付销售佣金。销售佣金结算比例按销售底价金额的6%提成(其中3%为销售商品房和扩大甲方知名度的广告推广费用)。”

提起变更之诉后,人民法院裁定中止经纪公司诉开发公司的欠款之诉,使案件发生了根本性转折。

附 民事裁定书摘要

×××人民法院

民事裁定书

(2004)×民初字第×号

原告:×××房地产经纪有限公司

法定代表人:×××,总经理

委托代理人:×××

被告:×××房地产有限公司

法定代表人:×××,总经理

本院在受理原告×××房地产经纪有限公司诉被告×××房地产有限公司欠款纠纷一案中,由于本案被告×××房地产有限公司与原告×××房地产经纪有限公司另有委托合同纠纷一案,将在2004年8月×日开庭审理,本案必须以该案审理结果为依据,根据《中华人民共和国民事诉讼法》第一百三十六条之规定,裁定如下:

本案中止诉讼。

在变更之诉案件中,在诉状陈述事实理由和认真举证的基础上,作为开发公司代理人发表代理意见如下:

本人认为:开发公司有扎实的证据足以证明,其与经纪公司之间约定的商品房策划销售的佣金实际是3%而不是6%，合同显示的6%包括3%的广告推广费，经纪公司按6%收取佣金，构成加倍收取佣金，损害了开发公司的合法权益。同时，对完成销售标准的约定明显不公，构成法律意义上的显失公平，开发公司关于变更合同的请求，符合法律规定，应予支持。因为：

一、合同约定的佣金应当认为是3%而不是6%。

（一）2003年10月所签的《商品房销售代理合同书》关于佣金6%的约定，包括佣金和广告推广费两部分而不是单指佣金。首先，双方于2003年11月所签补充协议已经明确约定开发公司向经纪公司支付的6%包括推广费和佣金两部分。其次，在今天的庭审中，经纪公司也承认这一协议是真实的。这是一个基本事实。

（二）合同约定的广告推广费是3%，而不是经纪公司讲的随便多少都可以。

从2003年6月经纪公司《关于<商品房销售代理合同书>关键条款的意见回复》可以看出，经纪公司对6%费用进行了分解，如果按2000万元销售计算6%佣金应当包括3%的广告推广费，即不低于60万元的广告推广费。同时，更进一步证明，广告推广费是3%，而不是支出多少都要收取60万元。

（三）诉争商品房所在地区商品房销售代理佣金市场现状证明，除广告推广费外佣金均不超过3%。

开发公司出具了二份合同证明了这一事实。一是某开发公司与策划公司签订的《策划及房地产销售合同》证明：佣金分别仅为2.3%和1.3%，同时营销方还要承担项目销售广告费用的20%。二是某开发公司与某房地产咨询公司签订的《商品房代理销售协议》证明：销售佣金也仅为3%。

（四）经纪公司在本地区同其他开发商合作的佣金均不超过3%。

开发公司出具证据证明，经纪公司与某房屋开发公司、某置业有限公司及某开发公司开发楼盘存在委托代理策划销售合同关系，据了解其佣金均不超过3%。庭审中，经纪公司也承认同上述三个公司确实存在代理销售关系。但拒绝提供相应合同，不敢承认单纯佣金不超过3%的事实。依据我国最高人民法院《关于民事诉讼证据的若干规定》第75条规定："有证据证明一方当事人持有证据无正当理由拒不提供，如果对方当事人主张该证据的内容不利于证据持有人，可以推定该主张成立。"对此，人民法院应当推定开发公司关于经纪公司同上述三公司代理佣金不超过3%的理由成立。

至此，已证明：经纪公司也好，其他公司也好，开发公司也好，其他开发公司也好，销售商品房的佣金都不应超过3%才是正常的，那么，经纪公司为何要求该开发公司加倍增至6%呢？显然是说不过去的。就是说，与开发公司合同约定佣金6%不单指佣金，它还包括广告推广费，这才是符合当时客观情况的。

这里，根据庭审调查，可以澄清两个事实：一是佣金应为3%，二是开发公司合同约定的6%佣金含广告推广费。那么，下面有个事实有待证明：即经纪公司与开发公司之间广告费约定的是3%，还是其他呢？还是多少都可以呢？答案很清楚，是3%。因为：第一，2003年5月，经纪公司呈给开发公司的提案证明，开发公司开发的该花园项目广告推广费不低于60万元，即如果按销售额2000万元计算的话，3%就是60万元；第二，2003年6月经纪公司的合同关键条款答复证明：收取6%费用的计算依据明确证明广告费在3%即60万元以上。

二、合同约定只要签订购房合同和支付首付款就视为房屋真正售出是极不公平的。

本案中，因为经纪公司私自扣压房卡和不履行配合办理按揭合同等过错导致300余万元房款不能收回，还有购房户退房，这是客观事实。只能以实际售出收回房款才能视为真正完成销售任务。因此，合同对是否完成销售任务的约定，是重大显失公平的。如果如此，开发公司将无法真正实现销售房屋和收回房款的合同目的。

三、本案的客观事实符合我国《合同法》第54条规定的显失公平的主客观要件，属于变更或撤销合同条款的法定情形。

我国《合同法》第54条明确规定，下列合同，当事人一方有权请求人民法院或仲裁机构变更和撤销：1.因重大误解订立的；2.在订立合同时显失公平的。我国最高人民法院《关于贯彻执行 < 民法通则 > 若干问题的意见（试行）》第72条规定："一方当事人利用优势或者利用对方没有经验，致使双方的权利与义务明显违反公平、等价有偿原则的，可以认定为显失公平。"

所谓显失公平，应当是指一方在紧迫或缺乏经验的情况下而订立的如果履行对其具有重大不利的合同。根据学术界的通说，显失公平的合同应当有两个构成要件：即主观要件和客观要件。

（一）主观要件，即一方故意利用其优势或另一方无经验签订了显失公平的合同。从这个要件来看，显失公平合同的受损一方必须证明两点：1. 获利一方利用其优势或利用受损一方无经验的事实存在。本案中，开发公司证明了这些事实：经纪公司是专业的商品房策划营销公司，存在明显优势，对该花园的优越位置和处于现房而不是期房的现实，广告费用数额及比例的预见比较清楚。第二，开发公司作为当地一个原来集体企业，此前从未遇过营销合作，无任何这方面的实践和经验。2. 获利一方利用其优势或利用受损方无经验存在主观故意。本案中，经纪公司利用其优势和开发公司缺乏经验而告知了开发公司虚假事实，即先后数次告知开发公司广告推广费不低于 3% 。同时，庭审中，开发公司证人证言证明，经纪公司在签合同当天还承诺 6% 包括广告推广费，且广告费不低于 60 万元，还能推广开发公司的知名度。而事实上，经纪公司仅支付很有限的广告费用，且因经纪公司不尽全部义务，开发公司面临退房、房款无法收回和可能被推上被告席的实际和所谓的知名度。

（二）客观要件，即客观上当事人利益不平衡。确立显失公平制度的目的，是禁止和限制一方当事人获得超过法律允许的利益，即客观上当事人利益不平衡应当超出法律允许的限度。虽然我国现行法律没有规定显失公平的具体标准或限度，但是，在罗马法中，曾有"短少逾半规则"，根据这一规则，买卖价金差于标的物价值一半时，出卖人得解除契约，返还价金而请求返还标的物。本案中，若佣金应为 3% ，如果按 2000 万元计算，佣金应为 60 万元，若佣金为 6% 则为 120 万元，相差巨大，确属显失公平。

综上所述，我们认为：本案中，开发公司提出双方所签合同第 3. 5 款显失公平，事实清楚，证据扎实充分，且符合法律规定和立法目的。不纠正不足以显示法律的公正；不纠正不足以保护弱势群体的合法权益；不纠正不足以倡导公平竞争、合法经营的市场经济新秩序。为此，请求人民法院查清事实，支持开发公司变更之诉的诉讼请求。

以上意见，请法庭合议时予以重视和采纳。

（2004 年 8 月）

维权结果：

在开发公司变更之诉中，双方达成调解协议，把变更之诉案件和经纪公司原诉开发公司欠款之诉案件合并处理，原销售代理合同不再履行，手续结清，经纪公司撤回原诉，不再按 6% 主张佣金。后经纪公司不予撤诉，法院判决驳回其诉讼请求。

附：民事判决书摘要

× × ×

民事判决书

(2004) ×民初字第×号

原告：× × ×房地产经纪有限公司

法定代表人：× × ×，总经理

委托代理人：× × ×，

被告：× × ×房地产有限公司

法定代表人：× × ×，总经理。

委托代理人：× × ×

原告：× × ×房地产经纪有限公司（以下简称× ×公司）诉被告× × ×房地产有限公司（以下简称× ×公司）欠款纠纷一案中，原告× ×公司于 2004 年 6 月×日向本院提起诉讼，本院于同日作出受理决定，依法组成合议庭，2005 年 3 月×日公开开庭进行了审理，原告× ×公司委托代理人× × ×，被告× ×公司委托代理人× × ×、× × ×到庭参加了诉讼，本案现已审理终结。

………

庭审中，被告为支持其答辩理由，向法庭提交以下证据：证据一，× × ×法院(2004)民初字第×号民事中止裁定书。证据二，2004 年 11 月×日双方达成的调解协议。证据三，(2004)民初字第×号民事调解书。证明原、被告双方应当按照协议书履行协议，原告其他的诉讼请求应予以驳回。原告对调解书没有异议，认为×号调解书与本案无关，实际上该调解书违背法律，没有查清事实，程序违法，是无效的调解书。对于调解协议第 5 条约定，双方实际并未按照调解书约定履行，因此本案应继续审理，因×号调解书并没有把本案合并审理，×号案件与本案没有实际联系，×号调解协议不能涉及本案，否则无效。

根据原被告双方的陈述、举证及诉辩意见，对本案事实确认如下：原告× ×公司于 2004 年 6 月×日，以欠款纠纷将被告× ×公司起诉至× ×区人民法院（案号为×），后被告× ×公司起诉原告× ×公司变更之诉（案号为×），因本案需经该案的审理结果为依据,故中止诉讼。后×号案件双方调解,×××人民法院2004年11月×日作出(2004)民初字第×号民事调解书,双方同意将两案合并处理,××公司撤回对××公司的起诉,即本案。××公司在调解书生效后十五日内向××公司办理合同全部移交手续,××公司在调解书生效后十五日内支付××公司100000元,双方所签订的合同终止,一切手续作废,双方约定本案撤诉后的诉讼费双方各承担一半。但原告××公司在×号调解书生效后坚持不撤诉,对本案被告××公司亦未履行支付义务,双方均未按调解书约定的条款履行。

本院认为,×××人民法院(2004)民初字第×号民事调解书实际上已将本案合并处理,是双方自愿签字的、生效的法律文书,双方应按照调解书约定执行。关于诉讼费用,按照该调解书约定,撤诉费双方各承担一半,对于另一半的诉讼费用,属原告造成,应由原告承担。据此,依照《中华人民共和国民事诉讼证据规定》第九条第一款第四项之规定,经合议庭评议,判决如下:

原告×××房地产经纪有限公司的诉讼请求不予支持。

本案受理费3900元,其他费1300元,保全费2000元,共计7000元,由原告承担6100元,被告承担1000元(被告承担部分先由原告预付款垫付,待执行时一并清结)。

如不服本判决,可在判决书送达之日起十五日内,向本院递交上诉状,并按对方当事人的人数提出副本,上诉于市中级人民法院。

特别赏析:

本案纠纷涉及委托合同和合同条款的变更和撤销的法律实务。根据我国《合同法》规定,委托合同是委托人和受托人约定,由受托人处理委托人事务的合同。受托人完成委托事务的,委托人应当向其支付报酬。因不可归责于受托人的事由,委托合同解除或者委托事务不能完成的,委托人应当向受托人支付相应的报酬。当事人另有约定的,按照其约定。有偿的委托合同,因受托人的过错给委托人造成损失的,委托人可以要求赔偿损失。

根据我国《合同法》规定,当事人协商一致,可以变更合同。当事人对合同变更的内容约定不明确的,推定为未变更。下列合同,当事人一方有权请求人民法院或者仲裁机构变更或者撤销:(一)因重大误解订立的;(二)在订立合同时显失公平的。一方以欺诈、胁迫的手段或者乘人之危,使对方在违背真实意思的情况下订立的合同,受损害方有权请求人民法院或者仲裁机构变更或者撤销。当事人请求变更的,人民法院或者仲裁机构不得撤销。无效的合同或者被撤销的合同自始没有法律约束力。合同部分无效,不影响其他部分效力的,其他部分仍然有效。合同无效、被撤销或者终止的,不影响合同中独立存在的有关解决争议方法的条款的效力。

我国《民法通则》规定,下列民事行为,一方有权请求人民法院或者仲裁机关予以变更或者撤销:(一)行为人对行为内容有重大误解的;(二)显失公平的。被撤销的民事行为从行为开始起无效。我国最高人民法院《关于贯彻执行<民法通则>若干问题的意见(试行)》规定,1. 行为人因对行为的性质、对方当事人、标的物的品种、质量、规格和数量等的错误认识,使行为的后果与自己的意思相悖,并造成较大损失的,可以认定为重大误解。2. 一方当事人利用优势或者利用对方没有经验,致使双方的权利与义务明显违反公平、等价有偿原则的,可以认定为显失公平。3. 对于重大误解或者显失公平的民事行为,当事人请求变更的,人民法院应当予以变更;当事人请求撤销的,人民法院可以酌情予以变更或者撤销。可变更或者可撤销的民事行为,自行为成立时起超过一年当事人才请求变更或者撤销的,人民法院不予保护。

对外国法律制度关于因重大误解、显失公平行为而使合同可变更可撤销规定的了解和比较,有利于对我国关于该法律制度的探讨研究和辩证思考。

在德国,当意思表示的客观含义与隐蔽其后的主观意图不一致时,德国的法学者将其称为意思瑕疵。在一个人以其意思表示的客观表述并不代表其真实意图为理由,成功地否定了自己的意思表示之前,意思表示是有效的,因为从其客观表述中可以推定意思表示人的真实意图。在这种情况下,意思表示是可以撤销的,而且是一种有溯及效力的撤销。如果订约的一方使对方当事人产生了一种虚假的印象或误解,并由此导致其作出了意思表示,或至少是像惯常那样作出了意思表示,这种行为就构成了诈欺。诈欺可以是某种积极行为的结果,也可以是某种不作为的结果。换言之,提示虚假的事实或者隐瞒真实的情况都可能构成诈欺。但只有当事人负有告知义务时,不作为才有可能构成诈欺。如果意思表示的客观含义未能反映存于其后的主观意图,而这一主观意图又关系到意思表示的内容和后果,那么,这一意思表示就可因错误而撤销。在准许撤销时,预期利益落空的对方当事人享有损害赔偿的请求权。当撤销意思表示的所有要求—德国法学者将其称为撤销原因—都具备了之后,受到诈欺或陷于错误的当事人即可根据自己的选择,决定是否撤销有关的契约。在基于错误而撤销意思表示的情况下,期望该意思表示继续有效的当事人,享有要求赔偿其预期利益落空的请求权。这种赔偿义务,或多或少作为撤销意思表示的代价,可以用来说明为什么允许如此自由地基于错误而撤销意思表示。疏忽对于撤销权没有任何影响,因为即使是由当事人自己的过失而发生的错误,撤销意思表示也是允许的。

在美国,传统的合同法是在一个由信赖自我、利己的个体所组成的世界的基础之上建立的。在了解到所要购买的商品的特点和品质以及他们之间所欲形成的法律关系后,他们会到有竞争性的市场上讨价还价,在市场上达成的最后的协议会使每个人所获得的利益比他们所放弃的要多一点(或正如他们所希望的)。在现代消费者领域,消费者每天面对的是标准化商品和标准格式合同的非个人化的世界,讨价还价几乎成为被遗忘的技巧。近年来,美国最高法院以及很多州法院根据相应的程序性法律,建立了程序上的保护措施给予债权人救济。联邦贸易委员会和类似的国家机构已经禁止不公平或欺诈性的贸易行为,禁止消费者所签订的合同中的特定条款,并对其他条款作出规定。最后,显失公平这一概念的引入使消费者受益。在加强特殊消费者立法保护之前,《统一商法典》的显失公平的规定是保护消费者的一项重要法律依据。法院适用这一条款保护消费者免受卖方的诈骗手段和合同中卖方的苛刻条款的损害。由于意识到显失公平这一概念对保护消费者权益的重要性,州消费者立法草案的起草者将显失公平的条款纳入他们的法典和法案中。下面是一部保护消费者的立法,1974 年《统一消费者信贷法》中显失公平的规定的一部分:

108 条第 5 款(显失公平;显失公平行为的动机;显失公平地收回欠款)(1)关于一笔消费者信贷交易的引起或使债务人相信会引起消费者信贷交易,如果法庭依法认为:①在协议或交易达成时,该协议或交易已具有显失公平性,或者由于显失公平的行为导致协议或决议具有显失公平性,法庭可以拒绝执行该协议;②协议、交易的条款或协议、交易的组成部分在签订时已经显失公平,法庭可以拒绝执行该协议,对协议的显失公平条款或显失公平的部分以外的其余的部分予以执行,或者对显失公平的条款、部分限制适用以避免产生任何显失公平的结果。(2)在适用上述第(1)项时,在各种因素中,法庭应当考虑适用以下因素:①卖方、出租方或贷款人在开始进行交易时,相信不会有消费者或债务人履行付款义务的合理的可能性;②如果是消费者信贷销售或消费者租赁合同,卖方或出租方在销售或出租时了解到消费者没有能力从其出售或出租的财产或服务中获得实质的利益;③如果是消费者信贷销售或消费者租赁合同,以同类消费者在信贷交易时,随时可以获得该类似财产或服务的价格所衡量的该财产或服务的价值与该财产或服务的销售或出租的价格总额之间存在明显不对等的情况;④向消费者提供信贷销售或为销售或发放贷款而向消费者提供贷款,债权人对此签订保险合同或收取单项保险费,对这一事实,从整体上考虑,显失公平;⑤卖方、出租方、贷款方故意利用消费者或债务人由于其身体或精神疾病,不知情、不识字等原因而无法合理地保护自己的利益,故意利用其不理解协议中的语言或类似的因素等等。

以上说明,显失公平或重大误解赋予当事人撤销或变更权的法律制度,既是法律保护当事人的合法权益免受不法侵害,又有严格的法律规定。

第二节
巧用质量互变规律，开发商避免赔偿“一加一”

出卖人开发公司在订立商品房买卖合同时，隐瞒了所售商品房已经抵押的事实，但是，开发公司已经将房屋交付购买人装修和使用。购买人得知所购商品房已经抵押的事实后，根据商品房买卖合同的约定申请仲裁，请求解除合同、返还购房款并由开发公司承担“已付房款一倍”的赔偿责任。该购房合同是否应当解除？开发公司是否应当承担“已付房款一倍”的赔偿责任？

基本案情：

2001年5月，某房地产开发公司因急于收回资金，将其开发的某花园3#2一套商品房以第三人的名义在银行按揭抵押贷款。2003年5月，买受人与开发公司签订商品房买卖合同，购买该套商品房，面积140平方米。合同签订后，买受人付清了房款，开发公司也将该商品房交付给买受人装修和使用，但未办理房屋产权证明。后买受人到房产主管部门咨询时得知该商品房已被按揭抵押贷款。买受人认为，开发公司在订立商品房买卖合同时，故意隐瞒该商品房已经抵押的事实，其行为已经构成欺诈，严重损害了买受人的合法权益，依据我国《消费者权益保护法》和我国最高人民法院《关于审理商品房买卖合同纠纷案件适用法律若干问题的解释》的有关规定应当承担法律责任。因与开发公司协商无果，买受人根据约定依法申请仲裁机构仲裁：依法确认双方签约的商品房买卖合同无效，裁决开发公司返还购房款及利息并由开发公司承担已付房款一倍的赔偿责任。但是，开发公司认为，商品房已交付买受人装修和使用，银行贷款已经基本还清，已具备办理房产证条件，不应确认商品房买卖合同无效，不应承担赔偿责任。

维权经典：

本案中，问题在于，我国《合同法》第52条规定，有下列情形之一的，合同无效：一方以欺诈、胁迫的手段订立合同，损害国家利益；以合法形式掩盖非法目的。我国《民法通则》第58条规定，下列民事行为无效：一方以欺诈、胁迫的手段或者乘人之危，使对方在违背真实意思的情况下所为的；以合法形式掩盖非法目的的。根据我国《最高人民法院关于审理商品房买卖合同纠纷案件适用法律若干问题的解释》第9条的规定，出卖人订立商品房买卖合同时，故意隐瞒所售房屋已经抵押的事实，导致合同无效或者被撤销、解除的，买受人可以请求返还已付购房款及利息、赔偿损失，并可以请求出卖人承担不超过已付购房款一倍的赔偿责任。根据本案基本事实和有关法律的直接规定来分析，一般认为，开发公司欺诈行为是客观存在的，这明显对开发商不利。

然而，从马克思主义质量互变规律的分析则不然。质量互变规律是自然界、社会和人类思维领域普遍起作用的客观规律，并已为人类社会实践和科学发展所证实。根据质量互变原理，在民商疑案案件处理过程中，我们可以分析出根本违约和部分违约以及当事人在纠纷中的过错程度，使案件得以公正处理，不枉不纵，不偏不倚。

质量互变规律告诉我们，世界上一切事物都有一定的质。质是指一事物同它事物区别开来的内部规定性。只有认识了事物的质，才能正确区分事物，分清不同事物之间的界限。量是事物存在发展的规模、程度、速度以及它的构成成分在空间上的排列等可以用数量表示的规定性。任何事物都是质和量的统一。度是反映事物质和量统一的哲学范畴,是事物保持自己质和量的限度(或幅度、范围),是保持和事物的质相统一的量的限度。在这个限度内,量的变化不会改变事物的性质;量变一旦超出这个限度,就能打破事物的存在,使此物变为它物。量变是事物数量的增减和场所的变更,是一种连续的、逐渐的、不显著的变化。质变是事物根本性质的变化,是事物由一种质态向另一种质态的转变,是一种根本性的、显著的突变,是飞跃。区别量变和质变的根本标志,在于看其是否超出度的范围。量变和质变的辩证关系可概括为:量变是质变的必要准备,质变是量变的必然结果,质变又转化为新的量变。

鉴于在民商案件诉讼过程中,我们针对的大多是已经发生的复杂民商案件事实来分析、认识和判断,质量互变规律的民商疑案指导意义更加显现。首先,分析一方当事人过错程度是否达到根本违约的质的程度。比如,商品房出卖人在买卖过程中是一般性欺诈和违约,事实上出卖商品房;还是利用优势地位,恶意违约和欺诈行为,根本上使买受人陷入购买无法拥有所有权房产的错误,而最终导致商品房买卖合同无效或被撤销。将最终认定出卖人是否承担退还已付房款并支付已付房款一倍的赔偿责任,俗称"一加一"的赔偿责任。其次,分析当事人在纠纷过程中的过错程度的量的区别,因为,一般的欺诈和违约也应承担违约责任。过错程度的大小将关系到当事人最终承担法律责任的程度不同。

对本案的分析定位。

从马克思主义质量互变规律来分析,本案的情况就可能有转机。在分析案件情况后,作者认为,尽管在签订商品房买卖合同时,开发公司确实隐瞒了该商品房已经抵押贷款的事实,但是,本质上还是为了卖房给买受人,没有侵犯买受人对该商品房的占有权和使用权,商品房买卖合同的本质没有变化。开发公司不存在最高人民法院关于商品房纠纷案件司法解释中关于开发商恶意违约或欺诈的情形,应驳回买受人关于返还房款和加倍赔偿的请求。

本案在处理过程中,涉及的主要焦点是:双方所签的商品房买卖合同是否应确认无效?开发公司是否承担买受人已付购房款一倍的赔偿责任(俗称"一加一"赔偿)?

一种观点认为:根据我国最高人民法院(法释【2003】7号)司法解释第9条的规定,该开发公司作为出卖人在与买受人签订合同时故意隐瞒了所售房屋已经抵押的事实,当事人关于确认合同无效、开发公司承担返还购房款和"一加一”赔偿的请求应予支持。

另一种观点认为：尽管开发公司在签订售房合同时故意隐瞒了所售房屋已经抵押的事实，但其本质意思表示是愿意销售该套房屋，且已交付买受人装修和使用，抵押房屋贷款也已付清，具备办证条件，不宜确认合同无效。本案事实表明开发公司的合同欺诈行为不符合“一加一”赔偿的法律规定。

作者持第二种观点。分析认为：

我国最高人民法院《关于审理商品房买卖合同纠纷案件适用法律若干问题的解释》第9条规定，出卖人订立商品房买卖合同时，具有下列情形之一，导致合同无效或者撤销、解除的，买受人可以请求返还已付购房款及利息、赔偿损失，并可以请求出卖人承担不超过已付购房款一倍的赔偿责任：(一)故意隐瞒没有取得商品房预售许可证明的事实或者提供虚假商品房预售许可证明；(二)故意隐瞒所售房屋已经抵押的事实。

我国最高法院该司法解释的目的在于，对于在商品房买卖行为中，出卖人利用优势地位，为追求所谓最大经济利益，采取欺诈手段与买受人签订合同，或签订合同后又恶意违约的行为给予制裁，这是由于出卖人的恶意违约和欺诈行为完全摒弃了诚信原则，严重损害了市场经济的交易安全秩序，它同因客观原因导致合同不能履行的情况有本质区别，对此类行为仅以补偿性的赔偿无法弥补买受人损失的，也不能有效的制裁和遏制出卖人恶意违约和欺诈的行为。但是，同时应当考虑，根据我国《消费者权益保护法》第49条和我国《合同法》第113条所确定的惩罚性原则精神，对商品房买卖合同中的某些出卖人恶意违约和欺诈行为可有条件地适用惩罚性赔偿。上述司法解释第9条规定的情形导致商品房买卖合同被确认无效或被撤销、解除时，买受人除可请求出卖人返还已付购房款及其利息，赔偿损失外，还可以请求出卖人承担不超过已付房款一倍的赔偿责任。

从另一层面来分析，根据我国最高人民法院《关于建设工程价款优先受偿权问题的批复》(注释【2002】16号)第2条规定，消费者交付购买商品房的全部或者大部分款项后，承包人就该商品房享有的工程价款优先受偿权不得对抗买受人。该批复中的“消费者”的含义应与《消费者权益保护法》规定的含义相同，即“为生活消费需要购买商品房的消费者”。相对于承包人而言，该消费者是弱者，是为了生存利益而非经营利益。就是说，法律给予商品房买受人的购买权以特殊保护，是由于该权利涉及买受人对其商品房的生存权利，当然包括对该商品房的占有、使用和处分权利。于是应当认为，买受人行使“请求出卖人承担不超过已付购房款一倍的赔偿责任”，是有条件的，即：合同目的不能实现，导致合同无效或被撤销、解除的。从辩证法的质量互变规律可以清晰看出，出卖人的欺诈行为只有达到：使买受人不能占有、使用和处分所购商品房这一“量”的“程度”时，才能达到“一加一”赔偿这一“质”的界限，否则即不符合(法释【2003】7号)司法解释所规定的“一加一”赔偿的条件。但若从法条本身去分析，似乎只要存在“出卖人签订商品房买卖合同时，故意隐瞒所售房屋已经抵押的事实”，就将达到承担“一加一”赔偿责任的程度。上述分析表明，我们在处理案件时，如同时能从质量互变规律角度去分析就会比较明确地分析出每个个案是否符合“一加一”赔偿的情形，使个案更容易公正处理，既不损害买受人的房屋所有权，又使出卖人应当受到保护的合法权益免受“一加一”赔付的损失。就本案而言，开发公司确实在签订合同时，故意隐瞒所售商品房已经抵押的事实，但是，已经将所售房屋交付买受人装修和使用，也将贷款还清，具备办理房产证的条件，该合同买受人对所购房屋的占有、使用受益和处分的权利均能满足。因而，该买受人的请求明显不符合“一加一”赔偿的法律规定。

在对本案作出以上分析后，作者为开发公司提出如下答辩意见：

答辩人即开发公司为与申请人商品房买卖合同仲裁一案，开发公司认为申请人的申请属于对本案的事实认识和有关法律规定的理解存在误区，申请请求不能成立，应当依法予以驳回。理由如下：

一、申请人请求确认双方签订的商品房买卖合同无效的请求，不符合法律和相应司法解释的规定情形，应予以驳回。

(一)根据我国《合同法》第52条第2款明确规定，一方以欺诈、胁迫的手段签订合同损害国家利益的，合同无效。即没有损害国家利益的欺诈行为不能导致合同无效。

(二)本案中，即使开发公司未及时明确告知申请人所购房屋曾设有抵押，也不能以此确认该合同无效。因为，仅存在故意隐瞒所售房屋已经抵押的事实，并不必然导致合同无效。

二、开发公司在与申请人签订购房合同时，没有法定意义上以优势地位恶意违约的欺诈行为。

（一）我国最高法院《关于贯彻执行 <民法通则> 若干问题的意见》第 68 条规定：一方当事人故意隐瞒真实情况，诱使对方当事人作出错误意思表示的，可以认定为欺诈行为。

（二）根据我国最高法院《关于审理商品房买卖合同纠纷案件适用法律若干问题的解释》第 9 条规定，受欺诈人因欺诈而陷入错误，并基于错误认识而为意思表示的错误是指对合同内容及其他重要情况的认识缺陷。

（三）但本案中，申请人对所购房屋合同等重要情况并无认识上的缺陷。第一，申请人所购房屋，当时具备交付条件，且当时已实际交付，申请人也进行了装修和使用。最高法院关于商品房纠纷司法解释第 11 条规定，对房屋的转移占有，视为房屋的交付使用。第二，申请人所购房屋的正常售价为每平米 1400 元以上，而申请人合同房价仅为每平米 950 元，明显低于正常价，说明申请人对该房屋可能存在有瑕疵，属于知道和应当知道。同时，合同中对办理产权登记的时间和逾期责任均未约定，更说明了这一点。第三，所购房屋早已具备办证条件，并未事实上侵害申请人所购房屋的使用权和所有权。

三、本案中，开发公司不存在我国最高法院关于商品房纠纷案件司法解释中关于恶意违约或欺诈行为的事实，应驳回申请人关于返还房款和加倍赔偿等申请请求。

（一）开发公司对所售房屋属于出售前曾设有抵押的情况，不是出售后再设定抵押。因此，不符合上述司法解释第 8 条之规定。

（二）开发公司同申请人签订合同时，尽管未明确告知所购房屋曾设有抵押，但从订立合同的现实情况看，只是担心房屋的顺利售出，其行为目的是销售房屋，而不是只签订合同收取房款，不售房屋。纵观全案应当能够查明这一根本事实。

（三）开发公司没有一房两售、重复抵押等使申请人无法及时使用和居住房屋的情况，也不存在无法办理产权登记的客观事实。因此，也不符合上述司法解释第 9 条规定的情形。

（四）根据我国最高法院审理商品房纠纷案件司法解释规定的原义，即使出卖人原有隐瞒抵押的行为，但是，若出卖人能采取相应的补救措施，而使买受人能够取得完全所有权的房屋的，行使撤销权的阻却事由发生，该商品房买卖合同应继续履行。买受人请求确认合同无效，不符合法律规定的情形，应当不予支持。

综上所述,开发公司认为,申请人所购房屋早已交付其装修和使用,同时,现已具备办理产权登记的条件,申请人不及时办理产权登记,不能成为要求开发公司加倍赔付的理由。申请人请求确认购房合同无效、返还房款、加倍赔偿等申请请求不符合法律规定,没有足够的事实依据,应当依法予以驳回。

维权结果:

经仲裁庭查明,开发公司在签订合同时对所售房屋已经抵押的事实未予说明,合同签订后房屋已交付买受人装修和使用,开发公司已将贷款还清,具备办证条件。经调解买受人同意放弃仲裁请求,由开发公司为其办理房屋产权证明,开发公司同意承担仲裁费用。

特别赏析:

本案是房屋买卖合同纠纷,房屋买卖合同是指出卖人将房屋交付给买受人,买受人支付相应价款的合同,即以房屋为标的进行买卖的合同。商品房买卖合同是房地产开发企业(出卖人)将其开发房屋向社会销售并转移房屋所有权于买受人,买受人支付价款的合同。

商品房买卖合同是民事合同的一种,其法律效力和法律责任应当适用我国《民法通则》、《合同法》和最高人民法院《关于审理商品房买卖合同纠纷案件适用法律若干问题的解释》等。出卖人违约责任的承担原则:向买受人支付违约金、向买受人赔偿损失、买受人解除合同等。其中,出卖人订立商品房买卖合同时,故意隐瞒所售房屋已经抵押的事实即存在欺诈行为应当适用惩罚性赔偿条款,必须到达导致合同无效或被撤销、解除的程度,使买受人的合同目的落空,最终无法取得房屋。

从本质上讲,本案涉及的法律问题是,出卖人的欺诈行为是否侵犯了买受人的房屋所有权,即是否侵害了购买人对所购房屋的占有、使用、受益和处分权利。从形式上看,出卖人确实存在隐瞒所售房屋已经抵押的行为,但同时存在交付房屋由买受人占有和使用,且开发公司又能采取有效救济措施,纠纷发生时,能够使买受人的合同目的完全得以实现。本案调解结果圆满。质量互变规律的哲学原理对案件的公正审理的指导作用得以充分体现,否则,只顾表面,不看其质,我们可能没有足够的信心使本案得以公正的处理。民商法哲学研究的作用和意义在本案中得以充分的表现和证明。

第三节
发包人变更设计、增加工程量并接受工程，工程款哪有不增之理

建筑工程合同对工程价款约定为固定总价，并约定了承担风险的范围。发包人对工程的设计变更和工程量增加未予签证，也不认可。工程价款还能调整增加吗？

基本案情：

2004年9月，原告设备公司与被告置业公司签订了消防工程承包合同，约定：商贸广场改造维修工程的消防工程由设备公司施工，并且对承包范围、工期、质量标准、材料供应进行了约定，合同价为400万元，承包方式采用包工包料，一次包死的固定总价合同方式。并约定本工程以合理报价和让利、双方协定，工程费用一次包死（包括风险、各项措施费用、规费、利润税金等），一律不作调整。设备公司对该工程严格按照设计图纸组织施工。但是，设备

公司认为施工中置业公司多次进行设计变更和增加工程量，提高材质标准，使合同决算价增加至500万元，同时存在预算外追加工程造价，并且，由于置业公司不能及时配合施工而造成设备公司的误期损失。而置业公司认为不存在变更和增加，设备公司也没有足够的证据证明是置业要求变更和增加的。至工程竣工验收合格后，置业公司仅付300万元工程款，余款未付，经多次协调未果，作为担保人的某公司也未能及时催促付款。发承包双方发生纠纷。

维权经典：

根据我国《建设工程价款结算暂行办法》规定，工程价款可以采用固定总价、固定单价或可调价格等方式，由当事人在合同中约定。本案中，合同约定为一次包死的固定总价方式，并约定了承担风险的范围。一般情况下，在合同范围内合同价款不作调整。那么，设备公司要求增加工程款，就必须证明有认可的合同外工程等事实证据。设备公司在工程施工过程中的变更和增加，基本没有置业公司或监理机构的签证。同时，本案存在工期误期问题。设备公司起诉工程款，置业公司肯定诉求工期违约。因此，造成工期误期的责任所在，也是本案的焦点之一。

马克思主义运动观认为，任何事物都有一个产生、发展和灭亡的过程，但其在灭亡之前其根本性质是不变的，它为我们提供了认识事物的可能。绝对的运动与相对的静止构成了马克思主义哲学完整的运动观。它将指导我们分析民商案件发生、发展的过程和条件，以便认识并揭示案件事实。

辩证唯物主义把运动理解为宇宙中发生的一切变化和过程。物质是运动的承担者，是一切运动、变化和发展的基础；运动是一切物质所固有的根本属性。不存在没有运动的物质，也不存在没有物质的运动。相对静止是物质运动的特殊形式。马克思主义哲学承认物质世界的永恒运动，同时，又承认在物质世界的永恒运动中存在着相对静止。静止是指物质运动中的相对稳定状态，是运动的特殊形式。一般来说，相对静止有两种情况：第一种是指，一事物对于其他事物来说没有发生位置的变化。第二种是指，事物的性质没有发生根本变化。任何事物都有一个产生、发展和灭亡的过程，但事物在产生之后到灭亡之前，其根本性质是不变的，这种物质的稳定性就表现为相对静止状态。任何事物的存在和发展都是绝对运动和相对静止的统一。对民商案件的认识和处理同样如此。

绝对的运动与相对的静止构成了马克思主义哲学完整的运动观。把运动和静止割裂开来，夸大绝对运动而否定相对静止，必然导致相对主义和诡辩论；反过来，夸大相对静止而否定运动的绝对性，则必然导致形而上学的不变论。两者都歪曲了事物的本来面目，都是片面的、错误的。承认事物的相对静止对于认识和改造世界具有重要意义：第一，相对静止是运动的量度，只有承认相对静止的存在，才能坚持物质世界永恒运动的观点。第二，相对静止是物质分化的根本条件，只有承认相对静止，才能说明物质世界的多样性。第三，相对静止是事物存在和发展的条件，它为我们提供了认识事物的可能。当然，这一理论也为我们认识民商案件事实本质提供了可能。

本案中，双方当事人虽然约定工程价款为固定总价，但是，不能机械地认为工程价款就是静止不动的。该工程价款是在约定的"风险范围"内的"固定"，但是，如果出现合同外工程、设计变更等不属于固定风险范围内的工程，应当据实增加。从具体问题具体分析每个个案，案件的工程量和工程造价已经超过了合同约定的范围，从一切从实际出发，实事求是讲，承包人确实施工了合同外工程，如果不发生设计变更和合同外工程，承包人不会额外施工工程的，就是说事出有因，无论是发包人的原因，还是监理单位的原因，发生了合同外预算外工程，就应当按照约定增加工程款。承包人一次包死是指合同内预算内的风险责任。因此，不能简单地一概而论，只要是固定总价无论发生什么情况一律不增加工程款。根据因果关系原理，没有业主的要求，施工单位是不会变更增加工程量的。即使业主或监理没有签证，只要有其他施工资料证明工程存在变更增加，工程款也是可能增加的。另外，工期过错在置业公司，但如果设备公司起诉不对其提出主张，将可能出现被动。

认真审查分析设备公司合同资料之后，认为设备公司根据置业公司和监理单位要求，设计变更和合同外工程应当增加工程款。因此，2006 年 1 月，设备公司决定诉讼维权，起诉至中级法院，诉求判令增加工程款并由置业公司承担误工损失。

置业公司认为：设备公司的诉讼请求缺乏事实和法律依据，本案工程价款采用的包工包料一次包死的总价固定合同方式，设备公司请求误工损失没有依据，设备公司请求某公司连带赔偿错误，设备公司工期违约置业公司有权拒付工程款。该工程不存在设计变更、提高材质和追加工程款的事实。

正如分析所料，置业公司反诉认为：工期自2004年9月至2004年11月，实际至2005年12月才验收合格，延误工期300多天，反诉请求判令设备公司应赔偿其损失800万元。

根据案件的实际情况，为设备公司（反诉被告）提出事实理由如下：

一、关于本诉的事实和法律依据：

（一）合同价400余万元拖欠部分应当予以支付并承担逾期付款的利息；

（二）设计变更和预算外增加部分，应当增加工程款。因为：

第一，合同依据：双方签订的《施工合同》第7条约定：合同一次包死价的范围包括风险、各项措施费用、规费、利润税金等。不包括设计变更和预算外增加。该合同第9条约定：合同履行中甲方（置业公司）要求变更质量标准及发生其他实质性变更，由双方协商解决。

第二，法规依据：我国《建筑工程价款结算办法》第7条规定：发承包人应当在合同条款中约定承包风险的范围及幅度以及超出约定范围和幅度的调整办法；第10条规定：在工程设计变更确定后，双方对合同价款不能达成一致的，可按合同约定的纠纷解决程序办理。我国《建筑工程施工发包承包计价管理办法》第12条规定：合同采用固定价方式，合同在约定的风险范围内不可调整。

第三，事实依据：庭审中，设备公司出具了300页的预算图、变更图和决算图。证明设计变更的客观存在。设备公司出具了176页的预算外追加及设计变更的证据。证明增加和变更的具体事实。结果是：合同价400余万元，变更及增加170万元。鉴定结果：应增加100余万元。因此，设备公司所诉工程款增加事实清楚，合同约定明确，符合法律规定，依法应予支持。

二、关于置业公司反诉不能成立的事实和法律分析：

（一）对于反诉的合同依据的认识是片面和错误的。

置业公司认为：合同第3条约定，(1)工程工期50个日历天，从2004年9月至2004年11月，无论是任何原因，只要超过2004年11月，设备公司就要承担责任；(2)而双方合同第10条约定，不按期完成的，设备公司就要按每延期一天处合同价款的5%罚款。

但事实上合同约定，只有在“工期如因乙方（设备公司）的责任而不能按期完成的”情况下，设备公司才可能承担责任。置业公司如无证据证明误期是设备公司的“责任”，设备公司是不应承担工期违约责任的。

（二）法律规定，如因发包人设计变更和工程量增加或其他原因，造成误期，同样要承担责任的。

根据我国《合同法》第285条规定，因发包人变更计划等，造成返工、停工或修改计划，发包人应当按实际消耗的工作量增付费用。我国最高法院《关于审理建设工程施工合同纠纷案件适用法律问题的解释》第9条规定，发包人不履行合同约定的协助义务，致使承包人无法施工，经催告的合理期限内仍未履行相应义务的，承包人请求解除施工合同的应予支持。该解释第14条规定，当事人对建筑工程实际竣工的日期有争议的按以下情形处理：承包人已经提交竣工验收报告发包人拖延验收的，以承包人提交验收报告之日为竣工日期。建设工程施工条件第12条款，因工程量变化和设计变更或合同约定的其他情况，经甲方代表确认，工期相应顺延。

三、关于工期：

合同工期为50个日历天。设备公司自正式施工后，克服设计变更、预算外增加、土建等不能满足正常施工等困难，于2005年3月工程全部竣工并交付置业公司且经初验合格。设备公司根据规定，委托消防检测机构于2005年4月检验合格（包括复验）。置业公司于2005年5月商贸广场试营业。然后，置业公司再从2004年11月至2005年12月要求设备公司承担工期违约责任是不成立的。从2004年11月至2005年3月，误期140天，该误期完全是由置业公司造成的。因为：由于置业公司设计变更和工程量增加造价，导致工期顺延，司法鉴定也超过100万元；由于置业公司土建、装修及施工现场不能满足正常施工加上变更和增加，导致延误工期；消防验收是土建装修和消防工程的全面验收，而置业公司需要消防施工的部分工程于2005年4月才交工，加上土建工程、拆迁工程、装饰工程等等。逾期交工验收的责任明显在置业公司一方。置业公司出具的证明设备公司责任工期误期的证据，明显不能成立。

一审判决支持设备公司增加工程款的诉求，驳回了置业公司反诉数百万元的工期赔偿请求。

一审判决后，设备公司和置业公司均提出了上诉，设备公司发表意见如下：

我们认为：设备公司为与置业公司等施工合同纠纷一案，中级人民法院（2006）民初字第×号民事判决，认定工程量变更增加事实清楚，适用法律正确，程序合法，应予维持。但是工期损失未予支持应当改判。置业公司的上诉

歪曲事实,曲解法律,上诉理由均不能成立,应当依法予以驳回。因为:

一、一审判决认定工程存在变更增加事实清楚,置业公司认为一审法院认定工程存在设计变更和工程量增加的事实错误的理由明显是歪曲事实。

(一)本案诉争工程设计变更和工程量增加是客观事实,鉴定机构于2006年出具的[2006]司咨字第×号司法鉴定咨询意见书的鉴定结论客观正确。对此,一审法院的认定公正合法。

1. 根据《施工合同》的约定,工程量增加和设计变更,应当增加工程造价。

2. 该合同第2条约定承包方式为包工包料,一次包死的总价固定方式。同时,合同限定了包死的范围:包括风险、各项措施费用、规费、利润、税金等。

3. 置业公司对施工图纸的上诉理解是完全错误的。第一,设计院出具的设计图纸是置业公司委托设计的,同时,也是置业公司始终坚持和认可的。当然该图纸也是设备公司施工的主要依据。第二,施工中,由于置业公司的原因导致工程的设计变更和工程量的增加。竣工图与设计院的设计图的很大差异完全证明了这一点。也是追加工程造价的主要依据。

4. [2006]司咨字第×号司法鉴定意见对设备公司施工工程增加变更部分的鉴定是客观公正的。因为:

(1)鉴定的合同依据是设计院设计图和竣工图;

(2)置业公司对设计院设计图无异议;

(3)鉴定机构对现场进行了勘察,设计变更是客观事实;

(4)鉴定有合同依据和法律法规依据。

(二)一审判决认定:设备公司委托消防设施检测公司对设备公司施工范围内的全部消防工程进行了检测,“检验合格”是完全正确的。因为:

1. 从本案合同看,设备公司施工的消防工程要通过消防机关的验收,必须有置业公司的组织和配合。否则,无法进行。同时,消防验收又与置业公司向设备公司支付工程款直接挂钩。从本案实际情况看,设备公司施工的消防工程涉及的是老商场的改扩建工程。同时,消防部门的验收是整个工程的全面综合验收。而设备公司施工的工程又只是其中的一个部分。因此,无论是其他任何一点工程不具备验收条件,还是置业公司不组织验收,都将使设备公司施工的工程部分处于无法确认状态。也直接影响设备公司工程款的收回。

2. 本案中,涉及设备公司施工的工程完工后,从2005年1月开始,分别向置业公司进行了交工和初验合格。但是,因为置业公司其他工程不具备验收条件等原因,置业公司不组织消防部门验收。处于无奈,为了及时要回工程款能支付拖欠的大量民工工资,设备公司委托检测中心对其施工的工程进行了检测,经过了初检、复检至复检合格,检测公司出具了检验合格的检测报告。

总之,组织消防部门的消防验收则是包括装修、土建以及全部消防工程的全面验收,是置业公司的义务。因此,合同约定了工程完工后,由甲方(置业公司)组织,乙方(设备公司)负责本消防系统工程的检测和验收,只能认为是设备公司应对其施工工程的质量负责。因此,只能认为:“检验合格”则设备公司已履行完了合同约定的义务。

(三)设备公司不存在工期违约,依照合同约定,设备公司不应承担任何责任。

由于置业公司多次设计变更、工程量增加、土建装修施工影响等原因,致使设备公司施工工程于2005年才交工验收,置业公司应当赔偿因其延误工期给设备公司造成的损失。同时,设备公司交工后,置业公司不组织消防验收而耽误的时间应当责任自己承担。

同时,置业公司在一审中反诉设备公司承担工期违约责任,但提供的证据却没有一份能直接证明是设备公司责任导致工期延误。

二、一审法院对证据的认定清楚、充分、正确。

(一)[2006]司咨字第×号关于增加工程款的司法鉴定意见书,认定事实清楚,客观公正,人民法院应当采信。

1. 前已详细全面地分析,证明该鉴定是客观公正的;

2. 该鉴定和双方所签施工合同及施工资料等能相互印证,构成了该×号司法鉴定成立的证据链;

3. 置业公司没有扎实有效的证据能够否认工程款应当增加的事实;

4. 该鉴定对于工程款增加的认定没有瑕疵。因为,设备公司出具1993年的图纸是为了说明在本工程施工过程中,置业公司对原建筑物进行了改扩建,总建筑面积发生了增加。进而认为应更多增加工程款。但是,鉴定机构和一审法院对该部分的追加并未支持。

因此,一审判决对于该鉴定的认定毫无问题。

(二)[2006]司咨字第×号关于租金的司法鉴定书不能作为设备公司工期

违约的责任依据。因为：

第一，该鉴定只是对该商场一定期间的租金鉴定结论。它单独不能证明哪一方当事人应当承担责任。

第二，置业公司的反诉证据不能相互印证，不能证明是设备公司的责任而延误工期。

第三，相反，设备公司出具了大量证据，足以证明拖延工期是置业公司造成的：(1)工程存在设计变更和工程量增加，依法应当顺延工期；(2)置业公司该工程其他施工影响工期；(3)置业公司不能满足设备公司全面施工耽误工期；(4)设备公司交工验收后，置业公司不作为的迟延消防验收等等。

因此，该鉴定书的鉴定结论与设备公司是否工期违约并无直接的因果联系，一审法院未予采信是正确的。

三、一审法院程序合法。

（一）置业公司在一审审理过程中，对于答辩期、举证期及开庭日期均无提出异议，同时，正常举证、质证和按时出庭。说明，一审法院在诉讼程序上并没有损害置业公司的合法权利。置业公司在一审过程中也未提出如何质疑。

（二）诉讼中，设备公司申请先予执行，是依法采取的救济方法。法院体察民情，解救一个私人企业度过年关，合理合法。何错之有！完全符合我国《民事诉讼法》第97条（三）和我国最高法院关于适用民诉法若干意见第107条的规定。该案已经审理一年之久，又面临年关，设备公司是一个小型民营企业，因长期拖欠工程款而不能正常发放民工工资。像置业公司这样的工程，造价600余万元，现仅拿到300余万元，血本难归，几百号农民工如何生存?！今年如果不能解决这个问题，堵设备公司的农民工可能要堵法院了。

（三）一审对当事人的审查无不当之处。设备公司起诉另一公司是依据各方合同所列当事人，该公司无答辩、无质疑。关于所谓借款的抵销权问题，首先，该款是另一公司与设备公司签订的借款协议，也与置业公司无法律关系，更与本案无关。其次，在另一公司不参加诉讼的情况下，无法查清相关事实。根本不符合行使抵销权的法律规定。

综上所述，本代理人认为：(1)[2006]民初字第×号民事判决，认定案涉工程因变更增加而增加工程款事实清楚，并无不当；适用法律正确；程序合法；应当予以维持。(2)在置业公司违约且造成工程拖延工期的情况下，无权请求设备公司承担赔偿责任。(3)置业公司的上诉属于歪曲事实的无理缠诉,理由均不能成立。请求二审法院查清事实,依法驳回置业公司的上诉,维持一审判决。

(2007年4月8日)

维权结果:

一、二审判决认定工程款合同内不予增加,设计变更和工程量增加部分增加工程款;驳回置业公司反诉。判决生效后,双方主动协商,置业公司主动履行了判决的付款义务。

附　民事判决书摘要

×××人民法院

民事判决书

(2007)×法民×终字第×号

上诉人(原审被告、反诉原告):××有限公司

法定代表人:×××,董事长

委托代理人:×××特别授权。

被上诉人(原审原告、反诉被告):××设备有限公司

法定代表人:×××,董事长

委托代理人:×××

被上诉人(原审被告、反诉被告):××有限公司

法定代表人:×××,经理

上列当事人因建设工程施工合同纠纷一案,××设备有限公司(以下简称××公司)于2006年1月向××人民法院提起诉讼,请求判令:1. ××有限公司(以下简称××公司)支付工程欠款3200000元,赔偿损失370000元。2. ××有限公司(以下简称××公司)对上述款项承担连带责任。3. 诉讼费用由××、××公司承担。××公司遂提起反诉,请求判令:1. ××公司承担违约金8000000元,××公司承担连带责任。2. 两反诉被告承担本案诉讼费用。诉讼中××公司申请撤回对××公司的诉讼请求。××市中级人民法院于2006年11月×日作出[200×]×民×初字第×号民事判决,××公司不服判决,向本院提起上诉。本院于2006年12月×日受理本案后,依法组成合议庭,于2007年4月×日公开开庭,2007年9月×日通知鉴定单位出庭调查,2008年3月×

日公开开庭审理了本案。××公司的委托代理人×××,××公司的委托代理人×××到庭参加诉讼。××公司经合法传唤未到庭。本案现已审理终结。原审法院经审理查明,2004年9月××公司与××公司、××公司签订了消防工程施工合同。合同约定,合同价款一次包定(包括风险、各项措施费用、规费、利润税金等)440万元,合同工期××历天。工程施工中,存在着设计变更和工程量增加。诉讼中××公司申请进行工程造价鉴定,××财务咨询有限公司于2006年6月×日出具××[2006]司咨字第×号司法鉴定咨询意见书,鉴定结论为:(一)可直接认定的变更增加造价为970000元人民币;(二)待法庭确认的变更增加部分为146000元。2005年3月××公司将已完消防工程交付××公司初验合格。2005年2月×日至2005年4月×日,××公司委托××省××市消防设施测护有限公司对××公司施工范围内的全部消防工程进行了检测,检验合格。××市公安消防支队于2005年12月×日对位于××市××大道与××大道交叉口的××商贸广场消防工程进行了消防验收,于2005年12月×日出具了××公消验字[2005]第×号建筑工程消防验收意见书。

诉讼中,××公司申请对商场租金鉴定。××财务咨询有限公司于2006年6月×日出具××[2006]司咨字第×号司法鉴定咨询意见书,鉴定结论为××公司申请的对××商贸广场300天正常持续经营条件下的房租收入为人民币5826000元,平均日租金价格为14000元/日,影响其正常经营的因素,因缺乏证据,无法断定影响其租金收入的直接原因。

原审法院认为,××公司与××公司、××公司所签订的消防工程施工合同系各方当事人真实意思的表示,不违反法律及行政法规的强制性规定,是有效合同。合同造价440万元,已付300万元,除质保金外,还应支付工287000元。双方不持异议,法院予以确认。施工合同约定设计变更双方协商,合同外增加工程量,应当据实调整。所以,鉴定机构评估报告评估直接认定的变更增加造价为970000元人民币予以认可,鉴定机构对其他变更增加部分为146000元,证据不足,不予确认,××公司其他请求部分不予支持。××公司有权进行违约索赔,但是,应当举证证明××公司工期违约。该工程存在变更增加工程量,另与其他工程相互交叉施工,从××公司所举证据看,不能确认工期误期是××公司造成的,另外,××市公安消防支队的消防验收意见只能确认验收时间而不能认定责任,××公司员工以法定代表人××名义给××公司××的函从内容上看,也无法确认误期就是××公司造成的。相反,从××公司所举的答辩证据看,设计变更和预算外增加应当顺延工期。鉴定单位对××公司的租金的评估报告,在无法确定影响租金的直接原因的情况下,不予确认。同时,××公司举证证明了××公司存在配合不到位的事实。为此,××公司的反诉请求证据不足,不予支持。依据《中华人民共和国民法通则》第一百零六条,《中华人民共和国合同法》第一百零七条和《中华人民共和国民事诉讼法》第一百三十条之规定,原审法院判决:1. ××公司支付给××公司工程款2266000元,于本判决生效之日起七日内履行。2. 驳回××公司的其他诉讼请求。3. 驳回××公司的反诉请求。一审案件受理费33500元,保全费11500元,合计45000元,由××公司负担15000元,××公司负担30000元。反诉费61000元由××公司负担。鉴定费双方当事人已交鉴定部门,由各自负担。

公司不服原审判决,向本院上诉称,一、原审判决认定事实错误。1. 本案工程不存在设计变更和工程量增加。双方当事人2004年9月×日签订的消防工程施工合同书约定,设计施工图纸的义务属于××公司,工程价格一次包定。××公司在一审中,提供199×年的设计图纸,将其作为合同造价依据,又提供由××设计院设计的图纸(以下简称200×年的设计图纸),称该图纸是××公司委托设计的变更施工图,不符合客观事实。公司在一审鉴定过程中,向原审法院提供的××公司的投标报价和施工方案等资料文件载明,××公司是根据200×年的设计图纸制订的施工方案。200×年的设计图纸才是合同造价图纸依据,本案工程不存在设计变更和工程量增加。2. 2005年2月××公司委托的验收并未证明工程合格,也不是合同中约定的××公司应承担的验收。2005年2月××的检验报告均载明工程有多处不合格,且上述检验属于民间机构的检验,并非法律意义上的消防验收。合同中约定××公司直至把经国家消防机构验收合格无整改意见条文的《建筑工程消防验收意见书》、《建筑工程消防安全检查意见书》提交给××公司,才能认定××公司履行了工程交付的合同义务。3. ××公司违反工期约定,直至2005年12月×日才将验收合格的工程交付给××公司,超过合同约定的工期300天,构成违约,应承担违约责任。4. 原审判决认定存在交叉施工错误;认定××公司对××公司的本诉举证未提出质证意见错误;认定××公司对××公司提供的施工联系单、情况汇报、整改汇报、会议纪要真实性无异议错误。二、原审判决采信主要证据错误。1. 采信×

×[2006]司咨字第×号司法鉴定错误。该鉴定意见以199×年的设计图纸作为合同造价依据,因主观推论丧失客观性和公允性,依据的主要是××公司单方面提供的资料和文件,不能作为认定工程量增减或变更的证据。2.××[2006]司咨字第×号司法鉴定具有客观性,合同约定的违约金与××公司遭受的经济损失相当,原审判决未予采信该鉴定错误。三、原审法院存在程序违法的情形。诉状副本、举证通知书和开庭传票尚未送达当事人即开庭。审理中不符合先予执行的条件,而先予执行60万元;未对××公司主张抵销权的××万元债权债务进行审理。请求本院撤销原判,驳回××公司的本诉请求,支持××公司的反诉请求。

公司答辩称,一、原审判决认定事实正确。1.合同约定的是××公司施工工程的范围,并不是约定施工图纸由××公司提供,××公司没有提供设计图纸的义务。××公司诉称设计图纸由××公司提供,无理由和依据,设计单位××设计院在××公司总部所在地××设有分院,本案施工图纸正是由该分院设计的。合同约定的一次包死范围不包括设计变更和工程量的增加,合同约定了发生设计变更或预算外增加时双方协商解决追加工程款。××公司开发的"××商贸广场"是在原"××市场"基础上的改建工程。在该工程招投标过程中,由于××公司当时没有新的设计图纸,双方参照原"××市场"施工图确定了中标价并签订了合同。200×年的设计图纸是××公司委托设计的,该图纸成为××公司施工的主要依据。施工中,由于××公司对商场的改扩建等原因导致消防工程的设计变更和工程量的增加。公司向法院提供199×年的图纸是为了说明在本案工程施工中,××公司对原建筑物进行了改扩建,总建筑面积发生了增加,造成了预算追加,而原审判决并未支持该项追加部分。本案工程设计变更和工程量增加是不争的事实。2.原审判决认定××公司在2005年2月×日委托有关部门对本案工程进行了检测,检测合格是正确的。本案工程涉及的是老商场的改扩建,消防部门的验收是对整个工程的全面综合验收,××公司施工的消防工程只是其中一个部分,该部分工程要通过消防机关的验收,必须有××公司的组织和配合,否则无法进行。本案中××公司在2005年1月×日开始至3月×日,分别向××公司进行了交工和初验合格。但因为××公司其他工程不具备验收条件等原因,××公司不能组织消防部门验收,无奈之下,××公司委托省检测中心对工程进行了检测,至2005年4月×日,检测公司出具了检验合格的检测报告。合同约定了工程完工后，由××公司组织，××公司负责工程的检测和验收，因此，检测合格则××公司已履行完了合同约定的义务。3. ××公司不存在工期违约。由于××公司多次设计变更、工程量增加、土建装修施工等影响，致使××公司施工工程于2005年3月×日才交工验收。工程量增加和设计变更应予顺延工期，交工后××公司不组织消防验收的责任应当自己承担，且××商贸在未取得消防验收合格证的前提下，于2005年5月×日营业。因此，××公司不应承担任何责任。4. 本案是改造工程，××公司只承包了整个工程中的部分消防工程，因此工程施工中存在交叉施工是事实。二、原审判决对证据的认定清楚正确。1. ××[2006]司咨字第×号司法鉴定客观公正，主要依据的是双方均无异议的200×年的设计图纸和竣工图及其他证据材料和现场勘察，人民法院应当采信。2. ××[2006]司咨字第×号司法鉴定只是对商场一定期间的租金鉴定结论，不能单独证明哪一方当事人应当承担责任。××公司的反诉证据不能相互印证，不能证明其主张，鉴定结论与××公司是否违约无关，法院未予采信是正确的。三、原审法院程序合法。××公司在一审审理过程中，对于答辩期、举证期及开庭日期均无提出异议。××公司申请先予执行是依法采取的救济方法。××万元是××公司与××公司签订的借款协议，与××公司无法律关系，与本案无关；在众源公司不参加诉讼的情况下，无法查清相关事实，不符合行使抵销权的法律规定。请求本院驳回上诉，维持原判。

××公司未答辩。

经征求双方当事人同意，合议庭归纳本案争议焦点为：1. 原审有无程序违法的情形；2. 原审判决对鉴定的采信是否有误；3. 原审判决是否认定事实错误，本案应如何处理。

除原审判决认定事实外，本院又查明如下事实：

一、2004年9月××公司与××公司签订的消防工程施工合同书中除原审判决认定的内容外，双方当事人还约定下列与本案争议有关的内容：（一）工程名称为××商贸广场改造维修工程。（二）承包范围和方式：1. 承包范围：（1）工程由××公司按消防现行规范设计的施工图纸中的全部消防工程（进行施工），不包括防火卷帘门体安装。（2）工程完毕后，由××公司组织，××公司负责本消防系统工程的检测和验收；2. 承包方式：由于××公司提供施工图纸,施工期短,故采用包工包料,一次包定的总价固定合同方式。(三)施工组织设计和工期:开工日期:2004 年 9 月 × 日竣工日期:2004 年 11 月 × 日工期(原审判决已认定);1. × ×公司应按条款约定的工期,将施工组织设计和进度计划提交给× ×公司,× ×公司按条款约定的时间予以确认或提出修改意见;2. × ×公司必须按× ×公司确认的进度计划组织施工,……接受× ×公司对进度的检查、监督。工程实际进度与经确认的进度计划不符时,× ×公司应按× ×公司的要求提出改进措施,经× ×公司确认后执行。因× ×公司的原因导致实际进度与计划不符,× ×公司无权就改进措施提出追加合同价款。(四)质量标准及要求:工程质量要求:工程结束后确保× ×省及地方消防部门验收合格,并且在验收后 20 天以内将消防验收合格证书提交给× ×公司。(七)合同价款与支付:合同价款(原审判决已认定)。(八)双方的职责及义务:1. × ×公司应按约定时间和要求完成工作,共计 7 项。2. × ×公司应按约定时间和要求完成工作,共计 12 项。(九)关于工程变更:合同履行中× ×公司要求变更工程质量标准及发生其他实质性变更,由双方协商解决。(十)违约责任、索赔和争议:工期如因× ×公司的责任而不按期完成的,按每延期一天处合同价款的 5 倍罚款。(十二)关于验收:双方根据现行消防、电气、给排水、通风等相应规范,委托× ×省及当地公安消防部门及城建质监部门等相关人员等组织验收,以颁发经验收合格无整改意见条文的《建筑工程消防验收意见书》、《建筑工程消防安全检查意见书》后,直至把经验收合格无整改意见条文的《建筑工程消防验收意见书》、《建筑工程消防安全检查意见书》提交给× ×公司。(十四)合同的履行或担保:× ×公司对本合同应承诺的工期、质量、安全等责任,采取履约担保单位× ×公司担保的形式向× ×公司进行履约保证,当× ×公司不履行合同各项责任时,致使× ×公司蒙受经济赔偿、名誉损失时,由× ×公司或担保单位承担连带责任。……在该合同上× ×公司作为担保方也加盖了印章。

二、× ×公司在一审中,就工程造价问题提供的证据共计六组,其中第一组证据为“合同书”,证明预算内不调整造价,实质性变更由双方协商解决;第二组证据为“合同造价依据”,系 199 ×年× ×市规划建筑设计研究院所做的设计图×张,证明该×张图纸组成合同造价的依据,×张图纸预算价 440 万元;第三组证据为“× ×公司委托× ×设计院设计的变更施工图”,证明× ×公司为变更目的而自己委托设计的变更图,即变更是× ×公司要求并非× ×公司所为;

第四组为“竣工图”;第五组为“预算外追加及设计变更部分材料”,证明增加和变更的事实存在,也是××公司及时书面送达××公司等单位的依据;第六组为“工程造价决算”。

三、一审中,××公司提出对本诉的质证意见,保存在一审卷宗中。其中对合同造价的依据,××公司提出199×年的设计图纸不是双方签订合同时签订工程造价的依据;对××公司提供的证据第30页—××页中的施工联系单、2004年10月××会议纪要、关于增加造价的申请和报告、工作联系单的真实性提出异议。

四、二审中,××公司提供了在一审鉴定期间其向原审法院司法鉴定技术处提供的情况说明、××省建设工程设计合同、建筑工程消防设计审核意见书、资料文件和施工方案,以证明本案合同的造价依据不是199×年的设计图纸。其中××公司于2004年9月所做的“××家具城消防工程施工方案”中,有“我们根据××设计研究院审定的设计图纸和国家各项有关设计和验收规范,特制订以下施工方案,并严格按此方案执行”等内容。该施工方案是××公司于2004年9月所做“××家具城消防工程资料文件”的一部分。

五、××[2006]司咨字第×号司法鉴定中未说明依据哪份设计图纸作为鉴定依据。二审中,鉴定单位出庭就××[2006]司咨字第×号司法鉴定有关事项进行了说明,并举出本案工程中一层×区喷淋系统为例说明鉴定时依据的图纸是200×年的设计图纸和竣工图;同时说明鉴定结论中第二部分增加面积而引起的“待法庭确认的变更增加部分为146000元”,依据的是199×年的设计图纸和200×年的设计图纸的比较。此后,本院要求鉴定单位及双方当事人在指定的时间里就一层×区喷淋系统以200×年的设计图纸和竣工图之间差别分别作出核算。双方当事人均按照本院要求作出核算,××公司核算为该部分工程应调减工程造价51000元;××公司核算为该部分工程应增加工程造价218220元。鉴定单位未做核算与说明。根据本院要求,鉴定单位于2007年9月×日出具《对“司法鉴定咨询意见书(××[2006]司咨字第00×号)”有关条款质询事项的说明》,说明:鉴定中分析说明项下工程变更说明部分谈到的“面积增加”、“商场面积的增加”,均指由于实际安装中在宽度超过150mm的风管下增加喷头后,实际喷淋水流量相应增加,即实际喷淋头喷洒面积与设计面积相比较的增加,并不是指建筑面积的增加。此后,本院于2007年11月×日向鉴定单位发出函,内容为:要求鉴定单位就下列问题书面说明:1. 在本案一审中,××公司主张是以199×年××设计研究院设计的图纸为440万元合同造价的依据。而鉴定单位主张鉴定依据的施工图纸是××建筑设计院200×年设计的图纸。故需要鉴定单位对鉴定究竟依据的是哪一份施工图纸作明确说明。2. ××公司二审上诉主张,如果按200×年的设计图纸作为施工依据,不应存在商场面积增加问题。在鉴定"四、分析说明"的"(六)工程变更原因说明"和"(七)关于商场面积增加及管道管厚增加的分析说明"中,"商场面积增加"、"走道大量增加"、"楼梯增加"的表述多次作为变更原因出现。就此问题,请进一步予以说明。3. 针对一层××区自动喷淋系统,双方当事人已作出核算,请以200×年的设计图与竣工图之间的变更为依据,就双方当事人的核算进一步核查。在对上述问题说明的基础上,请对原鉴定结论是否有误作出明确的说明意见。我院认为,本案鉴定内容应为200×年的设计图与××公司实际完成的工程之间的对比。如果原鉴定不是以此为鉴定依据的话,请予纠正。

鉴定单位于2008年3月×日作出《对"司法鉴定咨询意见书"××[2006]司咨字第×号相关事项的说明》,内容为:1. 关于鉴定依据哪份图纸问题,在2007年9月×日开庭调查中我公司已经明确答复,依据的是××建筑设计院200×年设计的图纸。现再次明确答复,依据的是××建筑设计院200×年设计的图纸。在2006年5月×日中院移交的司法鉴定资料(工作联系单中设计单位均为××建筑设计院)以及××公司提供的补充资料"情况说明"中也说明××公司的施工组织设计依据的是200×年××的设计图纸。基于此,我公司在做鉴定时依据的当然是××建筑设计院200×年的设计的图纸。2. 我公司在司法鉴定书"……"第…项第2条"……",第6条"……"中涉及的面积,只是对竣工图和设计图工程量差别的说明。涉及的面积指由于实际安装中在宽度超过1500mm的风管下部增加喷头以及管道管径调整后,实际喷淋水流量的增加,即实际喷淋头喷洒面积与设计喷洒面积相比较的增加,并不是指建筑面积的增加。鉴定费用依据的是竣工图和设计图纸工程量的差别,并不是建筑面积。而设计图纸和竣工图纸都是经过××公司和××公司的认可,并经过消防管理部门的验收、备案。3. 我公司针对一层×区自动喷淋系统,以200×年的设计图与竣工图之间的工程量费用差别对双方当事人的核算意见如下(1)双方当事人工程费用核算套用××省1997年版安装定额及主要材料价格认识基本一致。(2)通过对双方当事人计算的工程量与我公司计算的工程量进行对比，工程量有出入，但是出入不是很大。（3）××公司核算的主要问题如下：法院提交的设计图纸中并没有说明喷淋管材为无缝镀锌钢管，因此，管道主材价格应该一致；卡箍管件数量有部分漏算。（4）××公司核算的主要问题如下：相对于××公司核算的内容有缺项；卡箍管件数量有部分漏算。（5）我公司核算的工程量及费用附后（该部分工程鉴定单位决算工程价款为应增加42000元）。另外，对于其他问题，我公司在鉴定报告中已作过说明：本案中，存在大量变更给部分工程造价的确认造成一定困难。在××商贸广场消防工程施工过程中因甲方没有聘请监理单位，缺少中介机构签证环节，本案工程变更部分，目前仅能以××公司提供的竣工资料和现场工程实际情况为依据进行鉴定。

六、2005年5月×日商贸广场一楼试营业。

七、2006年5月××公司与××公司签订债权转让协议，约定：双方共同确认，××公司欠××公司人民币××万元整。××公司欠××公司人民币××万元整，同时约定了相应利息。现××公司同意将上述对××公司的债权转让给××公司，由××公司直接向××公司主张权利。签订本协议后，××公司不再就上述款项（本金××万元整）向××公司主张偿还义务，××公司也不再向××公司主张上述款项偿还义务。2006年7月×日一审庭审中，××公司主张其借××公司×万元虽是事实，但与××公司无关；××公司与××公司的债权转让与本案无关。××公司表示对此债权转让当庭告知××公司。

八、2006年1月×日，原审法院作出民事裁定，先予执行××公司拖欠工程款60万元。本院认为，庭审中，××公司在三个焦点问题的论述上均将××[2006]司咨字第×号司法鉴定应依据200×年的设计图纸而非199×年设计图纸，而鉴定单位以199×年的设计图纸作为了鉴定依据作为重点内容。鉴于一审中××公司提供了199×年的设计图纸、200×年的设计图纸和竣工图，主张199×年的设计图纸是合同价款44万元的依据，且未说明其主张增加的工程款是依据哪份设计图纸与实际完工工程之间的差额。故本案首先应确定哪份设计图纸是双方当事人签订合同时约定工程造价的依据。根据双方当事人签订的合同，已约定本案工程施工图纸由××公司提供，而××公司在协商签订合同时向××公司提供的本案工程资料文件中的施工方案显示，××公司是以200×年设计图纸作为制订施工方案的依据，故本院认为本案合同的造价依据应是200×年的设计图纸，而不是××公司一审时主张的199×年的设计图纸；本案工程的变更情况应是200×年的设计图纸与××公司实际完成的工程之间的对比。其次，应确定本案中××[2006]司咨字第×号司法鉴定依据的设计图纸是哪一份。对此问题，二审中鉴定单位两次出具书面说明，均说明鉴定依据的是200×年的设计图纸。本案鉴定是人民法院就本案诉讼涉及的专门性问题委托相关专业部门运用专门知识进行鉴别和判断并提供鉴定意见的活动。根据最高人民法院《关于民事诉讼证据的若干规定》第77条等规定，鉴定结论是证明力较大的证据。在××公司未提供更充分的证据证明鉴定是依据199×年的设计图纸作出的情况下，本院采信鉴定单位的说明，确认××[2006]司咨字第×号司法鉴定是以200×年的设计图纸为依据。针对××[2006]司咨字第×号司法鉴定，××公司还上诉提出，鉴定以主观推论导致丧失客观性和公允性，鉴定所依据的主要是××公司单方提供的资料，而且大量资料无××公司的确认，不能作为认定工程量增减或变更的证据，由此进一步主张该鉴定结论不应被采信，本案工程不存在设计变更和工程量增加。对此，本院认为，鉴定单位的鉴定活动，即是运用专门知识对当事人争议问题进行鉴别和判断的过程。鉴定单位在鉴定中已经以"分析说明"的方式说明了在本案工程大量变更没有××公司签字确认的情况下，应直接确认工程变更费用应由××公司承担的理由。此为鉴定单位对本案争议问题的鉴别与判断。本案双方当事人在合同中关于工程变更的约定是，"合同履行中××公司要求变更工程质量标准及发生其他实质性变更，由双方协商解决"。鉴于本案工程是消防工程，关系到人民群众的生命财产安全，对此类工程，国家有严格的建设及验收标准，从签订合同时即应对工程有严格的行政性管理措施，工程的变更有并非基于当事人的意思形成的因素，因此，对双方约定的实质性变更应理解为包含此部分与政府有关机构检查、验收有关的变更，此类变更费用应由实际受益人××公司承担。故××公司仅以上述观点上诉主张××[2006]司咨字第×号司法鉴定不应采信、本案工程不存在设计变更和工程量增加，证据不足，理由不能成立，本院不予支持。

针对××公司其他上诉内容，本院认为：1. 关于程序问题。对于一审中未严格按照程序法规定审理本案的瑕疵，本院在二审中予以弥补。对××公司主张抵销权的××万元债权债务问题一审未进行审理裁判，此部分应予在二审中审理。××公司对××公司享有××万元债权，是××公司在一审中已经认可的事实。公司已提供证据证明××公司将该××万元本金部分的债权转让给

××公司,且对××公司当庭举出的债权转让协议,××公司未提出真实性异议。根据合同法第79条规定,债权人可以将合同的权利全部或者部分转让给第三人。故××公司以××万元是××公司与××公司签订的借款协议,与××公司无法律关系,与本案无关,在××公司不参加诉讼的情况下,无法查清相关事实,不符合行使抵销权的法律规定的抗辩意见理由不成立。××公司主张该××万元应予抵销的上诉理由成立,本院予以支持。对于一审中先予执行的60万元,在二审中应从××公司应付工程款中予以扣除。2.关于一审是否认定事实错误及××公司的反诉主张是否成立问题。××公司上诉提出原审判决认定2005年2月×日本案工程检验合格、存在交叉施工错误,未认定××公司逾期交付工程错误;原审未采信××[2006]司咨字第×号司法鉴定错误。本院分析××公司提出的上述上诉主张,目的在于说明××公司存在未按合同约定完成本案工程的事实,应承担逾期完工的违约责任。××公司主张只有××公司把经验收合格无整改意见条文的《建筑工程消防验收意见书》、《建筑工程消防安全检查意见书》提交给××公司后,才能认定××公司履行了工程交付的合同义务,××公司直至2005年12月×日才取得上述意见书,因此××公司应承担2004年11月×日—2005年12月×日期间300天的逾期交工违约责任。本院认为,本案合同中双方当事人对工程的完工与交付没有明确的约定,仅在工程承包范围和方式一项中约定"工程完毕后,由××公司组织,××公司负责本消防系统工程的检测和验收";在施工组织设计和工期一项中约定"工期为×日历天";在质量标准及要求一项中约定"工程结束后确保××省及地方消防部门验收合格,并且在验收后20天内将消防验收合格证书提交给××公司";在关于验收一项中约定"双方根据现行消防、电气、给排水、通风等相应规范,委托××省及当地公安消防部门、及城建质监部门等相关人员等组织验收,以颁发经验收合格无整改意见条文的《建筑工程消防验收意见书》、《建筑工程消防安全检查意见书》后,直至把经验收合格无整改意见条文的《建筑工程消防验收意见书》、《建筑工程消防安全检查意见书》提交给××公司"。从合同约定来看,对于工程的验收是由××公司负责组织,××公司负责质量保证,双方当事人均负有合同义务。××公司主张的两份意见书是双方约定的验收标准,应理解为是××公司应承担的质量方面的合同义务,不足以说明是工程的交付标志。同时在××公司委托××省××消防设施测护有限公司于

2005 年 2 月 × 日检验报告中虽有建议受检单位对报告中所列问题应引起重视及时整改的内容，但检测结果确系合格；该公司于 2005 年 4 月 × 日所做复检报告，结果亦为合格。原审判决对此阶段性检测的事实认定并无错误。因本案合同中已约定防火卷帘门体的安装不包括在 × × 公司承包工程范围内，同时，本案工程是基于对 × × 商贸广场的改造维修形成的部分工程，客观上存在着交叉施工情形，加之工程存在着工程量的增加变更，在 × × 公司未提供充分证据证明有因 × × 公司原因形成的延误工期事实的情况下，在 2005 年 3 月 × × 公司已将工程交付 × × 公司、及 2005 年 5 月 × × 商贸广场 × × 试营业的情况下，× × 公司上诉主张 × × 公司应承担逾期交付工程 300 天的违约责任理由不成立，本院不予支持。基于原审判决未支持 × × 公司的反诉主张，故其对与 × × 公司反诉主张有关的 × × [2006] 司咨字第 × 号司法鉴定未予采信并无不当。因 × × 公司提出 × × 公司应承担责任的反诉主张不成立，故对 × × 公司履约承担担保责任的 × × 公司亦不应承担 × × 公司主张的连带责任。

综上所述，× × 公司除 × × 万元债权转让款应在本案中予以抵消的上诉理由成立，本院予以支持外，其他上诉理由不成立，本院不予支持。一审中已先予执行的 × × 万元在 × × 公司应付工程款中予以扣除。原审判决处理不当之处本院予以纠正。依照《中华人民共和国民事诉讼法》第一百五十三条第一款第（一）项、第（三）项、《中华人民共和国合同法》第八十一条的规定，判决如下：

一、维持 × × × 人民法院（200 ×）× 民 × 初字第号民事判决第二项、第三项及诉讼费用负担部分，即：驳回 × × 设备有限公司的其他诉讼请求；驳回 × × 有限公司的反诉请求；一审案件受理费 33500 元，保全费 11500 元，合计 45000 元，由 × × 有限公司负担 15000 元，× × 有限公司负担 30000 元。反诉费 61000 元由 × × 有限公司负担。鉴定费，双方当事人已交鉴定部门，由各自负担。二、变更 × × × 人民法院（200 ×）× 民 × 初字第 × 号民事判决第一项为：× × 有限公司支付给 × × 设备有限公司工程款 1360000 元，于本判决生效之日起七日内履行。

如未按本判决指定的期间履行给付金钱义务，应当依照《中华人民共和国民事诉讼法》第二百二十九条之规定，加倍支付迟延履行期间的债务利息。

二审案件受理费 94000 元，由 × × 公司负担 81000 元，由 × × 公司负担 13000 元。

本判决为终审判决。

第四节
利用对方证据，挽回己方损失

没有签订承揽合同，也没有施工资料，施工现场已不复存在，设备制作安装的事实定作人又拒绝承认。设备制作安装的事实还能查明吗？

基本案情：

1995年初，原告（反诉被告）配件厂同被告（反诉原告）机修厂约定，三台立方米热风炉的制作安装工程委托机修厂加工承揽和安装，材料由配件厂提供，人工费按每吨1100元，吊装、运输费另计。协议达成后，机修厂即组织施工，制作安装，配件厂送了部分材料，支付了部分费用，机修厂垫用了部分材料。设备制作安装后，双方于1999年9月发生纠纷。配件厂先行起诉，否认机修厂制作安装和垫付材料的事实，并请求判令机修厂返回配件厂提供的钢材等材料和预付款项。此时，机修厂没有书面合同，没有图纸资料，施工现场在配件厂厂区内且配件厂已申请法院诉讼保全而查封。机修厂认为，1995年二、三月份根据配件厂通知，就开始加工制作设备，在配件厂炼钢厂工地焊接和安装，六月底热风炉竣工，为配件厂垫支钢材×吨。不仅配件厂未支付材料款、制作安装费等，而且还扣押了机修厂的设备和材料。配件厂诉讼歪曲事实，理由均不成立。但是，机修厂当时无法提供相应直接证据材料。从本案事实的直接分析看，机修厂的处境很困难，现场在配件厂厂区内，不仅取证困难，而且，也很难说服法院，证明案件的真实情况。

维权经典：

众所周知，证据规则规定谁主张谁举证，机修厂当时严重缺乏直接的事实证据，并且很难说清配件厂所诉事实是真是假。机修厂面临的风险不但是设备加工制作费及材料款无法追回，而且可能向配件厂额外支付一笔款项。本案应当是加工承揽合同纠纷，但遗憾的是，当事人之间没有书面合同及其施工资料。机修厂如果能够证明加工承揽合同关系存在，那么，机修厂就可能是债权人；如果不能够证明加工承揽合同关系存在，那么，机修厂就可能是债务人。

马克思主义物质观告诉我们：一切物质都具有客观实在性，人们认识也好，不认识也好，物质都是实实在在地客观存在着的，同时可以被人们所认识。这一观点有利于民商法学界人士坚定信念，在证据缺乏真假难辨的疑案面前勇解其难。

马克思主义哲学的物质观认为：物质是标志客观实在的哲学范畴，是指一切可以从感觉上感知的事物，也包括可以从感觉上感知的人的实践活动。这种客观实在独立于我们的精神而存在，为我们的精神所复写、摄影和反映。这表现在：

首先，物质的根本特性是客观实在性。世界上的具体物质形态一方面千差万别，纷繁多样，各有各的特点；另一方面又有共同本质、共同特性，就是它们都是在人的意识之外的客观实在。无论实物的和非实物的、自然的和社会的、过去的和现在的、已知的和未知的、无限大的和无限小的，也不管它们的具体结构如何，形态怎样，一切物质都具有客观实在性。人们认识也好，不认识也好，需要和喜欢也好，不需要和不喜欢也好，物质都是实实在在地客观存在着的。这就从根本上同唯心主义划清了界限。

其次，物质可以被人们所认识。物质是人的感觉可以反映的对象，而不是不可捉摸、不可认识的“自在之物”。世界上只存在尚未被认识的事物，不存在永远不可认识的事物。因此。要从人的认识和实践的角度去理解物质的可知性,只有这样,才能与旧唯物主义的不可知论划清界限。

第三,物质范畴具有深刻的辩证性。它是从客观存在着的事物和现象的总和中抽象出来的具有最大共性的哲学范畴,体现了个性和共性、特殊和普通、相对和绝对、多样性和同一性的对立统一,自然科学的物质结构理论研究物质的具体形态、结构和属性,它具有暂时性和可变性。而哲学的物质概念揭示一切物质形态的共同本质即客观实在性,具有永恒性和绝对性。

人们在日常生活中的交往特别是经济交往是纷繁复杂的,不可能事无巨细,更不可能在日常生活中就按照证据规则留存所谓的证据材料。也就是说,一方面,我们应当相信案件事实是客观存在的,它必将被人们发现、认识和证实。另一方面,纠纷发生后,证据出现缺失和不足是正常的,这正需要民商法实务工作者运用知识技能和技巧解决难题。

从物质观分析,一切物质都具有客观实在性,人们认识也好不认识也好承认也好不承认也好,它都是客观存在的。这就坚定了我们的信心。从物质运动属性看,一切运动变化和发展过程都离不开物质这一运动的承担者。从联系的观点看,一事物都和与它联系的事物相互影响相互制约相互作用,不可能孤立存在。本案中只要设备制作安装是客观存在的,那么,总能找出与之相互联系的证据。从意识观层面看,意识只是对客观存在的近似反映,有时甚至是歪曲的反映,往往带有主观色彩。配件厂在本案中因对案件事实可能存在不真实的反映和认识而形成诉讼,也是不难理解的。从主要矛盾和次要矛盾层面分析,本案是审理配件厂所诉是否成立,机修厂要想还原事实本来面目,最好反诉。

根据我们的分析和建议,机修厂如下维护权利:

首先,积极应诉。

其次,提起反诉。

机修厂及时行使反诉权,以获得证明诉争热风炉是其加工制作的机会,最终达到证明配件厂所诉理由不能成立,并且还应向机修厂支付加工费和材料等款之目的。

机修厂提出反诉请求:依法驳回配件厂的诉讼请求,判令配件厂支付所欠机修厂的工程制作安装费及机修厂所垫支的钢材款,并支付逾期付款的滞纳金。

机修厂提出反诉的事实及理由如下:1995 年初,配件厂同机修厂协商将该厂的三台立方米热风炉的制作安装项目委托机修厂承建,并约定配件厂提供全部材料,人工费按每吨1200元付给机修厂,吊装、运输费另计,要求当年6月底安装完毕。

协议达成后,机修厂即组织施工,并先使用机修厂库存钢材下料,制作安装期间,配件厂送到机修厂钢材共计×吨。该工程需钢材共计80余吨,机修厂垫支钢材计60余吨。其间配件厂与机修厂有关本项目款项相抵后只预付制作安装费3万余元。下欠制作安装费,欠钢材60余吨。经机修厂多次协商,终因双方结算不能达成一致,使该问题未能解决。但是,配件厂不顾事实,矢口否认。并以机修厂未制作安装为由,将机修厂诉至法院是不真实的。为此,机修厂提出反诉,请求法院依法查清事实,恢复事件的本来面目,判令配件厂立即支付所欠的制作安装费并返还钢材款,支付逾期付款的滞纳金,以维护法律的尊严和挽回机修厂的财产损失。

本案中,机修厂为了避免经济损失即对抗配件厂诉求返还材料,支付已付款,就应当提出了反诉。因为,配件厂起诉要求法院审查的事实是:配件厂提供材料和已付制作安装费,如果是你未制作安装就应该承担返还责任。若是提供材料和已付款证据非常清楚,配件厂均出具有凭据,而机修厂制作设备配件厂却否认。机修厂当时又无扎实证据予以证实,如按配件厂本诉分析,配件厂胜诉是非常可能的。这里的矛盾焦点均指向机修厂。在原诉中,机修厂主要行使抗辩权。而民商事诉讼的基本原则是谁主张、谁举证,起诉什么,法院审查和认定什么。机修厂在本案中进行反诉后,就有机会查明其制作安装的事实并要求配件厂支付欠款等。这样,就由被动变为主动,使法院审查认定事实包含了谁制作安装设备的方面。在当时情况下,机修厂抓住了矛盾的主要方面,把疑案的重点由配件厂是否提供钢材和支付预付款而转向了机修厂是否制作安装设备,若是机修厂制作安装,机修厂对本诉的抗辩有效将是无容置疑了。

作者受本案被告(反诉原告)机修厂的委托,担任其诉讼代理人,发表代理意见如下:

一、原告(反诉被告)配件厂起诉理由均不能成立,应当依法驳回其诉讼请求。

(一)配件厂1995年的三台立方米热风炉是由机修厂制作安装,配件厂起诉称该三台热风炉不是机修厂制作安装与事实不符。因为,机修厂有扎实可信的证据证明直接制作安装了热风炉。

1. 通过法庭调查,当时参与制作安装施工的机修厂工人当庭均证实机修厂确切是制作安装施工者。配件厂仅以有关证人曾是机修厂工人有利害关系为由,否认证人证言的法律效力,是对法律和事实的曲解。我国最高法院对此有专门的批复指出,除法律有特别规定外,一般公民不论与案件有无利害关系都可以作为证人出庭作证。

2. 配件厂诉状中称因种种原因由机修厂安装制作施工的协议中途解除了,却提不出中途解除合同的证据。相反,配件厂在 1999 年 9 月的诉讼文书中已明确承认了该工程是由机修厂干的,该文书理由中这样陈述:"……由申请人供料被申请人为申请人加工设备,加工费每吨 × 元……,设备加工后共用去钢材 × 余吨,下余 × 吨,申请人拉回了 × 吨……"、"……设备加工后……",要求返还剩余的钢材和多支付的加工费等等。这说明配件厂在此已经承认了机修厂加工设备的事实。

3. 配件厂在本案第二次开庭所举的当地农民的证言属于伪证,应予以否定,并应追究有关人员伪证的法律责任。第一,配件厂虽然主张所涉工程是其制作安装施工,却在第一次开庭时对此未举出任何证据。第二,第二次开庭中的证人证言,自称是制作工人的证人,却对工程的制作安装施工情况语无伦次,自相矛盾,对实质问题一概不能回答,就是说,该证人不能证明当时的真实情况,因为它既不真实,也不客观。由此,可以得出结论,设备的制作安装施工不是配件厂干的。

(二)配件厂诉请返还材料款的事实理由不能成立。因为:本案涉及的是加工承揽工程。工程用材料约定由配件厂提供,这一点配件厂在诉讼文书中也予以认可,关键是看配件厂提供材料是多少,事实上所提供材料不但无余,而且是远远不够。按配件厂的说法送材料共计 50 余吨,又拉走材料 × 吨和价值一万余元的零星钢材,照这样计算三台 50 立方米的热风炉仅用 × 吨钢材是根本不可能的。对此,如果法院认为现有证据不足以认定的话,可以对热风炉进行技术鉴定来证实。因此,配件厂该诉讼主张是没有足够扎实的证据支持的。

二、机修厂的反诉事实清楚,证据充分,理由合法,应予支持。

对于任何案件的处理,均应以事实为依据,以法律为准绳,实事求是,公正处理。本案中,机修厂依据事实,进行结算。并提供了双方相关人员出具的条据足以证明其诉讼主张是客观存在的。

三、本案中，配件厂的诉讼保全是错误的，因其错误申请保全给机修厂造成的损失应当承担赔偿责任。

第一，机修厂留在配件厂的财产价值足以超过配件厂的诉讼请求标的，同时，配件厂应当清楚机修厂加工制作了设备，该事实迟早是要查清的。因此，案件事实不符合保全的法律规定。

第二，配件厂保全数额不应超过其诉讼的，但是，其诉前财产保全的范围是机修厂的所有厂房、设备和其他物品，严重超过其诉讼标的。这一做法，明显存在着随意性和滥用诉权。

第三，在本案财产保全中，受理法院对裁定超标的查封负有不可推卸的责任。

1. 机修厂对配件厂保全申请提出异议后，法院应当审查，发现不当，应当纠正。但是，很遗憾，没有得到纠正。

2. 接着机修厂提交了价格事务所价鉴字（1999）第××号价格评估鉴定结论书，证实机修厂被保全的财产价值超过 50 万元。

第四，本案错误申请和错误查封有关责任人应当承担相应责任的法律依据：

1. 我国《民事诉讼法》第 94 条规定，财产保全限于请求的范围。该法第 96 条规定，申请有错误的，申请人应赔偿因财产保全所遭受的损失。

2. 我国最高法院《关于在经济审判工作中严格执行＜民事诉讼法＞的若干规定》（法发（94）29 号）的第 14 条规定，法院采取保全措施时，保全的范围应当限于当事人争议的财产。

3. 我国最高法院经济审判庭 1991 年 9 有 16 日《关于严格依法正确适用财产保全措施的通知》中指出，采取保全措施应当慎重行事，严格遵守民事诉讼法所规定的保全条件和保全范围。没有使法律文书不能执行或难以执行的情况的，不应当采取财产保全措施。

综上所述，我们认为：1、本案涉及工程确实是机修厂制作安装施工的，配件厂未能及时按要求提供材料和支付工程款，应承担相应法律责任；2、配件厂所诉明显歪曲事实和严重缺乏事实依据，应驳回其诉讼请求；3、本案诉讼保全明显不妥，应及时纠正，以减少不必要的损失和维护法律的公正和尊严。

以上意见，请法庭合议时予以采纳。谢谢！

（2000 年 3 月 25 日）

维权结果:

法院认定了被告(反诉原告)机修厂加工制作设备的事实,驳回了原告(反诉被告)配件厂的诉讼请求。

特别赏析:

本案属于承揽合同纠纷。根据我国《合同法》规定,承揽合同是承揽人按照定作人的要求完成工作,交付工作成果,定作人给付报酬的合同。加工合同是承揽合同中的一种,它是指定作人向承揽人提供原材料,承揽人以自己的技能、设备和工作,为定作人加工该材料,将其加工成符合定作人要求的成品并交付给定作人,定作人接受该成品并向承揽人支付报酬的合同。这里的材料必须由定作人提供,而不能由承揽人自备。由承揽人提供材料的称为定作合同,而非加工合同,这是定作合同与承揽合同的根本区别之点。承揽人依约提供材料或接受定作人提供材料的义务,承揽合同中,依当事人双方的约定,可以由定作人提供原材料(即加工合同),也可以由承揽人自己准备原材料(即定作合同),并由承揽人对此原材料加工,以完成合同约定工作。承揽人在定作人交付材料后,要及时对材料进行验收,但承揽人不能将定作人提供的材料私自调换,否则构成对定作人财产的侵权责任。此外,定作人对承揽人提供的材料,还负有妥善保管和合理使用的义务。承揽人提供材料的,承揽人应当按照约定选用材料,并接受定作人检验。

根据我国《合同法》的规定,承揽人发现定作人提供的图纸或技术要求不合理的,应当及时通知定作人,因定作人怠于答复等原因造成承揽人损失的,应当赔偿损失。定作人未向承揽人支付报酬和材料费等价款的,承揽人对完成的工作成果享有留置权,但当事人另有约定的除外。对此,我认为,定作人在必要时可以约定排除承揽人行使这一留置权。

本案被告机修厂维权的经验在于:

第一,全面提出了制作安装过程的事实,形成一个证据链条,以此证明自己制作安装了设备。因为当时没有图纸、合同、验收、交工等重要的直接证据,只有通过各个层面反映出的现象全面分析,才能得出是自己制作的这一客观事实。

第二,被告机修厂利用原告配件厂的失误和自相矛盾的虚假陈述迫使其不得不承认设备是由机修厂制作的事实。其中,对配件厂陈述错误的有效反驳是值得借鉴的。

第三，一个案卷可上百页或数百页，可能上万字或几十万字，本案中，机修厂抓住了配件厂法律文书中的“自认”：“……申请人拉回了……”“……设备加工后……”，配件厂起诉主张是自己另行组织人员队伍制作加工设备，否认机修厂加工制作的事实。机修厂对此的巧妙利用效果非常好，就这一个细节的查明，使庭审人员基本肯定了机修厂答辩的事实是可信的。

第四，机修厂从事物发展联系角度认真审查了配件厂的举证。配件厂称自己方制作设备，但开始没有能够对此举证，后来找来证人承认自己参与了设备制作安装等等。机修厂无法直接证明该证人的陈述有假，而是先假设他陈述是真，他参与制作安装了，发问其设备的制作安装过程和相应的数据及专业知识技能，结果，这些证人的回答要么是语无伦次，要么是自相矛盾或干脆是一概不知。这样，机修厂就利用配件厂自己提供的证人证明配件厂的陈述是虚假的。

第五节
到货已被处理，反告质量问题，焉何维护权利

被告已将货物运至原告用户所在地，原告以货物存在质量问题用户拒收为由，起诉请求法院判令被告返还货款赔偿损失，而实际货物已被处理。被告该如何维权？

基本案情：

2000年6月，原被告签订了煤炭购销合同。合同签订后，原告向被告支付货款60万元，被告按照原告要求，发至甲地煤炭1500吨，发至乙地煤炭2500吨后，原告以被告所供煤炭属不合格煤炭，用户拒收现原煤还在港口堆放为由，遂起诉请求判令被告退还煤款并赔偿损失共计70万元。而事实上货物已被处理。如果原告诉求成立，被告将在已运煤炭至原告用户所在地的情况下，再返还原告已付货款并赔偿损失共计70万元。被告怎样才能改变被动局面挽回损失呢？

维权经典：

从认识论角度，认识的主体是处于一定历史条件和社会关系中从事认识活动与实践活动的人。而人们之间借以认识客体的手段和方法及其思维的知识结构和理论范畴等又各自差异，因此，对同一案件事实，审判机关、原被告、原被告的代理人之间及其相互之间都会有不同的认识和意见。只有认知能力好，认知中介条件高，同时对案件事实又能客观全面认识的主体，对案件的判断才更有可能公正合法。马克思主义认识论的指导意义显而易见。这也是本人坚信民商行为科学应当研究的原因之一。

马克思主义哲学认为，认识是主体对客体的反映，认识的目的是要在观念中再现和揭示客体固有的结构、性质和规律；主体对客体的反映不是消极、直观、被动的，不是一次性完成的，而是实践基础上积极、能动、逐步深入的过程。马克思主义认识论，首先是一种可知论，它充分肯定人类认识世界的必要性和可能性。因为，作为人的认识对象的客观世界是客观存在的，认识对象是可以进行分析的，人具有足够的能力和手段认识世界。认识的主体，是指处于一定历史条件和社会关系中、从事着认识活动与实践活动的人，他是体力和智力、物质和精神相统一的社会存在物。认识主体的主要特征是自然性、社会性和意识性。认识的客体是指进入主体的认识活动领域的对象，也就是进入主体认识活动和实践活动范围的客观事物。认识客体的主要特征是客观性、动态性和多样性。客体可划分为自然客体、社会客体以及以物质形式为载体或外壳的精神客体。认识中介是指主体和客体在相互作用过程中所利用的一切条件，包括物质条件和精神条件。物质条件一般是指认识工具，即主体借以认识客体的手段和方式的总和。精神条件是指主体认识客体过程中所运用的背景知识和理论因素，一般表现为思维的知识框架和理论范畴或基本概念，在认识过程中，一般表现为认识推理的基本前提和理论评价的准则。

马克思主义认识论不仅对认识的主体、客体和中介作出了明确的规定，而且深刻揭示了主体与客体之间的相互联系。这主要表现在，实践关系，即主体和客体之间的改造和被改造的关系；认识关系，即主体和客体之间的认识和被认识的关系；价值关系，即主体和客体之间的利益关系；审美关系，即主体在改造客体的过程中，所呈现出的体验美、感知美、创造美的关系。

马克思主义哲学认为，认识与对象、主观与客观的统一不仅是个理论问题，更重要的是实践问题,对人的认识本质的理解只有通过实践并在实践中才能得到正确的解决。实践是认识的基础,对认识的发生和发展起决定作用。表现在:第一,实践是认识的来源。实践是认识的唯一源泉,强调从实践中取得直接经验的重要性,并不排斥学习和掌握间接经验的必要性。第二,实践是认识发展的动力。第三,实践是检验认识真理性的标准。实践为检验人们的认识是否具有真理性提供了客观上、物质上的证明。同时,实践本身具有普遍性和直接现实性的优点,实践对认识的检验,就是把指导实践的理论同现实直接对照,检验出认识是否符合实践,符合的程度如何,是否是真理性的认识。第四,实践是认识的目的和归宿。总之,实践是认识的基础,认识依赖于实践。

人对客观事物的反映又离不开建构。从信息相互作用的角度看,建构确实是体现主体能动性的一种认识机制、认识环节。建构一般是指主体在思维中对客体信息的重构过程。在主体与客体的相互作用中,主体既要对来自客体的信息进行选择、加工和变换,又要按照正确反映客体的要求把这些信息在大脑中重新组合成为观念。没有这一过程,主体以观念方式把握客体的目的就不能实现。建构和重构是认识过程中主体能动性和创造性的突出表现。主体素质和非理性因素在认识中的作用,客体的结构和特性制约着主体的认识,同样,主体自身的素质也制约着认识。主体素质包括主体的身体素质和精神素质,是指主体在身体和精神两方面所具有的基本品质和基本条件,其中既有先天固有的成分,又有通过实践和学习逐步养成和内化的习惯的成分。从认识论的角度看,主体的身体素质和精神素质都制约着认识的发生和发展。主体的精神素质可分为认知结构和非理性因素两大部分。认知结构是思维方式、科学知识、价值观念等方面凝结而成的统一体,它们共同制约主体反映客体的全过程。第一,认知结构制约人们每一具体认识过程的目标选择。第二,主体不仅要按照自己的认知结构选择客体,也要按照自己的认知结构整理来自客体的信息。第三,主体不仅按一定认知结构选择客体和整理客体信息,而且按这种认知结构对客体作出解释。非理性因素对认识过程的作用也是不可忽视的。首先,主体的意志、情感等因素影响主体能动性的发挥,从而影响主体认识的过程和结果。其次,主体在许多情况下能以直觉、灵感等非逻辑的形式达到对客体的领悟和认识。再次,主体在提出假说、猜测以及想象时,也伴有意志、情感、灵感、直觉等非理性因素的作用。

从感性认识到理性认识,是认识过程的第一次飞跃。人的认识过程始于在实践中产生的感性认识,由感性认识能动地发展到理性认识,这是认识过程的第一次飞跃。感性认识是人们在实践过程中通过感觉器官接触外界事物而得到的对事物表面现象、外部联系的认识。感性认识包括感觉、知觉和表象三种形式,它的特点是形象性和具体性。感性认识是认识的起点。理性认识是人们通过抽象思维得到的对事物本质、内在联系和规律性认识。理性认识包括概念、判断、推理三种形式,其特点是间接性和抽象性。从感性认识到理性认识的飞跃,是人们认识发展的必然趋势。但是,它不是自发地实现的,实现这个飞跃要有一定条件。一方面,要掌握丰富可靠的感性资料。另一方面,运用科学的思维方法,必须经过思考作用,将感性材料进行科学的改造制作,这是感性认识上升到理性认识的必要途径。

从理性认识到实践的飞跃,是认识过程的第二次飞跃。这次飞跃具有重大的意义:实践是认识的目的,认识世界是为了改造世界;认识只有回到实践中去,才能得到检验和发展。实现从理性认识到实践的飞跃,必须具备一定的条件。首先,理性认识本身应当是正确的,这是实现从理性认识到实践飞跃的前提。其次,理性认识要和具体实践相结合。第三,理性认识要为实践主体所掌握。第四,理性认识付诸实践,要有一定物质条件。同时,人们的实践过程往往是再认识的过程,再认识就是主体对同一客体原有认识成果的重新认识,它不仅包括认识的纵向深入和横向扩展,而且包括鉴别真伪,修正错位,使认识在原有基础上不断更新的过程。人们对于一个具体事物的认识,经过实践和认识的多次反复,达到了主观与客观的符合,认识运动就基本完成了。旧过程结束了,又开始新过程,新事物层出不穷。因此,人们需要不断地扩展和深化认识。人类认识运动是永无止境的。

辩证思维方法是人们正确认识世界的中介,是人们正确进行理性认识的方法。归纳与演绎是人类思维最常见的推理方法。归纳是从个别上升到一般的思维方法,它包含有完全归纳法和不完全归纳法。演绎是由一般性的原则到个别性结论的方法,它通常由前提、逻辑规则和结论三部分组成。分析和综合是更深刻地把握事物本质的方法。分析就是把客观事物分解为各个部分、侧面和属性,分别加以研究的思维方法。综合是把事物各个部分、侧面和属性的认识统一为整体的认识的思维方法,它旨在从整体上把握事物的本质和规律。抽象和具体是辩证思维的高级形式。在思维进程中，要运用由感性具体到抽象规定，再由抽象规定到理性具体的辩证思维方法。具体通常有两种含义：一是感性具体，即人们通过感官直接感觉到的具体，它是思维过程的起点，但这种感性具体只是对事物现象的反映，是对事物整体的混沌的认识。二是理性具体，即在抽象的基础上形成的各种规定性的综合，是具体在思维中更深刻的再现。抽象作为思维方法，通常是指思维中把对象的某种属性、因素抽取出来而暂时舍弃其他属性、因素的一种逻辑方法。历史和逻辑的统一，历史的方法是指从事物自身的运动变化发展过程考察事物的方法，即从对象的自然过程研究考证描述对象的方法。逻辑的方法是指透过对象自然过程中种种表面的个别的暂时的现象，从“纯粹”的抽象概括的形态上研究揭示对象的本质和规律的思维方法。科学理论体系的建构，最终总是运用逻辑方法完成的。民商法哲学体系的形成当然不能例外。

根据马克思主义物质观原理，煤炭已经运至目的地港口，这是铁的事实。原告称经检验质量不合格等，也就是说原告已经开始处理货物，要么有货，要么其已经视为收货。同时要认真审查质量是否合格的相应证据。一切从实际出发，实事求是，是世界的物质统一性原理的生动体现，我们要尊重客观现实。需要强调的是，本案中，申请人民法院证据调查非常重要。因为，单方取证的证据效力有限，同时，如果不及时取证，有些事实可能丧失查证的机会。因此，建议被告立即申请法院对所运煤炭现状、质量等进行调查取证。因此，查清事实被告方还是有信心的。

原告诉称：2000 年 6 月，原、被告签订一份煤炭购销合同，合同签订后，原告先后付给被告货款 60 万元，被告于 2000 年 7 月开始分批发煤炭至甲地 1500 吨，乙地 2500 吨，经检验站检验，被告所提供烟煤及无烟煤均属不合格煤，至今被告发运的不合格原煤还在港口堆放，不能送达用户。造成原告重大损失，请求被告退回原告购煤款 60 万元，并支付因违约造成原告的经济损失 10 万元。

被告在申请法院调查取证的基础上辩称：双方所签购煤合同属实，但被告已按约定将 1500 吨煤发至甲地，将 2500 吨煤发至乙地，原告早已收货和处理，根本不存在什么由于质量问题而无法发运的情况。原告诉称原煤还在港口堆放，不能送达用户是歪曲事实。为此请求依法驳回原告请求，并依法提出反诉，请求原告支付所欠被告不足煤款 30 万元。因为：1. 煤炭按照合同约定发运至目的地,原告和原告用户也已收货;2. 原告收货后自取“样品”,该样品的调取缺乏真实性和公正性;3. 即使煤炭热量与合同约定有差,但不影响正常使用,且原告及其用户已经将货物收处,原告无权请求解除合同返还货款;4. 甲地收货港务局虽然出具该原告 8 车不合格煤炭退后方交接单,但至诉讼止,原告没有告知该 8 车货物所在,现场也无退货煤炭,只能推定原告已经全部收处货物;5. 煤炭水分超标部分应当扣除,但扣除之后应当按照合同价格计算货款,原告已付货款不足部分应当另行支付。

经被告答辩举证和申请法院调查取证,最终使法院审理查明:2000 年 6 月,原告与被告签订煤炭买卖合同一份,原告为乙方,被告为甲方。协议约定乙方向甲方购无烟煤一列,烟煤一列,质量标准为:无烟煤发热量在 5700 大卡左右,±100 大卡;烟煤 5800 大卡,挥发份 13%,含硫量 0.8%。烟煤到甲地港口,每吨价 150 元,无烟煤到乙地每吨价 138 元。甲方保证在计划到站后 10 日内将货保质保量发出。如一方违约则处以购货款的 20% 罚金等条款。合同签订后,原告分别于 2000 年 6 月至 8 月付给被告货款 60 万元。被告于 2000 年 7 月发往甲地烟煤 25 车,计 1500 吨,按合同价总值为 233000 元。发往乙地无烟煤 43 车,计 2600 吨。烟煤到甲地后,原告方自取样送港务局第一装卸公司煤质化验站化验,车数为 8 车,化验结果低位发热量为 4400 大卡,挥发份 6.69%,该两项未达合同规定标准。港务局于 2000 年 7 月出具不合格煤炭退后方交接单,交接单上载明:车首号 C4838 × ×,尾号 C46195 × ×,车数 8 车,480 吨。其余 17 车计 1100 吨,无化验单,无不合格煤炭退货单。无烟煤发到乙地港后,经微机轨道衡计量 43 车总数为 2600 吨,港务管理局煤炭质量检验站,对该煤分四次检验,其结果,含水分全部超标(此项合同未约定),发热量分别为 4900 大卡,4790 大卡、4470 大卡、4420 大卡,均未达合同标准。港务管理局商务事故处理,以水分超标扣焦煤 150 吨。2000 年 8 月,收货方煤炭公司书面告知原告因质量问题拒收,后又函告港结算中心,我公司发来白煤,计 43 车请入燃料公司账,其港务费由燃料公司承担。港务管理局接函后于当日将该批无烟煤 2600 吨,扣除港耗 26 吨,水分超标扣 150 吨,实有煤 2440 吨转入燃料公司账户。该煤按合同价总价值为 33000 元。该煤燃料公司于 2001 年 1 月卖掉。原告对此未提出异议。

最后,法院在查清事实基础上认为:原告与被告所签订的购销原煤合同,符合法律规定,为有效合同。原、被告双方对煤的车数和重量均无异议,应予认定。甲地、乙地两收货港对被告发运的无烟煤和部分烟煤作出的五份质检报告真实可靠,本院予以采信。原告处理不合格煤时既未征求被告意见,又未对其处理价格的合理性提供确凿证据;对发往甲地的烟煤,未作质量检验,诉称该车煤质量不合格,证据不足,故对原告的其他赔偿损失的请求,本院不予支持。

维权结果:

法院最终判决,不支持原告返还货款和赔偿损失的请求,被告因煤炭存在质量问题构成违约,被告向原告承担违约责任,煤炭扣除水分等部分后,货款据实结算。

第六节
土地已经转让，又被下文收回，能否收回转让金

原告公司与某厂等签订土地使用权转让协议，将原告公司拥有的土地使用权转让给该厂。该厂实际未使用受让土地，而将该土地让与其合资新公司。合资新公司获得该土地使用权，但与土地管理部门签有土地使用权转让协议。土地管理部门曾以长期闲置为名发文收回原告公司土地使用权，将其登记给合资新公司。原告公司的土地转让金被长期拖欠，原告公司怎样才能及时追回拖欠的土地转让金？应当向谁主张权利？

基本案情：

2001 年 6 月，原告公司与某厂和辖区政府签订了国有土地使用权转让合同，将其拥有使用权且位于辖区政府辖区的土地转让给该厂。约定：转让金 800 万元，先付 100 万元，余款待土地转让手续办理完毕 7 日内由辖区政府一

次性付清。协议签订后，原告公司于 2001 年 6 月交付土地给该厂使用，并于 2002 年 1 月根据该厂要求，将转让土地使用权登记在被告合资公司名下。被告合资公司是由该厂与另一公司合资成立。2001 年 7 月，开始被告合资公司已实际使用了该土地。2002 年 1 月，被告合资公司与土地局签订了《国有土地使用权转让合同书》，也约定了案涉土地的转让事宜。期间，政府曾以长期闲置为名先发文收回原告公司土地。至 2004 年 3 月，原告公司仍有 100 余万元土地转让金无法收回。

维权经典：

本案难点在于以下事实存在争议：

1. 该厂认为其已退出三方土地转让协议，权利义务已经转让，不应承担任何责任；2. 辖区政府认为，其作为管理机构没有付款义务；3. 被告合资公司认为与原告公司未签土地转让合同，且与土地局签订了土地转让合同，认为使用土地是从土地局获得的，亦拒绝付款。

马克思主义时空观告诉我们：整个宇宙在时间和空间上是无限的，绝对的；同时时间和空间又具有相对性。我们做任何事情既要有时空观念，又要合理安排和使用时间和空间使其在有限的范围内发挥更大的效用。对于疑难民商案件来说，既要运用时空与物质运动原理分析认识案件事实，又要有时间观念，抓紧处理案件，特别是要及时处理时效、上诉、反诉、管辖异议等程序问题，以免因小失大，造成被动和损失。

马克思主义时空观认为，时间、空间与物质运动不可分。物质的运动是在时间和空间中进行的，时间、空间是运动着的物质的存在形式。时间就是物质的连续性、顺序性。它表明一事物和另一事物、一运动过程和另一运动过程依次出现的先后顺序，一事物存在和一种运动过程的长短持续。时间的特点是一维性。空间就是运动着的物质的伸张性、广延性，是指物体的位置、规模和体积。空间的特点是三维性。“四维世界”的概念，是说事物存在于三维空间和一维时间中。物质运动是绝对与相对的统一，决定了作为它存在形式的时间与空间是无限与有限的统一。时间的无限性，是指时间的一维持续性是不可穷尽的。空间的无限性，是指空间三维的广延性是不可穷尽的。整个宇宙在时间和空间上是无限的，但物质存在的各种具体形态在时间和空间上又都是有限的。

坚持辩证唯物主义的时空观，是坚持马克思主义哲学世界观的重要条件。

如果否认时间和空间的无限性，主张时空的有限论，就会引出一个超时空的神灵的世界，给宗教唯心主义留下地盘。由于时间和空间是物质运动的存在形式，具有客观性、绝对性，任何一项事业总要在一定的时间和空间中进行，这就要求我们在做任何事情时都要有一个时空观念；又由于时间和空间具有相对性，这就要求我们注意事物发展的规模和速度，合理安排和使用时间和空间，使其在有限的范围内发挥更大的效用。在当代，由于信息革命和世界市场的发展，我们生活的空间相对缩小了，时间的节奏加快了，人们越来越注重时间，及时性原则成为人们行为的根本原则。这就要求我们掌握马克思主义时空观，把握时代特征，正确处理民商案件实践中的重大问题，利用时间和空间的新特点，不失时机地为我国的法治进步事业多作贡献，为我们受理的案件事实清楚和公正处理尽职尽责。

从马克思主义时空观分析，世界是物质的世界，物质是运动的，物质的运动是在时间和空间中进行的，时间和空间是运动着的物质的存在方式，任何一种物质总是存在一定的时间和空间中。原告公司转让的土地在合同签订后由合资公司使用，这是一个基本事实，同一土地同一时间内合资公司在使用，无论手续如何变化，合资公司实际使用了原告公司转让的土地是不可改变的。从内容和形式观点分析，内容和形式应当是统一的，内容决定形式，形式必须适合于服从于内容。本案中，原告公司转让土地，合资公司实际使用了该土地，这是实质内容，该厂与原告公司签订了土地转让合同，合资公司同原告公司没有签订合同，那是因为当时合资公司尚未成立，土地管理部门明知转让土地原有原告公司使用，转让后应当办理转让登记手续，又与合资公司签订土地出让手续等，对原告公司追要土地转让金形成了障碍，这正是本案要解决的纠纷和矛盾。最终使内容和形式完全一致。

根据上述分析，对于本案，我们研究后认为，按土地使用权转让合同应列合同受让人该厂和付款保证人辖区政府为被告，以便查清事实和分清责任；被告合资公司是转让土地的实际受让人，应承担受让方的全部责任。

对于本案，原告公司的委托代理人，发表了代理意见如下：

一、原告公司已依约履行了交付转让土地和办理转让手续及支付转让税费（含土地出让金）等约定的义务，应当得到土地转让金和相应的经济赔偿。

（一）原告公司、该厂、辖区政府三方2001年6月所签订国有土地转让合同证明：1. 转让土地位于辖区，总面积×平方米，合计亩数；2. 土地转让金为每亩

×万元人民币,总金额为800余万元;3.违约方每超一日向对方支付1000元违约金;4.土地转让中的各种税费由原告公司承担(含土地出让金);5.任何一方违约,除支付赔偿其他两方损失外,应支付其他方罚金50万元。

(二)辖区政府与原告公司2001年4月委托协议证明:在转让土地的土地使用证办理在受让方名下之日后,三日内必须将转让款一次性转给原告公司指定账户。

(三)2001年8月辖区政府、该厂、原告公司的会议纪要证明:1.该厂在会后三个工作日向辖区政府支付200余万元土地转让金;2.辖区政府收到200余万元土地转让金三个工作日内办理好土地使用证;3.该厂拿到土地使用证后,付清余额土地转让金。

(四)国用(1999)字第×号国有土地使用证证明:土地转让前原告公司对该土地有合法使用权。

(五)国用(2002)字第×号国有土地使用证证明:2002年1月原告公司已协助辖区政府将转让土地使用权过户到该土地实际受让人合资公司名下。

(六)2001年12月农业银行电汇凭证证明:被告合资公司实际支付200万元转让金而不是230万元。

(七)2001年7月报纸报道证明:原告公司已于2001年6月将转让土地交付该厂,合资公司已实际使用该土地并投入建厂。

上述证据足以证明,原告公司已全部履行了合同约定和法定的合同义务,即交付土地和将土地使用权证过户到受让方名下等义务。辖区政府和受让人等应承担支付所欠土地转让金和逾期付款的一切法律责任。

但是,2001年8月会议纪要证明:该厂应于当月内付款230万元,但实际并未按时付款,仅于同年12月由合资公司支付200万元,违约30万元。同时该厂应于2002年1月接到转让土地使用证后即应付清全部土地转让金。但截至2002年1月,仅付300万元,下欠500余万元巨额转让金未付,已构成严重违约。根据合同约定和已证明的上述事实,原告公司关于该厂、辖区政府应承担支付剩余转让金和此后每日1000元违约金,并且向原告公司赔偿50万元的诉求,应得到法律支持。否则,对守法履约的当事人明显不公。

二、被告合资公司作为本案诉争转让土地的实际受让方,应承担该厂和辖区政府合同一方的全部付款和赔偿及支付违约金的法律责任。

(一)合资公司的公司章程证明:该合资公司是由某股份公司和该厂共同

出资设立，该厂并未使用转让土地，合资公司是转让土地的实际使用人。2001年7月报纸报道证明，合资公司确实已使用了原告公司协商转让的土地，但土地使用证证明该土地转让前，其使用权属于原告公司，合资公司在无土地使用权的前提下，使用了原告公司转让的土地。事实上，合资公司拥有所转让土地的使用权，要么，作为合同受让方即成为一方当事人，要么，接受转让合同的受让方的全部条款成为实际受让人，才能获得该土地使用权和实际使用。

（二）合资公司出具的国土局的2002年1月国有土地使用权出让合同书和2002年1月土地使用权证均证明：

1. 合资公司所用土地位置、面积、出让金额等均与原告公司所转让土地完全吻合，即合资公司受让土地就是原告公司所转让土地，且合资公司一直在向原告公司支付转让金和协商处理。就是说，受让原告公司所转让土地，是合资公司真实目的。

2. 合资公司自2001年7月至2002年1月，半年之久未获使用权而使用原告公司拥有使用权的土地建厂，应当认为是对2001年6月原告公司土地转让合同条款之接受，且该厂、原告公司也同意和事实默示合资公司受让该土地。否则，合资公司使用原告公司转让土地是无任何事实上和法律上的依据，也是不可能使用的。

（三）2001年8月合资公司使用国有土地申请和2001年8月原告公司转让土地申请证明：如果原告公司不同意并承担土地出让金和积极配合，合资公司是不能获得转让土地的合法手续的。

（四）2002年11月国土局证明和2004年4月辖区政府证明进一步证明：该土地出让金为原告公司支付且包括在土地转让金之内，这与转让合同是完全一致的。

（五）2001年12月收费发票证明：付款人是合资公司，用途为原告公司土地转让金200万元，证明合资公司应为实际受让方，原告公司为土地转让方是正确的，也是合情合理的。同时，2002年1月之后至2004年3月，合资公司支付转让金405万元的事实更能证明，它是真正的转让土地的受让方。但是并未按约定支付全部转让金，合资公司也是事实上真正的违约人。因此，除支付本金100余万元转让金外，还必须支付每日1000元滞纳金和50万元赔偿金。

三、辖区政府对付款及全部违约责任应承担责任是不言而喻的。

（一）2001年6月土地转让协议和2001年4月委托协议约定，辖区政府应在土地使用证办妥三日内，直接付清土地转让金，并未约定以他人付款或不付款为条件，实际上，当时其已成为付款担保人。未付款构成违约就应承担违约责任。

（二）该厂提供的所谓三方协议是无效协议，它不能作为本案认定事实的证据使用。因为，第一，协议约定三方签字盖章才生效，否则不生效，事实上三方并未全部签字盖章；第二，尽管该厂向合资公司事实转让了合同义务，但它并未保证新的受让人合资公司全部依约履行义务，现在损害了原告公司利益，对原告公司的一切损失该厂均存在过错责任，即对转让金、违约金和罚金共150万元的支付应当承担协助义务，该协议实质上应认定为因该厂和合资公司恶意串通损害原告公司合法权益而无效。

综上所述，本人认为，本案原告公司所诉事实清楚，证据确实充分，其诉讼请求应受法律保护。请求人民法院查清事实，判令三被告承担还款、支付违约金、赔偿损失的全部法律责任。

（2004年4月13日）

维权结果：

2004年3月原告公司提起诉讼，2004年6月一审判决被告合资公司支付原告公司土地转让金及违约金；合资公司上诉后2005年3月二审判决合资公司支付原告公司100余万元，并支付逾期付款违约金。合资公司已向原告全额支付上述款项。

附　民事判决书摘要

×××人民法院

民事判决书

（2004）×法民×终字第×号

上诉人（原审原告）：×××公司。

住所：×××

法定代表人：×××，经理

委托代理人：×××，

委托代理人：×××，

上诉人（原审被告）：×××公司

法定代表人：×××总经理

委托代理人:×××

委托代理人:×××该公司职员

被上诉人(原审被告):×××厂。

住所:×××路×××号

法定代表人:×××,厂长

委托代理人:×××,

委托代理人:×××,公司职员

被上诉人(原审被告)

法定代表人:×××,主任

上诉人:×××公司(以下简称××公司)

……

因此,××公司支付违约金的起算时间应从2003年5月×日起算。另外,2001年6月×日三方协议中违约金的约定应理解为根本违约的约定,考虑到××公司在2002年12月×日协议后又陆续支付了300万元,不应视为根本违约。因此,原审判决××公司支付违约金标准仍为每日100元,本院依法予以纠正,酌定为每日50元。

综上所述,在××公司一审未到庭的情况下,原审认定的事实清楚,适用法律准确和处理结果基本正确;二审中,虽然,××公司提交了部分新证据,但均不足以推翻原审认定的事实,对其上诉主张,本院不予支持,但对违约金部分本院予以部分调整;××公司的上诉请求无法律依据和合同依据,本院不予支持。依照《中华人民共和国民事诉讼法》第一百五十三条第一款第(一)项、第(三)项之规定,判决如下:

一、变更×××人民法院(2004)×经初字第×号民事判决第一项为:××公司于判决生效后十日内支付××公司100万元,并自2003年5月××起按每日500元向×××支付违约金至款付清之日;

二、维持×××人民法院(2004)×经初字第×号民事判决第二项,即:驳回×××公司的其他诉讼请求。

一审案件受理费2000元,由××公司负担1000元,由××公司负担1000元;二审案件受理费2000元,由××公司负担1000元,××公司负担1000元。

本判决为终审判决。

第七节
如何行使担保追偿权

贷款企业为独立法人且已歇业，另一担保单位也为独立法人且已歇业。已经被强制执行承担了担保责任的原告公司不是担保人，也不是原担保借款纠纷案件的当事人。原告公司如何行使追偿权？能够挽回损失吗？

基本案情：

1993年2月，被告实业公司出资400万元，设立法人企业活动中心。1996年5月，活动中心向银行贷款400万元，由被告工业公司和另一企业担保。被告工业公司是由法人企业和自然人成立的独立法人企业。贷款到期未还，活动中心歇业，实业公司因诉讼接受了活动中心财产。借款人起诉后，该案一直没有能够执行。此后，和工业公司共同担保的另一企业被兼并入原告公司，至2000年4月，执行法院在执行程序中，直接对原告公司执行，由原告公司承担了全部贷款本息500余万元的偿还责任。此时，活动中心及工业公司均歇业但工商法人登记未注销，均无财产可供执行。

维权经典：

在原借款担保诉讼中，原告公司不是当事人，原告公司能否享有追偿权；原借款企业和另一担保人工业公司均已歇业且无财产可供执行，原借款企业和工业公司都是独立法人，独立承担法律责任。原告公司能否实现追偿目的值得探讨。

对于本案的分析，我们认为，应当透过现象认识本质。现象和本质是揭示客观事物的外部表现和内部联系相互关系的范畴。任何事物都具有本质和现象两个不同的方面。二者既有区别，又有联系。首先，现象是事物的外部联系和表面特征。人们可通过感官感知，本质则是事物的内在联系，只有靠人的理性思维才能把握；现象是个别的、具体的，而本质是一般的、共同的。现象里包括真相和假象。假象是由客观条件造成的虚假的现象，是对事物本质歪曲的反映，它是本质在特定条件下的反面表现。其次，本质和现象又是统一的，它们互相联系、相互依存。本质是通过一定现象表现的，透过现象揭示本质。本质和现象的辩证关系表明，对于任何事物，都不可能抛开现象直接把握它的本质，也不能滞于表面的现象而不深入对本质的认识。认识的任务就是通过现象揭示本质，现象是认识事物的本质的向导，因为本质是通过现象表明的；通过现象发现本质是科学研究的任务。科学的态度是实事求是，来不得半点的马虎和虚假。当然，认识了大量现象，还不等于就认识了事物的本质，有时"眼见不一定为实"。它说明要把握事物的本质，必须运用辩证思维对现象进行科学的分析研究。第三，通过现象认识本质，是一个不断发展的过程。人们对于本质的认识也是随着现象的展开、变化逐步深化的过程。

在民商疑案面前，在某些情况下，可能被冤枉的一方证据缺乏，而实施欺诈行为和恶意违约的一方看似"证据"比较充分。这就需要我们运用马克思主义辩证法的基本范畴来分析，透过现象看本质，以查清案件的真正事实。

作者认为，正确把握和运用因果关系的原理，是正确认识和研究民商法律事务的重要方面，也是破解本案的主要抓手。原因和结果是揭示事物的前后相继、彼此制约的关系范畴。一种现象引起另一种现象或者一个过程引发另一个过程，这种引起和被引起的关系就是因果关系，引起一定现象的现象是原因，被引起的现象就是结果。前因后果是因果联系的特点，但并不是任何前后相继的现象都存在着因果关系。

原因和结果的关系是辩证的。从事物错综复杂的普遍联系看，同一现象在这种关系中是原因，在另一种关系中就是结果，或者也可以说，每一现象既是结果又是原因。原因和结果又是相互依存、相互作用、相互转化的。原因总是伴随着一定的结果，结果总是有一定原因的。原因不仅可以作用于结果，结果又能反作用于原因，成为其进一步发展的原因。因果关系是客观的、普遍的。其中有：一因多果、同因异果、一果多因、同果异因、多果多因、复合因果等。为了把握事物发展的规律性，在分析复杂因果联系时，一定要进行具体的、全面的、科学的分析。探究因果关系，把握事物规律性。正确认识因果关系的辩证性质，有助于把握事物的本质和规律性，有效利用原因和结果之间的相互作用促进事物的发展。第一，认识因果关系的客观普遍性。科学研究在一定意义上就是解释事物的因果关系，找到解决问题的方法和途径。第二，正确把握事物的因果联系是自觉的实践活动的必要条件。对于任何事情，只有知其然又知其所以然，才有行动的自觉性，才能避免盲目性。在实际工作中，正确认识事物的因果关系，就是要科学地总结经验和教训，巩固、发扬成绩，发现错误、避免重复发生同样性质的错误，争取更大的成功。第三，正确地认识因果关系，把握规律，可以提高实践活动中的预见性。所谓预见性，就是要有长远眼光。人们办任何事情，不仅要看到它在当前的后果，而且要看到它的更长远的后果，不仅要看到它带来的一方面的后果，而且要看到它可能产生的多方面的后果，要全面把握原因和结果相互转化的发展链条，善于估计自己行动的长远影响和多方面的影响。这就要求我们做事情要把握规律，使视野更开阔一些，眼光更长远一些。

在民商法律实务中，在分析复杂因果联系时，一定要进行具体的、全面的、科学的分析。比如，前述案例中建筑工程施工合同如果约定了变更增加工程款的条件，变更增加施工资料齐全，双方无异，增加工程款应当是没有问题的。但是，在合同约定不明、施工资料不全或没有施工签证，发包方往往拒绝承认设计变更和预算外增加而增加工程款的情况下，就需要运用因果关系原理去分析。一般条件下，没有发包方的要求，承包人是不会擅自增加工程量、提高材料质量标准和增加施工的，应当认为是发包人要求承包人变更增加的。同时，审查发包人对承包人变更增加施工不持异议和接受变更增加后的工程等事实，最终确定双方是否约定了工程的变更增加。

从物质世界的联系、发展规律分析，事物的联系是客观的，规定事物发展基本趋势的是本质的必然的联系。本案中原告公司尽管在原诉中不是当事人，但是，原告公司承担担保责任是因一担保人兼并于原告公司，执行法院是按照权利义务对等原则追加原告公司为被执行人的，从本质讲，原告公司承担了担保责任，履行了担保人的义务，就享有了担保人的追偿权，这对原告公司来说也是权利义务的对等。从现象与本质、原因与结果原理分析，借款人有开办人，实业公司注册400万元设立了借款人活动中心。如果借款人财产由实业公司收回则实业公司抽回投资，应当在出资400万元范围内承担责任，否则实业公司应当在收回借款人财产范围内承担责任。作为另一担保人在贷款担保中，其开办人向借款银行出具了授权贷款文书，将与该担保人一起承担担保责任。不能单独从表面现象看问题，借款人和另一担保人无财产承担责任，原告公司就可能白白替人承担了500余万元的责任。本人认为，原告公司追偿的前景还是可观的。

在分析上述情况后，原告公司于2000年10月，起诉至中级人民法院，行使追偿权，请求活动中心偿还原告公司损失500余万元，另一担保人被告工业公司承担损失500余万元的一半的担保责任，被告实业公司在收回借款人财产范围内承担赔偿责任，工业公司的开办人因出资不实和出具担保函应承担相应的担保责任。

本案原告公司的委托代理人通过阅卷、调查研究和认真听取了法庭调查，向法庭发表代理意见如下：

一、通过法庭调查，可以认为，现在已经能够基本查清本案的以下基本事实：

（一）实业公司是本案借款人活动中心的投资和开办单位。

工商局工商登记证明：1. 1993年2月，实业公司投资400万元等财产，申请设立法人企业活动中心，注册资金400万元，固定资金400万元。2. 1993年10月，实业公司申请对活动中心变更登记，注册资金仍是400万元，投资和主管单位仍均为实业公司。3. 1996年7月，根据实业公司的申请，将活动中心进行更名，注册资金400万元，经营场地等不变。

实业公司当庭对以下事实未持异议：

1. 投资购买活动中心设备清单。2. 房屋及其他设施的建筑、装修合同及施工和付款情况。

（二）实业公司早已收回和接收了活动中心的全部资产，活动中心已经歇业。

实业公司当庭提交了人民法院（1999）经初字第×号经济判决书，证明其接受了活动中心的全部财产，包括原承包人所投入的资产。此后，活动中心既未经营，也未工商注销，实业公司将其财产另设企业经营，活动中心视为歇业。

（三）活动中心1996年在商业银行支行贷款400万元，被告工业公司为该笔贷款提供了400万元本息的连带责任担保人。

（四）同时工商登记证明，被告工业公司成立于1992年10月，是中台合资企业，中方投资方为某厂，投资10万美元。

（五）1993年10月，该厂向工业公司及其法人出具授权委托书，载明了受委托单位是工业公司及该公司法人代表，全权处理公司业务，授权贷款500万元。

（六）1996年5月，工业公司向其法定代表人出具了委托书，授权其为500万元以内的担保贷款及合同签订。

（七）上述两授权委托书借款担保时均交付给贷款银行备案。

（八）另外，该厂未能出具有关其出资的验资证明和出资证明或其他有效的中外合资企业的出资证明。工业公司自1996年度至今未参加工商年检，工业公司法定代表人经传票传唤未参加诉讼。

（九）因另一担保人并入原告公司，法院于2000年4月作出裁定，该担保人应承担的义务由原告公司负责清偿。至2000年4月，原告公司已经被执行款项500余万元，原告公司代为履行了担保责任。

二、鉴于以上事实，本人认为：根据我国《担保法》第12条等法律规定，原告公司享有追偿权，并由以下被告承担偿付责任。

（一）实业公司应对借款承担赔偿责任。因为，实业公司投资400万元等财产开办了活动中心，那么，该财产就属于活动中心的财产而不属于实业公司所有，实业公司就无权收回和接收该企业财产。如果实业公司认为该财产是其财产，那么，应认为其没有出资，应在应出资的400万元及亩土地使用权范围内承担责任。活动中心自1997年以来未年检注册，应视为歇业，而实业公司在没有对其清算的情况下收回和接收其全部财产，理应对该企业借款承担法律责任，应为其接收活动中心的财产范围内承担借款的还本付息义务。

(二)工业公司应承担相应担保责任。

我国《担保法》第12条规定,同一债务有两个以上保证人的,保证人应当按照保证合同约定的份额,承担保证责任。没有约定的,承担连带责任。已经承担保证责任的担保人,有权向债务人追偿或要求承担连带责任的其他保证人清偿其应当承担的份额。根据司法解释规定,没有约定份额的共同保证人应平均承担。本案中,工业公司应承担400万元借款本息一半的担保责任。

(三)该厂作为工业公司的投资者未能依约出资并且授权工业公司对外500万元的贷款及合同业务,应承担工业公司应承担部分的全部责任而不仅仅是出资不到位的责任。

1. 根据中外合资经营企业法及实施细则32条规定,合资各方缴付出资后,应由中国注册会计师验证出具验资报告后,由合资企业据以发给出资证明书。而本案中,该厂既无验资证明,更无出资证明,应当在应出资范围内承担责任。

2. 根据我国《民法通则》及其他法律规定,该厂应对其授权工业公司及其法定代表人该贷款行为的责任即500万元以内贷款及合同业务的行为承担法律责任,并且该授权委托书在借款担保时已交付借款银行,明显是对银行的担保承诺。因此,该厂的责任不再是10余万美元,而是工业公司应承担部分即借款本息及费用的偿还责任。

综上所述,1. 原告公司在为其下属企业承担保证责任后依法应当享有追偿权。2. 实业公司收回投资和接收了贷款企业的全部财产,应在接受财产范围内对其借款承担还本付息责任。3. 工业公司及该厂应对上述借款的一半承担清偿责任。

以上意见,请法庭合议时,给予充分的重视和采纳,以便于本案公正裁判,以维护法律的公正和本案当事人的合法权益不受侵犯。

(2001年4月29日)

2001年6月,该中院判决后当事人提出上诉。2002年4月,高院终审判决,原告公司享有追偿权,实业公司在收回借款人财产范围内承担责任,工业公司和其开办人承担一半的担保责任。

维权结果：

终审判决原告公司享有追偿权，实业公司在接收活动中心财产范围内承担责任，工业公司和该厂亦承担担保责任，承担责任的范围为原告公司对实业公司不能追偿部分的一半。执行中，实业公司向原告支付执行款350万元，其余部分原告公司向工业公司及其开办人追偿。

附　民事判决书摘要

×××人民法院

民事判决书

（2002）×法民×终字第×号

上诉人（原审原告）：××公司

法定代表人：×××总经理

委托代理人：×××

委托代理人：×××

上诉人（原审被告）：×××厂

法定代表人：×××厂长

委托代理人：×××律师事务所律师

被上诉人（原审被告）：×××中心

法定代表人：×××经理

被上诉人（原审被告）：×××有限公司

法定代表人：×××董事长

被上诉人（原审被告）：×××公司

法定代表人：×××经理

委托代理人：×××律师事务所律师

上诉人×××公司（下称××公司）与上诉人×××厂、被上诉人×××中心（下称××中心）、×××有限公司（下称××公司）、×××总公司（下称××公司）因担保合同追偿纠纷一案，不服×××市中级人民法院（2000）×民×初字第×号民事判决，向本院提起上诉。本院依法组成合议庭审理了本案，现已审理终结。原审法院经审理查明，1996年5月×××市×××中心）向×××市×××城市信用合作社（下称××信用社）贷款400万元，×××厂与×

××公司分别与×××信用社签订了为××贷款担保合同书，约定保证范围为贷款400万元及利息，保证方式为连带责任保证。1997年原审法院（1997）×经初字第×号经济判决书判令×××厂、×××公司对×××中心的债务承担连带清偿责任。×××厂自1991年12月整体并入×××机器厂并已丧失法人资格，债权债务全部由×××机器厂承担，×××机器厂于1994年7月变更为××公司；信用社在执行时更名为××市商业银行×××支行（下称××支行），至2000年4月×××原审法院共扣划执结××公司500万元。××公司履行了主债务人××中心对商业××支行的债务清偿责任。据工商登记记载，××中心是由××变更而来。××是由××市××区××公司投资设立的具有独立法人资格的集体所有制企业，注册资金为400万元。1993年7月前，××公司实际投入资金360万元，土地2000平方米。1995年5月××公司与××签订合同约定由××出资对××进行改造，××公司以××所占土地、建筑及设施作为投资，改造后仍属××公司领导，由承包经营，更大事项报请公司，××拥有人财物的全部管理权。1995年11月，××变更为××城，注册资金，仍为400万元，1996年7月，××城变更为××中心，注册资金仍为400万元。1996年8月××城向××信用社出具了变更名称的通知，并承诺欠××信用社的400万元债务由××中心承担，加盖了××中心的印章，原审法院另查明：1.××公司是由×××厂、×××有限公司共同出资组建的中外合资经营企业，1992年10月×××取得法人资格，注册资金为24万美元，×××厂应出资12万美元。2.×××厂向原审法院提交了1992年11月×××由中国工商银行××支行办事处转给公司30万元转账支票，但没有加盖本单位印鉴；1993年1月9日由中国农业银行××办事处转给×××厂拨站的40万元转账支票，也没有加盖×××厂的印鉴，且没有提交××公司的收款凭证及出资证明书。3.×××厂于1993年10月×日向××公司及其法定代表人×××出具了授权委托书委托××全权处理公司业务，授权贷款500万元，有效期1993年10月×日至2003年10月×日4.××公司明确表示暂时放弃对××公司另一股东××公司责任追究。5.原审法院（1999）×经初字第×号经济判决书判令××城的全部财产及变更为××新增加的财产全部归××公司所有。×××中心1997年进行最后一次年检，虽然没有被注销，但已实际不存在。2000年10月，××公司向原审法院起诉，请求判令××中心承担原借款本息500万元的偿还责任，××公司、××厂、××公司，承担连带清偿债任。

原审法院认为，按照担保法第三十一条的规定，保证人承担保证责任后，有权向债务人追偿。××公司为其下属非法人单位××厂承担了对××中心债务的连带清偿保证责任后，使××中心对商行××路支行主债务及其利息和罚息归于消灭，就取得了向主债务人××中心的追偿权，因此，作为主债务人的××中心，应当补偿××公司为清偿其主债务、利息及罚息所支出的共500万元及2000年4月×日至本判决生效之日银行同期贷款的利息。××公司辩称公司不是本案保证人，不能获得追偿的权利，因而没有诉讼主体资格的理由不足，不予采纳。××中心是由××城逐步变更而来，具有独立法人资格，应用自已的财产对外清偿债务，承担责任，在工商部门没有依法注销其法人资格之前，任何单位和个人都无权处分其财产，按照《民法通则》第四十七条、第四十八条规定，××公司作为××中心的投资单位和主管部门，在××中心歇业后应当成立清算组织，清算其债权债务，但××公司并未履行自己的义务，而是向法院起诉××直接接收××中心财产，损害了债权人利益，其目的是为了逃避债务，应当认定无效。作为××城的法定代表人，其向商行××路支行贷款是职务行为，且是以××城的名义贷的款，××城的全部财产应当成为其债务的担保。1996年8月××城向××信用社出具了变更名称通知，承诺其债务由××中心承担，并加盖了变更后的××中心的公章。××作为法定代表人，其代表的是法人的意志，后果应由法人承担。在××城每次的企业法人变更登记中，××公司都加盖了公章，应当认定其对变更行为是认可的，其与××就组建××城签订的合同，无论内容如何约定，只在其双方产生效力，不能对抗善意第三人，不能成为××公司的免责事由，因此，××公司仍应在其接受原××城财产的范围内承担责任。故××公司辩称是以个人名义承包，债务与其无关，接受××城的财产属于物归原主，因而不应承担责任的理由不能成立，法院不予采纳，××公司应对××中心的财产进行清算（含其接收的部分），清理××中心的债务。××公司的投资已经到位，且××公司没有证据证明其存在抽逃资金的行为，因而，××公司要求其在注册资金不实的范围内承担连带清偿责任没有事实和法律根据，予以驳回。根据《担保法》第十二条的规定和最高人民法院《关于适用<担保法>若干问题的解释》第二十条第二款规定，连带共同保证的保证人承担保证责任后，有权向主债务人追偿，或者要求承担连带责任的其他保证人清偿其应承担的份额,向主债务人不能追偿的部分,由各连带保证人按其内部约定的比例分担,没有约定的,平均分担××厂与××公司是对××城债务的连带共同保证人,双方没有份额的约定,应推定为双方内部平均分配承担保证义务。因此,××公司代××厂承担连带保证责任后既可以向××中心追偿全部债权,也可以对超出自己应承担的份额部分,向××公司行使求偿权,要求其承担一半的份额即252万元;及2000年4月×日至本判决生效之日银行同期贷款的利息。这两个追偿权是并存的。故××公司要求向××公司追偿一半份额的理由充分,应予支持。××公司虽然1997年后未进行年检,但并未清算,登记主管机关也未收缴其营业执照,没有注销该企业,其法人资格仍然存在,其应当对其所负债务负责,且其法定代表人接受了诉讼文书,虽然没有参加庭审,但应当认定其仍在清理债权债务。××公司是由××厂和××有限公司共同投资设立的中外合资企业。××公司明确声明只追究投资主体之一的××厂投资不到位的责任,暂不追究×××有限公司的责任,不违反法律规定,应予支持。根据中外合资经营企业法实施条例第三十二条规定,合资各方缴付出资额后,应由中国注册会计师验收,出具验资报告后,由合资企业据以发给出资证明书。×××厂没有向法庭提交出资证明书,也没有提交其向××公司投资的有力证据,应认定其投入资金不到位。按照法律规定,×××厂应在出资不实的范围内对××公司的债务承担赔偿责任。×××厂虽然授权××公司及其法定代表人对外贷款500万元,但并未授权其对外担保,因此,××公司要求×××厂全部承担××公司担保责任的理由不足,应予驳回。依照《中华人民共和国担保法》第十二条、第三十一条,《中华人民共和国民法通则》第四十七条、第四十八条、最高人民法院《关于适用<中华人民共和国担保法>若干问题的解释》第二十条之规定,原审法院判决:1.××公司有权对主债务人××中心进行追偿;2.××公司在本判决生效后三十日内对××中心的财产进行清算,并在其清算和接受××中心遗留财产的范围内×××对××公司的500万元债权及其从2000年4月×日至本判决生效之日银行同期贷款的利息承担赔偿责任;3.××公司向××中心不能追偿的部分有权向××公司进行追偿,追偿的数额为不能追偿部分的一半;4.×××厂在注册资金不实(12万美元)的范围内对××公司的债务承担赔偿责任;5.××公司的其他诉讼请求。一审案件受理费30000元,保全费30000元,共计60000元,由××公司负担。

××公司不服原审判决，向本院上诉称：1. ××厂向××公司授权委托贷款500万元和全权处理公司业务具有特指性和专用性，××厂应对其授权行为承担法律责任，即应承担××公司应承担的担保责任。2. ××公司的赔偿责任应是确定的，原审判决其在对××中心财产清算的范围内承担赔偿责任不当。请求本院予以改判。

×××厂不服原审判决，向本院上诉称：1. ×××厂对××公司的出资真实，原审判决让其承担出资不实的责任不当。2. 在不能确定××中心能否清偿债务的情况下，××公司对××公司不具有追偿权。请求本院予以改判。

××公司答辩称：×××厂未提供其出资到位的有效证据，××公司对××公司行使的追偿权不违反法律规定。

×××厂答辩称：×××厂的授权委托内容是贷款而非担保，××公司的上诉理由不能成立。

××公司答辩称：××公司不是本案担保人，不是本案适格主体，××中心是独立法人，应独立承担民事责任。

本院经审理查明，×××厂在1993年10月×日出具的委托××全权处理公司业务，授权贷款500万元的授权委托书保存于商行××路支行有关××城贷款的材料中，其他事实与原审判决认定事实一致。

本院认为，×××厂与××公司是对××中心债务的共同连带责任保证人，且相互之间没有约定保证份额，故对保证的债务应平均承担保证责任；×××公司已代×××厂承担××中心全部债务清偿责任，其依法有权向××公司追偿已承担债务责任的一半，即252万元及2000年4月×日至本判决生效之日的银行同期贷款利息；××公司在就××中心债务向商行××路支行提供担保时，出示了×××厂出具的授权委托书，且该授权委托书留存于商行××路支行，说明在××公司提供担保时，商行××路支行对其担保能力的确认是基于×××厂对××公司的授权委托，在该授权委托中虽未明确说明××公司有权对400万元贷款提供担保，但委托的内容足以确认××公司被授权业务范围包含其在本案中提供的担保；根据合同法规定，受托人以自己的名义，在委托人的授权范围内与第三人订立的合同，第三人在订立合同时知道受托人与委托人之间的代理关系的，该合同直接约束委托人和第三人，故×××厂应承担××公司对××中心的担保责任；××公司上诉主张××厂应对其授权行为承担法律责任即应承担××公司应承担的担保责任的理由成立,本院予以支持。基于上述分析,×××厂上诉提出其对××公司出资真实的主张是否事实,已不足以免除其应承担××公司的担保责任,原审法院根据本案实际判决××公司应承担的责任清楚明确,××公司上诉主张原审判决对××公司的赔偿责任是不确定的理由不足,本院不予支持。担保法规定同一债务有两个以上保证人的,已经承担保证责任的保证人,有权向债务人追偿或者要求承担连带责任的其他保证人清偿其应当承担的份额;故×××厂上诉主张的在不能确定×××中心能否清偿债务的情况下,××公司对××公司不具有追偿权没有法律依据,本院对此主张不予支持。原审判决认定事实清楚,适用法律基本正确;对×××厂应否承担担保责任上适用法律不当之处,本院予以纠正,依照《中华人民共和国合同法》第三百九十七条、第四百零二条、《中华人民共和国民事诉讼法》第一百五十三条第一款第(一)项、第(二)项、最高人民法院《关于适用 < 中华人民共和国合同法 > 若干问题的解释(一)》第一条的规定,判决如下:

一、维持××市中级人民法院(2000)×民×初字第××号民事判决第一项、第二项、第五项,即××公司有权对主债务人××中心进行追偿;××公司在本判决生效后三十日内对××中心的财产进行清算,并在其清算和接受××中心遗留财产的范围内×××对××公司的505万元债权及其从2000年4月×日至本判决生效之日银行周期贷款的利息承担赔偿责任;驳回××公司的其他诉讼请求;

二、变更××市中级人民法院(2000)×民×初字第×号民事判决第三项、第四项为:××公司向××中心不能追偿的债务有权向××公司及××厂追偿,追偿的数额为不能追偿部分的一半。

一审案件受理费30000元,保全费30000元,共计60000元,由××公司负担,二审案件受理费30000元,由××厂负担。

本判决为终审判决。

第八节
及时解除合同，避免损失扩大

双方签订购货合同约定，原告公司可随时调整收货仓库，价格按实际情况另作调整。原告公司调整收货仓库却因调价问题不能与被告公司达成一致。被告公司继续供货损失巨大，拒绝供货构成违约，通知解除合同原告公司不予理睬。此后，原告公司仍依合同起诉被告公司承担违约责任。违约责任如何认定？

基本案情：

2003年10月，原被告双方签订了购销合同，被告公司向原告公司供粮食运到甲地中转库，约定了数量、单价等。同时约定，原告公司可随时调整收货仓库，价格按实际情况另作调整。后原告公司将收货地调整到乙地中转站，又突遇粮食全国涨价，被告公司通知原告公司按实际情况调整粮食价格，双方未达成一致，被告公司书面通知原告公司解除合同并注明因原告公司责任无法继续履行合同。原告公司收到通知后不予理睬。后原告公司起诉被告公司按合同约定承担违约金80余万元。

维权经典：

合同自成立时生效，当事人应当按照合同约定全面履行自己的义务，否则将构成违约。被告公司在合同期内没有交货，因为原告公司调整货物交货地而价格双方不能达成一致，随即通知原告公司解除合同。本案中，是单方违约，还是双方违约？合同是否已经解除？责任如何承担？值得探讨。

对于本案，作者的思考层面是多方面的。

辩证法的基本范畴有现象与本质、内容与形式、偶然性与必然性、可能性与现实性、原因与结果等。我们要透过现象（特别是假象）看本质，还要处理好内容和形式、可能性和现实性、偶然性和必然性的辩证关系，特别要处理好原因和结果的关系，才有利于我们公正全面地认识和处理民商案件，而不是在案件特别是疑难民商案件面前束手无策地苦思冥想。

唯物辩证法是关于自然界、社会和人类思维发展最一般规律的科学，它既包括着客观的辩证法，也包括着主观的辩证法。所谓客观辩证法，是指客观事物或客观存在的辩证法，即客观事物以相互作用、相互联系的形式出现的各种物质形态的辩证运动和发展规律。主观辩证法则是指人类认识和思维运动的辩证法，即以概念作为思维细胞的辩证思维的运动和发展的规律。这两种辩证法在本质上是同一的，但在表现形式上却是不同的。从内容和本质上说，客观辩证法决定主观辩证法，主观辩证法实质上是以概念形式对客观辩证法的反映。但在表现形式上，客观辩证法存在于人和人的意识之外，离开人的意识、思维而独立存在的。主观辩证法则采取观念的、逻辑的形式，是同人类思维的自觉活动相联系的。因此，主观辩证法也就是概念辩证法，是以概念为全部思维的“细胞”和“胚芽”的辩证思维的规律。概念以辩证发展的形式和过程，深刻反映着客观事物的发展规律性。范畴是人类认识发展的历史的产物，一定的范畴标志着人类对客观世界的一定的认识阶段。辩证法理论体系中的基本范畴是事物联系和发展的基本环节。

现象和本质是揭示客观事物的外部表现和内部联系相互关系的范畴。任何事物都具有本质和现象两个不同的方面。二者既有区别，又有联系。首先，现象是事物的外部联系和表面特征。其次，本质和现象又是统一的，它们互相联系、相互依存。本质是通过一定现象表现的。透过现象揭示本质。本质和现象的辩证关系表明，对于任何事物，都不可能抛开现象直接把握它的本质，也不能滞于表面的现象而不深入对本质的认识。认识的任务就是通过现象揭示本质，现象是认识事物的本质的向导，因为本质是通过现象表明的；通过现象发现本质是科学研究的任务。科学的态度是实事求是，来不得半点的马虎和虚假。在民商疑案面前，在某些情况下，可能被冤枉的一方证据缺乏，而实施欺诈行为和恶意违约的一方看似“证据”比较充分。这就需要我们运用马克思主义辩证法的基本范畴来分析，透过现象看本质。以查清案件的真正事实。第三，通过现象认识本质，是一个不断发展的过程。人们对于本质的认识也是随着现象的展开、变化逐步深化的过程。

内容和形式的辩证关系对我们分析判断民商疑案也是具有积极的指导意义。内容是构成事物的一切要素的总和。形式是内容诸要素相互结合的结构和表现方式。内容和形式的关系又是统一的。首先，内容和形式是相互依赖、不可分割的。其次，内容和形式相互作用、相互影响。内容决定形式，形式必须适合于、服从于内容，有什么样的内容，就要求有什么样的形式，内容发生了变化，形式往往也随之改变。但是，形式不是消极被动的，它对内容具有积极的反作用，这种反作用有两种情形：当形式适合内容时，对内容的发展起着积极的推动作用；当形式不适合内容时，对内容的发展起着消极的阻碍作用。最后，内容和形式在一定条件下可以相互转化。内容和形式的区别是相对的，在一事物中是形式，在另一事物中就是内容；反之亦然。内容和形式的相互作用、相互转化构成了它们的矛盾运动。

任何事物都是内容与形式的统一，认识和研究民商法学当然不能例外。我们必须把握这种统一，是正确地认识事物和成功地改造世界的必要条件。第一，坚持内容和形式的统一，要善于根据内容的变化、发展，适时地、正确地变革旧形式。第二，自觉地运用形式反作用于内容的辩证法，利用多种形式为内容服务。第三，自觉地运用内容和形式矛盾运动的原理，在实际工作中，既要重视内容的作用又要反对抹杀形式作用的形式虚无主义；既要重视形式的作用又要反对夸大形式作用的形式主义。

必然性和偶然性是揭示客观事物发生、发展和灭亡的不同趋势的一对范畴。必然性是客观事物发展中合乎规律的不可避免的趋势，所谓种瓜得瓜、种豆得豆，说的就是这样的趋势。偶然性则是事物发展中并非必定如此，可以出现也可以不出现,可以这样出现也可以那样出现的不确定的趋势,如种瓜能收获什么瓜,种豆能收获什么豆,都是不确定的。必然性和偶然性也是对立统一的关系。首先,没有脱离偶然性的纯粹的必然性,必然性总是通过偶然性表现出来的。其次,没有脱离必然性的纯粹的偶然性,任何偶然性你都不能完全摆脱必然性的支配和制约。最后,必然性和偶然性在一定条件下相互转化。在一定条件下,偶然性可以转化为必然性,必然性也可以转化为偶然性。立足必然性,利用偶然性。唯物辩证法关于必然性和偶然性辩证关系的原理,要求我们必须立足于必然性,因为必然性决定事物的基本趋势;同时又不能忽视偶然性,因为偶然性对事物的发展过程具有一定的影响作用。第一,通过偶然认识必然,可以使我们的行动更具目的性、自觉性。第二,在认识必然的基础上,抓住偶然的机遇。对于偶然性,一方面,要不受偶然性因素的左右,不被偶然出现的偏差、曲折甚至暂时的逆转所迷惑;另一方面,又要十分重视偶然性的作用,善于利用一切有利的偶然因素推进改造,防止和消除不利的偶然因素影响。第三,重视并善于利用偶然因素,对于科学研究具有重要意义。处理民商疑案时,我们要充分理解和运用必然性和偶然性及其相互关系原理,既掌握种瓜得瓜,又谨慎把握种瓜未必能收获瓜的情形,分析判断好心未必做了好事。这是非常必要的。

关于可能性和现实性的辩证关系的案件指导意义,作者认为更为重要的是,要从已经发生的案件事实去分析双方当事人所举证据和陈述理由哪一方更具有可能性。现实性是指已经产生出来的有内在根据的、合乎必然性的存在。可能性是指事物发展过程中潜在的东西,是包含在事物之中并预示事物发展前途的种种趋势。把握可能性这个范畴,要注意区分几种不同的情况。首先,要区分可能性和不可能性。其次,要区分现实的可能性和抽象的可能性。第三,要区分两种相反的可能性。最后,要区分不同程度的可能性。对于可能性不仅要注意质上的不同,还要注意量上的区别,区分可能性程度的大小,努力增大有利的可能,减少和避免有害的可能。唯物辩证法关于可能性和现实性辩证关系的原理,要求我们立足现实,认识可能性的复杂性,进而把握各种可能性,创造条件使事物的可能性成为现实,从而获得实践活动的成功。第一,可能性包含在现实性之中,因此,我们必须使理想立足于现实的基础之上。我们向往未来必须重视现在,树立理想必须面对现实。第二,可能向现实的转化是需要一定条件的,因此,理想的实现必须付诸于人的实际努力。第三,可能性和现实性的统一,也使人们的主观能动性具有了充分发挥的余地。对于民商案件,特别是疑难案件来说,因为其涉及社会生活的各个方面,涉及千家万户的生活安定,所以,我们认为,辩证法关于可能性和现实性范畴的指导意义还在于,它启发我们在审查和认定民商案件时,怎样使反映案件真实情况的那些案件事实可能性要素能够成为现实,从而,使我们所遇到的民商案件能够达到最大可能的公正公平。

原因和结果是揭示事物的前后相继、彼此制约的关系范畴。对此前已分析。一种现象引起另一种现象或者一个过程引发另一个过程,这种引起和被引起的关系就是因果关系,引起一定现象的现象是原因,被引起的现象就是结果。前因后果是因果联系的特点,但并不是任何前后相继的现象都存在着因果关系。

原因和结果的关系是辩证的。从事物错综复杂的普遍联系看,同一现象在这种关系中是原因,在另一种关系中就是结果,或者也可以说,每一现象既是结果又是原因。其次,原因和结果是相互依存、相互作用、相互转化的。原因总是伴随着一定的结果,结果总是有一定原因的。为了把握事物发展的规律性,在分析复杂因果联系时,一定要进行具体的、全面的、科学的分析。探究因果关系,把握事物规律性。正确认识因果关系的辩证性质,有助于把握事物的本质和规律性,有效利用原因和结果之间的相互作用促进事物的发展。第一,认识因果关系的客观普遍性。科学研究在一定意义上就是解释事物的因果关系,找到解决问题的方法和途径。第二,正确把握事物的因果联系是自觉的实践活动的必要条件。对于任何事情,只有知其然又知其所以然,才有行动的自觉性,才能避免盲目性。在实际工作中,正确认识事物的因果关系,就是要科学地总结经验和教训,巩固、发扬成绩,发现错误、避免重复发生同样性质的错误,争取更大的成功。第三,正确地认识因果关系,把握规律,可以提高实践活动中的预见性。所谓预见性,就是要有长远眼光。人们办任何事情,不仅要看到它在当前的后果,而且要看到它的更长远的后果,不仅要看到它带来的一方面的后果,而且要看到它可能产生的多方面的后果,要全面把握原因和结果相互转化的发展链条,善于估计自己行动的长远影响和多方面的影响。

在民商事法律实务中,在分析复杂因果联系时,一定要进行具体的、全面的、科学的分析。本案被告公司是比较被动的，如果交货，原告公司不予调价必将蒙受财产损失，如果不交货，将可能构成违约。但是从联系地、全面地、前因后果看问题，被告公司不交货事出有因，由于原告公司调整交货地且未能按照约定调价。被告公司在明知原告公司不全面履行合同等情况已经发生，有权行使不安抗辩权，通知解除合同。也就是说，被告公司是依法采取的维权措施而非故意单方违约。

鉴于此，被告公司答辩认为：1. 本案涉及合同已经解除，且解除合同的过错在原告公司。购销合同约定，如果原告公司调整收货仓库，价格按实际情况另作调整。合同签订后，原告公司将收货仓库由甲地调整到乙地，应当同时调整价格。2. 价格的调整因素是多方面的。其中突遇全国该商品大幅涨价的因素属于情势变更，即使仅因此需调整价格或解除合同，也属于法定的免责情况。3. 原告公司在规定的举证期内没有出具能证明被告公司违约的事实证据。4. 被告公司同时认为原告公司不同意依合同约定按实际情况调整价格构成违约，因其违约使合同无法履行，原告公司对合同解除存在过错且未提出异议，依法应认定该合同已于合同到达原告公司时解除，应驳回原告公司的诉讼请求。

维权结果：

案件一审驳回原告公司的赔偿请求。原告公司上诉后，二审中双方同意调解，确认解除合同，对违约责任的承担达成协议。

第九节
在民商纠纷中，诉讼时效抗辩不可轻视

承租人机械公司通知终止融资租赁合同，通知后融资公司未予理睬，责任如何承担？融资公司及其他人实际主要实施了融资租赁合同，责任又如何承担？诉讼时效中断的证据存在重大缺陷，诉讼时效又如何认定？

基本案情：

1992 年 12 月，融资公司与机械公司签订了财产租赁合同，融资公司购买租赁物由机械公司用于广东某工程项目，租期 18 个月，租期届满租金付清，办理手续租赁物归机械公司所有等。后因项目工程和租赁设备实际由融资公司及自然人股东控制等原因，1994 年 3 月，机械公司向融资公司出具了关于终止财产租赁合同的意见。同年。机械公司又向融资公司出具了关于租赁设备情况的报告称，设备停放地点、转移时间地点由融资公司决定，设备损失由融资公司承担，融资公司未予理睬。1995 年 4 月，融资公司却致函机械公司租赁到期，租金及本息未付，请协

商解决等等。1999年融资公司诉至法院，请求判令机械公司支付租金及利息近700万元。机械公司认为融资公司法人代表又是融资租赁项目的董事长，融资公司与其他自然人股东占项目70%以上股份，应承担融资租赁项目的主要责任。同时，机械公司已经书面通知融资公司解除与机械公司的融资租赁合同，责任由融资公司承担。且融资公司诉讼超过诉讼时效的法律规定，其主张无论是否成立均不应给予支持。

维权经典：

融资租赁合同是机械公司与融资公司签订的。融资公司法人代表又是融资租赁项目的董事长，但是没有证据证明与融资公司有授权或共同经营。案件事实表明，参与融资项目的还有其他自然人股东，但是没有证据证明其他股东与融资公司直接存在融资租赁关系。机械公司曾通知终止融资租赁合同，融资公司未予理睬。后融资公司仍按融资租赁合同请求判令机械公司承担全部责任。诉讼时效中断的认定一般倾向于权利受损失一方。机械公司诉讼处境明显被动。

马克思主义意识观认为：意识是人脑的机能，是客观存在的主观映象。意识只能是对客观存在的近似反映，有时甚至是歪曲的反映。个体人们之间的反映表现出差异性。一切从实际出发实事求是是世界的物质统一性原理的生动体现。在上述观点指引下，我们越完善自己，越方法科学，越实事求是地深入研究案件，我们的认识将越接近事实真相，越符合法律原意，越能够更有效地在民商法学领域维护公平正义。

马克思主义哲学根据科学研究成果认为意识是物质的产物和表现，意识是人脑的机能，是对客观存在的反映。意识不是从来就有的，而是物质世界发展到一定阶段的产物。意识是人脑对客观世界的能动把握，意识所反映的内容是客观的，形式则是主观的。由于意识的形式是主观的，它的反映就必然带有特定个人或主体的主观色彩。个人的经验、社会地位、动机、兴趣和情绪乃至知识文化背景的不同，都会使人们之间的反映表现出差异来。因此，意识对客观存在的反映只能是近似的反映，有时甚至是歪曲的反映。意识是人脑的机能，是客观存在的主观映象。这是对意识本质的科学规定。民商法学研究和实务处理同样是如此，无论是从事民商事法学研究，还是审判工作，还是公正、律师工作，我们只有认识到，每个认识个体对案件的认识都存在局限性，才可能更审慎地对待每一个民商案件。

意识的这一本质,体现了人对物质世界把握的能动性。意识对物质的能动作用主要表现在以下几个方面,其一,意识反映客观物质世界是主动的,具有选择性和创造性。其二,人的意识活动具有现实对象性。其三,人的意识活动具有高度的自控性。马克思主义哲学认为,物质决定意识,意识又能反作用于物质。只有在坚持物质决定意识的前提下,又承认意识对物质的反作用,才能在意识问题上既坚持唯物论,又坚持辩证法。同时还必须看到,意识的能动性要受物质的制约。因为,意识活动的目的性和计划性是由客观物质条件决定的;意识能动性的效果是受客观规律制约的;如果没有一定的物质条件和手段,意识能动性就无法表现出来,也无法变成客观现实。

要正确处理发挥主观能动性与尊重客观规律的关系。一切从实际出发,实事求是,是世界的物质统一性原理的生动体现。"事实"就是客观存在的一切事物;"是"就是客观事物的内部规律性;"求"就是探求和研究。实事求是,就是要求我们尊重客观现实,尊重客观规律。只有我们认识和掌握马克思主义意识观原理,才能为正确处理民商疑案创造条件。

从物质观分析,不管是否承认,物质都是实实在在地客观存在着,从物质统一性分析一切从实际出发,实事求是是应当遵循的思想路线。不管融资公司是否承认,他们实际参与了融资租赁项目的经营,就要承担风险责任。机械公司已经根据事实和法律规定书面通知融资公司解除合同,融资公司在合理期限内没有提出异议,合同已于通知送达融资公司而解除,解除后的责任应当有融资公司自己承担。只要融资公司主张诉讼时效中断的证据不能成立,融资公司的诉讼超过法定的诉讼时效,其诉讼请求将不受法律保护。

在上述分析基础上,我们认为,如让机械公司承担融资租赁合同的全部本息付款责任是不公平的。因此,商同机械公司,一审判决后,进行了二审上诉和申请再审,为其维权。

其中,需要特别说明,具有参考价值的做法在两个方面。

首先,关于本案融资公司的诉讼是否已经超过法定的诉讼时效,并且,实体方面的事实理由也不能成立,应当依法驳回融资公司的诉讼请求的上诉理由:

一、关于融资公司的诉讼超过二年诉讼时效应当驳回其诉讼请求的事实依据。

（一）融资公司诉讼超过诉讼时效的事实依据。

1. 融资租赁合同证明:双方融租行为发生于 1992 年 12 月。

2. 机械公司《关于终止履行财产租赁合同的意见》证明:各方纠纷发生于 1994 年 3 月。

3. 融资公司起诉书证明:1999 年 4 月以前未提起诉讼。这时它与纠纷发生时相距五年之久,而法定的诉讼时效期间为 2 年。

（二）关于融资公司主张时效中断事由不能成立的事实依据。

1. 融资公司主张向机械公司送达过通知,时效中断。但是,该证据不能成立。

第一,从 1999 年 4 月融资公司起诉开始,一审、二审过程中,截至 2000 年 11 月二审再一次质证以前,融资公司一直坚持时效中断的理由是署名的 1997 年 4 月的"收条"一张,并称别无其他证据。期间长达 1 年零七个月。

第二,1999 年 11 月公安厅刑事技术鉴定书结论:1997 年 4 月署名的"收条"不是本人所写。

第三,高级人民法院鉴定书结论:1997 年 4 月署名的"收条"不是本人所写。

第四,在 2000 年 5 月,融资公司请求更权威部门鉴定的情况下,2000 年 7 月公安部鉴定结论:1997 年 4 月署名的"收条"不是本人所写。

上述证据足以证明融资公司主张中断的该事由不能成立。

2. 融资公司关于诉讼时效中断的其他理由均不能成立。

第一,2000 年 11 月融资公司在公安部结论面前,不再坚持"收条"是本人所写,又称要对机械公司其他人的文字进行鉴定。

第二,2000 年 12 月质证证明:二审法院对机械公司有关人员的档案材料进行了提取和研究,结论是 1997 年 4 月署名的"收条",不是所谓嫌疑人员所写。

第三,2000 年 12 月,融资公司又提出新的理由:

分别是:笔记证明当时有会议记录;工程处证明买车的经过;融资公司称一直对车辆行车手续进行年审等,用以说明融资公司向机械公司主张过权利。

但是,上述说法其理由不能成立:第一,2000 年 12 月二审法院仅仅是要求对现有证据的质证并非要求提交新的证据,融资公司在法院限定的时间内没有提出新的证据。应属举证不能。第二,融资公司所提交的证据既不是新证据,也不能成立。因为:作为融资公司的董事长,又是直接当事人,其个人笔记不可能在诉讼后1年零8个月之内无法提供，也不知道提供。况且，它不能证明向机械公司主张过权利。其证言属一面之词，明显与事实不符，且该证人与本案有直接利害关系，其证言不能作为证据使用。工程处的证明，证明的只是买车。它不能证明买车后融资公司是否主张过权利。另外，车辆设备是由融资公司和自然人在广州所买，与其没有关系。就是说，该证据不能证明融资公司向机械公司主张过权利。融资公司称一直在对车辆设备进行年审明显在说谎。车辆设备存放于外地多年，融资公司年审不可能。况且即使年审车辆，没有告知机械公司，也不能证明向机械公司主张过权利。

二、关于原审判决认定事实错误。

融资公司与机械公司1992年12月所签的融资租赁合同，因融资公司欺诈而无效。第一，该合同签订于1992年12月，然而，该工程早于1992年12月之前，已经由他人以土石方工程公司的名义以转让方式承揽了该土石方的工程。融资公司既是融资租赁设备、车辆的出租人，又是实际承租人。融资公司的法定代表人董事长，又同时是土石方工程公司的法定代表人也说明了这一点。第二，证据证明，融资公司和其他自然人实际占该工程项目股份的75%，机械公司只占25%。第三，融资公司及自然人对机械公司1993年终止合同和1994年要求处置车辆设备的通知不予理睬，存在明显的故意过错。原审判决支付融资公司290万元及同期银行利息，无任何原始票据予以证明。因此，其诉求严重缺乏事实证，该案判决予以认定明显错误。

三、融资公司诉讼请求的事实理由不符合法律规定。

（一）我国最高人民法院《关于审理融资租赁合同纠纷案件若干问题的规定》（1996年5月27日，法发【1996】19号）规定，下列合同无效：出租人不具有融资租赁经营范围的；以融资租赁合同形式规避国家有关法律、法规的。同时规定，因出租人的过错造成合同无效，承租人要求返还租赁物的，可以退还租赁物，如有损失，出租人应赔偿相应损失。

（二）我国《合同法》第58条规定，合同无效或者被撤销后，因该合同取得的财产应当予以返还；不能返还或者没有必要返还的，应当折价补偿。有过错的一方应当赔偿对方因此所受到的损失，双方都有过错的，应当各自承担相应的责任。该法第94条规定，有下列情形之一，当事人可以解除合同：因不可抗力致使不能实现合同目的；当事人一方迟延履行债务或者有其他违约行为致使不能实现合同目的;法律规定的其他情形。该法第96条规定,当事人一方依照本法第93条第2款、第94条的规定主张解除合同的,应当通知对方。合同自到达对方时解除。对方有异议的,可以请求人民法院或者仲裁机构确认合同的效力。该法第97条规定,合同解除后,尚未履行的,终止履行;已经履行的,根据履行情况和合同性质,当事人可以要求恢复原状、采取其他补救措施,并有权要求赔偿损失。该法第428条本法自1999年10月1日起实行。

(三)我国最高人民法院《关于适用<合同法>若干问题的解释(一)》第1条规定,合同法实施以前成立的合同,发生纠纷起诉到人民法院的,除本解释另有规定外,适用当时的法律规定。当时没有法律规定的,可以适用合同法的有关规定。第5条规定,人民法院对合同法实施以前已作出终审判决的案件进行再审,不适用合同法。而本案中,高级人民法院(2000)经×终字第×号民事判决书的时间为2000年12月,也就是说,本案应当适用我国《合同法》的有关规定。

(四)我国《民事诉讼法》第64条规定,当事人对自己提出的主张,有责任提供证据。

(五)我国《最高人民法院关于适用民事诉讼法若干问题的意见》第78条规定,证据材料为复制件,提供人拒不提供原件或原物线索,没有其他材料可以印证,对方当事人又不承认的,在诉讼中不得作为认定事实的根据。

综上所述,机械公司认为融资公司所诉远远超过诉讼时效,依法应驳回其诉讼请求,融资公司与其他各方合伙欺诈、侵害国家财产,应承担相应法律责任。请求二审法院依法对本案公正判决,以维护机械公司的合法权益,维护国家法律的公正、公平和权威。

其次,一二审及第一次再审败诉后机械公司仍坚持申请再审,最终维护了权利。

再审申请人:(原审被告,上诉人):机械公司

再审被申请人:(原审原告,被上诉人):融资公司

机械公司为与融资公司融资租赁合同纠纷一案,我们认为(2003)法民再字第×号民事判决认定事实严重证据不足,适用法律明显错误,严重损害了机械公司的合法权益,并且严重威胁到我机械公司的稳定。请求依法对本案予以再审,查明融资公司起诉超过诉讼时效和对1993年合同解除后的财产损失责

任应由其自行承担，以及融资公司等人存在恶意串通侵吞国家财产嫌疑的事实，撤销（2003）法民再字第×号民事判决，驳回融资公司的诉讼请求，并追究相关人员伪造证据的法律责任。

事实与理由：

因为本案，我机械公司不服一审人民法院（1999）字第×号经济判决，向二审人民法院提起上诉。上诉理由主要为：一是融资公司所诉已远远超过了诉讼时效，应当驳回其诉讼请求；二是案件本身认定事实错误，判令机械公司偿付融资公司290万元及利息与事实不符。请求二审法院查清事实，撤销一审判决。二审人民法院，在已经查清了提出时效中断的理由均不能成立，应依法驳其的诉讼请求的情况下，却以（2000）经×终字第×号民事判决，驳回机械公司上诉，维持原一审判决。并且，对案件实体部分未作实质审查。

机械公司不服二审判决，于2001年3月提出申诉，二审人民法院于2001年12月裁定再审。再审法院本应查清事实公正判处，然而，再审判决仍坚持错误，明知融资公司提出诉讼时效中断的证据严重不足；明知其对终止合同后应承担主要过错责任，且有非法侵吞巨额国家财产之嫌；明知其提出的用以证明车辆设备价值的票据系事后伪造；明知其已在庭审质证中已承认车辆系走私车，票据系事后伪造，应当撤销原一、二审判决，驳回其诉讼请求，或将本案移送有关司法机关查处。但是，再审法院却作出了驳回申诉，维持（2002）经终字的再审裁判。机械公司认为，本案不属能否查清事实的问题，而是事实很清，人为地坚持错误，枉法裁判非常明显。如不及时纠正，将把机械公司推向破产的边缘，也将使非法占有巨额国有资产的相关当事人逃避法律制裁。事实理由陈述如下：

一、该判决对融资公司诉讼是否超过诉讼时效的认定是错误的。其诉讼绝对超过了诉讼时效，应依法驳回其诉讼请求。

（一）融资公司的诉讼超过了诉讼时效。案件涉及各方争议事实发生于1992年12月。机械公司在发现了机器、车辆设备属伪劣假冒产品等情况以后，即于1994年3月发出了“关于终止履行财产租赁合同的意见”，又于1994年4月发出了“关于施工车辆情况的通告”，但是融资公司及有关人员均不予理睬。融资公司1999年的起诉，已是纠纷发生的五年以后，远远超过了诉讼时效。

（二）融资公司主张时效中断的理由均不成立。1. 融资公司在2000年12

月以前，提出向机械公司主张过权利的唯一证据是署名收条，但是，多次权威鉴定均证明该收条不是本人所写。检察院检技文鉴字(1999)的“检察技术鉴定书”，公安厅(99)公侦检的“刑事技术鉴定书”，人民法院技术鉴定处(2000)法司鉴字的鉴定书、公安部于2000年作出(2000)公物证鉴字的物证鉴定书等均证明该收条不是本人所写。2.2000年11月，融资公司方面又提出对他人的笔迹进行鉴定。原二审法院经调取其有关文字资料审查后证明，该收条不是他人所写。3.在原一、二庭审中，法庭对双方提供的新证据限定了举证时间，融资公司始终未提供新证明。2000年12月融资公司提出的时效证据不能作为定案依据，因为：①它超出了举证期间，应视为举证不能；②它不是新的证据；③出具证人证言的证人与融资公司有利害关系，又明显偏袒一方，且不能直接证明融资公司向机械公司主张过权利的事实，因此，不应认定；④工程处证言也不能证明其向机械公司主张过权利。再审法院明知其诉讼时效的上述理由不能成立，却以机械公司无新的证据为由，不支持申诉请求是完全错误的。

二、原审判决认定事实错误。

融资公司与机械公司1992年12月所签的融资租赁合同因欺诈而无效，且已涉嫌非法占有巨额购车款。融资租赁合同涉及的工程实际是他人的工程。该合同签订于1992年12月，然而，该工程早于1992年12月之前，已经由他人以土石方工程公司的名义承揽了该土石方工程，合同约定由其自备设备进行施工。融资公司同他人恶意串通，诱骗机械公司作为承租人，实际承租人是他人和融资公司。融资公司的法定代表人董事长，应该说他同融资租赁土石方工程无染，但是，令人费解的是，他同时又是土石方工程公司的法定代表人董事长。从土石方工程公司章程实质看，融资公司才是土石方工程的真正承揽方。其与他人显属恶意串通。根据章程约定：作为他人占该工程利润的75%，融资的土石方工程的分配及管理权掌握在融资公司和自然人手里。上述事实表明：融资公司和其他人实际承揽了土石方工程，又实际上直接管理、实施了工程的施工。

对购买车辆设备实际价值的认定没有合法有效的依据。虽然委托购买租赁设备合同所附的清单是290万元，但是作为购买人，融资公司在一审、二审中均不能提供实际购买发票，一方面称票据交给了机械公司，另一方面又称他们办理车辆手续，而合同约定，付清租金之前，车辆设备归融资公司所有。就是说，融资公司辩称无购买车辆设备票据的理由，显然站不住脚。

在再审中，融资公司意外出示了200余万元的发票或收据，但质证查明：①票据是事后骗取的，不是原始购买票据，并且，绝大部分票据是在购买地点以外的其他地方和其他单位开出的无效票据；②质证中，融资公司代理人承认车辆有走私的可能；③票据数额明显少于290万元，只有230万左右。因此，不是再审查明的购车清单，而是原一、二审时购车清单早已存在，再审查明的事实是发现了购车手续明显存在重大疑问和可能构成犯罪。再审法院应一查到底，公正判处，却不再追查，维持原审判决，令人不解。

三、融资公司对融资租赁合同终止以后的情况，明显存在严重的故意过错，一切损失应由其自己承担。

1. 1994年3月《关于终止履行财产租赁合同的意见》证明：机械公司在发现上当受骗的情况下，提出了解除合同，并说明5日给予答复。融资公司一直未予答复。2. 1994年4月《关于施工车辆设备情况的通告》证明：当时车辆设备的安全十分危急，要求融资公司立即决定处置车辆设备，否则一切后果由其承担，融资公司仍不予理睬。3. 我国《合同法》第58条规定，合同无效或者被撤销后，因该合同取得的财产，应当予以返还；有过错的一方应当赔偿对方因此所受到的损失，双方都有过错的，应当各自承担相应的责任。融资公司存在主要过错，对损失应承担相应法律责任。4. 我国《合同法》第96条规定，当事人一方主张解除合同的，应当通知对方。合同自通知到达对方时解除。1994年4月机械公司已通知融资公司解除合同，融资公司收到通知，并未提出任何异议，即合同终止通知早已生效，该合同于1994年3月已即行终止。5. 我国《合同法》第97条规定，合同解除后，尚未履行的，终止履行；已经履行的，根据履行情况和合同性质，当事人可以要求恢复原状、采取其他补救措施，并有权要求赔偿损失。机械公司在通知解除合同后，即通知融资公司限期自行处理车辆设备，否则一切后果由其自己承担。就是说，即时起一切车辆设备等后果均由融资公司承担。6. 我国《合同法》第428条规定，本法自1999年10月1日起实行。7. 我国最高人民法院关于适用法若干问题的解释(一)第一条规定，合同法实施以前成立的合同，当时没有法律规定的，可以适用合同法的有关规定。第5条规定，人民法院对合同法实施以前已作出终审裁决的案件进行再审，不适用合同法。本案中，二审人民法院(2000)经×终字第×号民事判决书的时间为2000年12月，就是说在1999年10月1日前本案并未作出终审判决，本案应当适用我国《合同法》的相关规定。因此，应当认定，1994

年3月双方租赁合同解除以后的车辆设备等法律责任应由其自负,就其损失对机械公司无权请求返还或者赔偿。

综上所述,机械公司认为:1. 融资公司诉讼超过了法定的诉讼时效,同时,主张诉讼时效中断的理由均不能成立,应驳回其诉讼请求;2. 融资公司有关人员对合同的签订和履行明显恶意串通,且涉嫌侵吞了巨额车辆设备的购置款项;3. 融资公司对机械公司1994年3月终止合同的通知并没有提出任何异议,应认定合同早已解除,融资公司对其所有的车辆设备的转移、看管和处置负有完全的法律责任,对其损失无权请求无过错的他方予以赔偿。因此,请求贵院从速对本案予以立案再审,查清事实,驳回融资公司对机械公司的诉讼请求,以维护企业的合法权益和国家法律的尊严。

(申请人2003年9月)

维权结果:

一、二审及第一次再审败诉后,机械公司面临数百万元的巨额赔偿责任,机械公司据理力争又提出再审申请,请求对本案再审。再审过程中,双方达成和解,充分考虑本案案件事实情况和双方过错责任及权益,同意予以结案,机械公司避免了巨额财产的损失。

特别赏析:

关于诉讼时效的法律规定,原来只有我国1986年4月12日通过的《民法通则》规定和我国最高人民法院1993年2月22日关于企业或个人欠国家银行贷款逾期两年未还应当适用民法通则的诉讼时效问题的批复,没有其他更为具体的规定。并且,诉讼时效问题在当时并没有引起当事人等的更多注意。至到2008年8月21日,最高人民法院才制定了《关于审理民事案件适用诉讼时效制度若干问题的规定》(法释【2008】11号自2008年9月1日起施行)。从该司法解释规定看,是否提出诉讼时效抗辩,当事人有选择权。同时,是否属于诉讼时效的中止、中断的情形,也是比较复杂的。我们分析的案例发生在1992年12月,诉讼于1999年。在这个案件中当事人能够充分重视和利用诉讼时效抗辩,是避免重大财产损失的维权经典之一。同时,该案件在诉讼中,并没有单纯依靠诉讼时效的抗辩,而是对于案件全面事实证据进行分析,全方位应诉和抗辩,最终达到其诉求目的。其维权方法是值得借鉴的。

第十节
行使工程款优先受偿权，挽回损失数千万

原告工程公司依合同垫资承建建筑工程，开发商置业公司因资金困难通知停工，拖欠工程款数千万元。期间，置业公司股东申请置业公司破产。置业公司的其他债权人诉讼已将工程公司垫资承建的在建工程查封。置业公司的商品房购买人也诉讼和执行该在建工程。工程公司被拖欠的工程款能否以优先权行使追偿权？如何行使？

基本案情：

1997年7月，工程公司与置业公司签订《建设工程施工合同》，承包施工置业公司开发的某商会大厦工程。合同签订后工程公司依约施工，置业公司单方违约并于1999年3月通知工程公司停工结算，置业公司拖欠工程公司垫资、工程款及损失等2300余万元。工程公司起诉，一审法院判决后，二审法院裁定发还重审，2002年4月，一审法院判决置业公司支付工程公司工程款及损失2300余万元。因置业公司与其债权

人欠款纠纷案件,法院已经依法查封了工程公司所垫资施工的在建工程。2003 年 11 月,案外人某公司等以商品房买受人的身份提出异议,对工程公司在建工程主张权利。2003 年 12 月,被法院判决置业公司向商品房买受人交付工程公司垫资承建的部分在建工程。工程公司数千万元工程款追要无望。

维权经典:

置业公司财产(包括工程公司垫资施工的在建工程)因其他案件已被法院查封和执行,如果按照一般债权处理将谁主张在先可能首先得到保护。工程公司的工程在 1999 年已经停工,我国最高法院关于建设工程价款优先受偿权问题的批复自 2002 年 6 月 27 日起施行,工程款优先受偿权行使的期间是 6 个月。工程公司工程款能否适用优先受偿司法解释?案外人已经以商品房购买人身份诉讼和执行该在建工程,其案件已经对抗工程公司工程欠款的追偿。工程公司如何维权?

真理是客观事物及其规律在人的意识里的正确反映,真理是客观的,真理的内容不以人的意志为转移。真理又是绝对和相对的统一。我们应当相信只要其请求事实根据扎实,符合法律规定,程序正确,就应当得到法律的支持。这就需要客观内容和主观形式的统一。

真理是对客观事物及其规律的正确反映,其内容是客观的。真理作为一种认识、反映,是通过语言和思维的方式表达出来的,其形式是主观的。任何真理都是客观内容和主观形式的统一。真理的内容不是以人的意志为转移的客观存在,检验真理的标准是客观的社会实践,因而真理是客观的。真理内容的客观性表明,一定的时间、地点、条件下,对同一事物的真理性认识,其内容是确定的。真理不因人而异,也不因阶级而异。真理的绝对性通常也称作绝对真理,它包括两方面:一是指任何真理都有不依赖于主体、不依赖于人或人类的客观内容,都是对客观事物及其规律的正确反映,这是无条件的、绝对的。二是指人类能够正确认识无限多样和永恒发展的物质世界,每一个真理的获得,都是对客观物质世界的进一步接近,这也是无条件、绝对的。真理的相对性通常又称作相对真理,也包括两方面:一是指任何真理都有依赖于主体、依赖于人或人类的主观形式,都是运用语言和逻辑对客观对象所作的正确反映,而不是客观事物及其规律本身,这就使人们实际把握到的每一个真理总是有条件、相对的。二是指每一个真理都只是对无限多样和永恒发展的物质世界在有限范围内和有限程度上所作的正确反映，都具有近似的、不完善的性质。真理都是绝对与相对的辩证统一。任何真理性的认识，既具有绝对性的一面，又具有相对性的一面，都是绝对与相对的辩证统一。绝对真理与相对真理不是两种不同的真理，而是同一真理的两种不同属性和方面，二者是辩证统一的。绝对真理与相对真理相互联结、相互渗透，在相对之中有绝对，一切具有相对真理性的认识中，都包含着绝对的永远不会被推翻的客观内容。实践是检验真理的唯一标准。真理的客观性，不仅在于真理的内容是客观的，而且在于检验真理的标准也是客观的，只有实践才是检验认识是否具有真理性的客观标准。实践成为检验认识真理性的标准，是由真理的本性和实践的特点所决定的。实践的直接现实性是指实践是把主观认识与客观实在直接联系起来的桥梁。实践检验的绝对性与相对性。实践作为检验认识真理性的标准，既具有绝对性，又具有相对性。坚持实践标准绝对性和相对性的统一，在实践中坚持真理和发展真理，是马克思主义的根本要求。民商法哲学的产生、发展和对民商法律事务的指导意义终将被民商法学实践所证实。

既要一切从实际出发，实事求是研究案件，又要具体问题具体分析，还要从联系原理的方面去分析，更要从辩证法基本范畴有关现象与本质、内容与形式等审查判断其他当事人的主张的真实性和合法性，更要从矛盾论关于主要矛盾次要矛盾的方面分析，从实体和程序诸方面主张权利，才有可能达到维权的目的。

根据本案的相关证据材料及其分析，我们主要做了以下几方面工作，以维护工程公司合法权益。

及时向工程公司出具了法律意见书。

具体提出以下法律意见：

一、办案的简要过程：

（一）2001 年 12 月贵公司委托本人代理本案诉讼和执行。（二）在本案面临中止审理的情况下，努力使本案进入诉讼程序，受理法院于 2002 年 4 月以（2002）法民 × 初字第 × 号民事判决工程公司胜诉，判令置业公司偿付工程公司 2300 余万元，并经人民法院报向置业公司公告送达了判决书。（三）2002 年 7 月鉴于置业公司股东香港某公司已经以生效判决对工程公司垫资承建的在建工程进行执行，即代为申请执行异议，向高级人民法院提出执行异议，强调工程公司其工程款对在建工程享有优先受偿权，并阻止了该公司对在建工程的执行。(四)2002 年 8 月依法申请受理法院强制执行,2003 年 10 月,会计师事务所资产评估报告确认属于工程公司在建工程的大厦价值 2090 万元。提出对此工程公司有优先受偿权,且根据案件实际情况申请同意以物抵债。(五)从 2002 年申请执行开始就优先权问题向受理法院提供充分的事实依据和法律根据,优先权问题请求执行机构审查确认。(六)截至 2003 年 11 月,案外人个人和案外人某公司先后以在建工程商品房买受人的身份提出异议,我们当即提出了充分理由说明案外人对在建工程不能对抗优先受偿权。在其起诉至某法院,要求确认其购买合同成立的情况下,我们当即提交了参加诉讼的申请,并将该情况反映至上级法院,但最终被告知我们可以另行起诉。(七)2003 年 12 月某法院(2003)民×初字第×号民事判决判决案外人商品房购买合同成立,置业公司交付已购买部分的在建工程。目前情况,明显给工程公司执行造成严重威胁和不公平。

二、就本执行案的几点法律意见:

(一)首先,对在建工程,工程公司力争行使优先受偿的权利,这是必须坚持的关键问题。

1. 我国最高人民法院 2002 年 6 月 20 日关于建设工程价款优先受偿问题的批复第 4 条明确规定,建设工程承包人行使优先权的期限为 6 个月,自建设工程竣工之日或约定的竣工之日起计算,第 4 条同时规定,该批复自公布之日起 6 个月后执行。

2. 1997 年 7 月置业公司签订的建设工程施工合同第 1、3 条规定,开工于 1997 年 8 月×日,竣工于 1999 年 1 月×日,总日历天 540 天。

3. 1997 年 7 月×日补充条款约定:如属甲方(即置业公司)原因及包干范围内容外和合同条款第 12 条等原因造成工期延误,工期和控制点时间顺延。

4. (2002)法民初字第×号民事判决书确认的事实证明,因甲方(置业公司)原因致交工时间顺延 9 个月,即约定竣工时间实际应为 1999 年 10 月,而我国《合同法》自 1999 年 10 月 1 日起施行,即工程公司的工程款对在建工程优先受偿符合且应当适用最高人民法院批复的规定。

(二)对置业公司恶意处分财产之行为,工程公司有权依法行使撤销权。

1. 根据购买人个人诉称,1997 年 5 月至 1998 年 1 月,另一公司向其借款 1514 万元,与置业公司无关。1998 年 8 月置业公司自愿以其在建大厦房产抵还该公司借款无法律依据，这明显是恶意串通损害工程承包人工程公司的合法权益，其行为应为无效。

2. 2001 年 11 月，(2000)执监字第 226—1 号最高人民法院执行工作办公室关于案外人员李某某异议案的复函明确指出：如申请执行人对李某某名下的房屋权属有异议，认为转让房屋的行为，侵犯其合法权益，可通过诉讼程序解决。

3. 我国《合同法》第 74 条规定，因债务人放弃其到期债权或无偿转让财产，对债权人造成损害的，债权人可以请求人民法院撤销债务人的行为。

(三)原审法院对某购房合同案件判决明显是错判。

1. 其与另一公司之间系借款关系，是普通债权，其与置业公司购房合同属期房预售合同，据合同第 12 条约定，逾期交付房屋，承担的是违约责任，且乙方(买受人)有权终止合同，由置业公司赔偿损失。同时，该合同第 14 条约定，交付房屋应在预售商品房竣工验收合格后，并非交付在建工程，受理法院判决交付在建工程明显缺乏事实依据和法律根据。就是说，法院只能判决合同是否有效，而不能判决交付在建工程。

2. 对购买人某公司的所谓购买行为问题。首先，他们之间所谓借款是否用于诉争在建工程建设，不是以直接证据证明，而是仅以协议约定来证明，协议可以履行可以不履行。同样，判决认定置业公司对其借款用以在建工程建设无异议也是错误的。因为，1998 年大厦正在建设中，资金用向处于不确定状态，置业公司的所谓无异议明显属歪曲事实。

3. 置业公司对其不存在预售商品房，只是以商品房抵偿他人债务，因其未收到分文预售款，明显存在恶意串通损害承建单位的优先受偿权的违法行为。

4. 置业公司 2001 年出具的承诺书，也是一种恶意承担他人债务，损害债权人利益的无效的民事行为，该承诺书同样不能对抗承建单位工程欠款对垫资建设的在建工程优先受偿权。

5. 该判决所谓查明置业公司所建大厦取得了土地使用证和建设工程规划许可证是颠倒黑白，因上述二证写得非常清楚，是其他公司而非置业公司。

6. 判令交付在建工程无任何法律依据，属枉法裁判。因法院明知只有商品房预售合同，买受人并未向置业公司支付购房款的情况下，置业公司最多只能承担违约责任，双方合同约定得非常明确。而承包商是对在建工程本身享有物的优先受偿权。

（四）商品房购销合同即使有效，也不能对抗工程公司工程价款对在建工程的优先受偿权。

1. 其出具的1998年8月其与置业公司所签的商品房购销合同（预购合同）因置业公司无土地使用权且无建筑规划许可证而无效。

第一，我国《城市房地产管理法》第44条、《城市商品房预售管理办法》第5条、《城市房地产开发经营管理条例》第23条均规定，商品房预售，应当符合下列条件：（一）已支付全部土地使用权出让金，取得土地使用权。即未全部支付土地使用权出让金，未取得土地使用权的开发商就无预售的权利和资格。因房屋是建造在土地上的。土地使用权的取得必然是预售房屋的前提条件。

第二，其订立合同时看到的土地使用证（土权字第00599号）的土地使用人是另一实业有限公司，而不是置业公司。它们是两个独立的法人企业，置业公司至今无该土地的使用权，更无土地使用权证。这说明，买受人在明知置业公司无土地使用权，土地使用权是另一个法人即其他公司的前提下，仍签订预售合同，存在明显过错。合同无效的后果由其自己承担。

2. 买受人不属于最高人民法院关于建设工程价款不得对抗买受人的情况，即使合同有效，其主张也不应受到法律支持。因为：

第一，最高人民法院司法解释中所指的消费者是指“消法”中的消费者。即“为生活消费需购买”商品房的消费者，不包括为经营目的而购买商品房的消费者。

第二，而买受人1998年8月合同载明：该买受人购买的大厦一层全部、二层全部、车库车位三个，总面积为3123平方米，明显不是生活自用而购买。而且，该合同第22条明确约定，乙方的房屋仅做商业房使用。他明显不属于最高人民法院司法解释中所指的消费者。

第三，即使作为生活自用的消费者，必须在交付了购房款的全部或大部，才享有对抗优先受偿，但是，该买受人没有向置业公司交付任何购房款。他在某公司有债权，与置业公司无关。置业公司无偿承担他人债务恶意处分财产的行为应是无效的。

总之，买受人出具的预售合同因违法而无效，同时，合同载明购房属于商用，不是生活消费而用，最重要的是其并没有实际支付任何购房款。因此，买受人对置业公司不享有债权，更不应就建筑物的价款优先权受偿。

三、对该执行案件处理的几点建议：

（一）行使撤销权，起诉至人民法院，要求法院依法撤销置业公司恶意处分财产，损害债权人利益的无效民事行为，即认定其与该买受人所签购房合同属无效合同。

（二）向执行法院进一步申明，买受人合同行为不能对抗优先权的事实理由，请求执行法院就工程公司工程款应对在建工程予以执行。

（三）情况反映或者申诉至最高人民法院，请求上级法院依法监督本案的公正执行，维护工程公司的合法权益。

（四）如不及时采取有效措施，将有可能损害工程公司的合法权益。

（2004 年 4 月 22 日）

为了对抗购买人自然人和购买人某公司所谓商品房购买权，工程公司向执行法院提出了执行异议。异议指出：

工程公司申请执行置业公司拖欠工程款一案，二被异议人（即购买人）先后以置业公司所开发房屋的预购人身份，提出保护其权利。工程公司认为：二被异议人提供的预购合同，明显存在瑕疵和违法，应属无效合同。更不符合最高人民法院关于购买权优于工程款的规定，对其观点不应予以认定。应对本案从速执行，保护工程公司工程款的优先受偿权。理由如下：

一、买受人出具的 1998 年 8 月，其与置业公司间所签的商品房购销合同（预购合同）因置业公司无土地使用权而无效。

（一）我国《城市房地产管理法》第 44 条、《城市商品房预售管理办法》第 5 条、《城市房地产开发经营管理条例》第 23 条均规定：商品房预售，应当符合下列条件：(1)已支付全部土地使用权出让金，取得土地使用权。即未全部支付土地使用权出让金，未取得土地使用权的，开发商就无预售的权利和资格。因房屋是建造在土地上的，土地使用权的取得必然是预售房屋的前提条件。

（二）该买受人订立合同时看到的土地使用证（土权字第 00599 号）的土地使用人是另一实业有限公司，而不是置业公司。它们是两个独立的法人企业，置业公司至今无该土地的使用权，更无土地使用权证。这说明，置业公司的预售房屋的行为是不具备法律规定的条件的，属无效行为。同时，该买受人在明知置业公司无土地使用权，土地使用权是另一个法人公司的前提下，仍签订预售合同，存在明显过错。合同无效的不利后果，该买受人自己也应承担相应责任。

（三）合同本身存在瑕疵。该合同共16页32条，但1—4条系一人所填写，5—17条又系另一人填写，18—24条系另外人所写，合同本身可以看出其明显是不真实的。

二、买受人不属于最高人民法院关于建设工程价款不得对抗买受人的情况，即使合同有效，其主张也不应受到法律支持。因为：

（一）我国最高人民法院司法解释中所指的消费者是指“消法”中的消费者，即“为生活消费需要购买”商品房的消费者，不包括为经营目的而购买商品房的消费者。

（二）而买受人1998年8月合同载明购买的大厦一层全部、二层全部、车库车位三个，总面积为3100平方米，明显不是生活自用而购买。而且，该合同第22条明确约定：乙方的房屋仅做商业房使用。他明显不属于最高法院解释中所指的消费者。

（三）即使作为生活自用的消费者，必须在交付了购房款的全部或大部，才享有优先保护权，该买受人没有交付房款的全部或大部的直接有效证据。

1.实际上买受人仅仅出具了150万元的付款凭证，即1500万元仅支付了150万元。尽管他出具了收条，但该收条不能证明已实际支付了该款，它要有汇款、转账支票、支付行、支付凭证等相互印证，才可予以确认。

2.150万元付款凭证显示付款人为其他人而不是买受人，收款人为另一有限公司。就是说，它只能证明另一人付款给另一公司，不能证明就是本案买受人付款给置业公司用以购房的。

（四）买受人没有其预购行为已进行房地产管理部门和土地管理部门均已登记的证据，而登记公示才可对抗第三人。

买受人无土地管理部门的登记证明，买受人仅出示了房地产市场管理处的所谓合同信息备案，不是明确的房屋预售原始登记，且是打印的证明而不是出证机关自书的。

总之，买受人出具的预售合同因违法而无效；同时无土地、房产部门的公示登记；最重要的是其并没有已实际支付购房款的真实有效凭据。因此，买受人对置业公司不享有债权，更不应就建筑物的价款优先受偿。

三、买受人某公司对置业公司在建建筑物同样不能对抗工程公司工程款的优先受偿权，因为：

（一）它与置业公司购房合同同样因置业公司无土地使用权而无效。因为建筑物所占土地为另一有限公司，而非置业公司，置业公司至今对该土地没有使用权。

（二）（1999）民初字第121号调解书证明，其款项最初不是购房款，而是木材款，货款属于一般债权。并且调解书确认的是交付房屋并非退还购房款。因此，该调解书不能作为优先权的证据使用。

（三）预售房合同显示，买受人公司所购面积为1000平方米，且为地下室，自然不是自住使用，也不符合最高人民法院解释中所指的可以对抗工程款优先权的消费者。因此，买受人公司对置业公司的债权属一般债权。

综上所述，我工程公司认为：（1）最高人民法院关于建设工程价款优先受偿权的批复规定的非常清楚，工程公司对在建工程价款有优先受偿权。（2）买受人对置业公司不享有债权，买受人公司对置业公司享有的债权属于一般债权。（3）在建工程已放置数年之久，再长期停工放置必将影响到建筑物的安全和价值；同时由于工程公司在施工现场尚有数百多吨钢管（用于支撑该在建工程），如果长期不开工也使工程公司的损失越来越大。因此，请求人民法院查清上述事实，依法确认工程公司的优先权，及时执结本案，以维护法人的合法权益。

（2003年11月13日）

向执行法院提出了工程公司工程欠款对其施工的在建工程依法享有优先受偿权的事实根据和法律依据。

人民法院：

我工程公司对垫资承建的商会大厦在建工程享有工程价款优先受偿权，人民法院依法应当予以确认。因为：

一、工程公司是大厦已完工程的承包施工人，并已将该工程垫资至10层（即目前大厦工程已完工部分）。因置业公司未按约支付工程款，工程公司遂向人民法院提起诉讼，要求判令置业公司支付工程款2300万元及利息。人民法院经审理后作出了（2002）法民初字第×号民事判决书，判令置业公司应支付工程公司工程欠款2300万元及利息。判决生效后置业公司未履行其付款义务，工程公司依法向贵院提出了强制执行申请书，并明确提出了工程公司对已完工程的优先权主张。在执行过程中，经贵院调查发现大厦工程建设用地仍在置业公司股东实业公司名下，且该公司债权人债务纠纷案件已经查封了工程公司垫资施工的在建工程，因此，对该在建工程的执行难度增大，已经严重损害了工程公司作为工程承包施工人的合法权益。请求法院依法裁定，工程公司对商会大厦已完工部分享有工程价款优先受偿权。

二、工程公司就工程款对置业公司的商会大厦在建工程享有优先权的事实根据：

（一）大厦工程的投资方、发包方为置业公司，该工程承包方为我工程公司，由建设工程施工合同和施工资料等予以证明。

（二）双方所签合同第28.5条明确约定：甲方（置业公司）违约，未能按照约定支付工程款，按"合同条件"第28条执行。"合同条件"第28条明确规定：由于甲方违反规定和约定，不能支付工程款，乙方（工程公司）可留置部分或全部工程，并予以妥善保护，由甲方承担保护费用。

（三）置业公司于1999年3月单方向我工程公司送发了停工结算通知，工程公司遂将已完工程结算书送达了置业公司，但置业公司既未在合理期间内对结算书提出异议，也未按约定向工程公司支付工程款，工程公司即对其工程进行了留置。并于1999年12月起诉至人民法院，以保护工程公司的合法权益。

（四）因置业公司上诉和二审发回重审，使我公司工程款未能及时得到偿付。

（五）因置业公司与香港公司欠款执行一案，人民法院对工程公司所留置工程进行了查封。工程公司即提出了优先受偿的请求，并先后提交了执行异议申请书、优先权申请书和优先受偿申请书。

（六）工程公司工程款对在建工程优先受偿符合且应当适用我国最高人民法院《关于建设工程价款优先受偿问题的批复》的规定。

该批复第4条明确规定，建设工程承包人行使优先权的期限为6个月，自建设工程竣工之日或约定的竣工之日起计算，同时规定，该批复自公布之日起6个月后执行。置业公司和工程公司在建设工程施工合同第1、3条约定：开工于1997年8月，竣工于1999年1月，总日历天500天。双方签订的补充条款约定：如属甲方（置业公司）原因及包干范围内容外和合同条款第12条等原因造成工期延误，工期和控制点时间顺延。而工程因甲方（置业公司）原因致交工时间顺延9个月，即约定竣工时间实际应为1999年10月。这已被（2002）法民初字第×号民事判决书确认所证明，而我国《合同法》自1999年10月1日起施行，即工程公司工程款对在建工程优先受偿符合且应当适用最高人民法院批复的规定。

三、工程公司就工程款对置业公司的商会大厦在建工程享有优先权的法律依据：

（一）我国《合同法》第286条规定，发包人未按照约定支付价款的，承包人可以催告发包人在合理期限内支付价款。发包人逾期不支付的，除按照建设工程的性质不宜折价、拍卖的以外，承包人可以与发包人协议将该工程折价，也可以申请人民法院将该工程依法拍卖。建设工程的价款就该工程折价或者拍卖的价款优先受偿。

（二）我国最高人民法院《关于适用<中华人民共和国合同法>若干问题的解释（一）》第1条规定，合同法实施以后成立的合同发生纠纷起诉到人民法院，适用合同法的规定。《合同法》实施以前成立的合同发生纠纷起诉到人民法院的，除本解释另有规定的以外，适用当时的法律规定，当时没有法律规定的，可以适用《合同法》的有关规定。

（三）我国最高人民法院《关于人民法院执行工作若干问题的规定》第40条规定，人民法院对被执行人使用的其他人享有抵押权、质押权或留置权的财产，可以采取查封、扣押措施。财产拍卖、变卖后所得价款，应当在抵押权人、质押权人、留置权人优先受偿后，其余额部分用于清偿申请执行人的债权。

（四）我国最高人民法院《关于建设工程价款优先受偿权问题的批复》第1条规定，人民法院在审理房地产纠纷案件和办理执行案件中，应当依据《合同法》第286条的规定，认定建筑工程的承包人的优先受偿权优于抵押权和其他债权。

综上，请依法确认我公司工程款对该在建工程享有优先受偿权并及时执结本案。

（申请人2003年10月×日）

维权结果：

执行过程中，执行法院支持了工程公司工程款对在建工程的优先受偿权，将在建工程以拍卖底价折抵拖欠工程公司的工程款。

第十一节
适时行使诉讼权，追回工程款450万

承包施工的在建工程已因其他案件被执行拍卖，发包人现有财产，包括已被拍卖的承包人施工的在建工程在内，尚不能满足已经诉讼和执行的案件当事人的请求标的，承包人的工程款对该在建工程还能利用其享有的优先受偿权行使追偿吗？

基本案情：

2001年10月和2002年2月，被告材料公司与原告工程公司签订施工合同，约定由工程公司承包材料公司综合楼、车间等工程，工程造价分别为170余万元和800余万元。合同签订后，工程公司按合同施工，后因材料公司原因停工。材料公司在向工程公司支付部分工程款后，其余拖欠。截至2006年3月双方对拖欠工程款进行对账确认拖欠工程款为530万元，但无钱支付。又因材料公司拖欠其他施工单位工程款和银行贷款案件，已经进入执行程序，且已对材料公司财产（包括工程公司施工的在建工程）进行拍卖和执行。此时，材料公司全部财产价值不足其他当事人请求标的。现工程公司谋求通过诉讼追要拖欠的530万元工程款。

维权经典：

材料公司财产因其他案件已被查封和拍卖且正在执行，工程公司工程款纠纷还没有进入诉讼程序，就是起诉待结案时，材料公司也无财产可供执行。工程公司工程款对所施工的在建工程的优先权行使只能在法定的期限内。工程公司施工工程合同为2002年，属于停工待建的在建工程。而我国最高法院关于建筑工程价款优先受偿的司法解释规定的行使期限是自建设工程竣工或者建筑工程合同约定的竣工之日起六个月。无论从内容，还是从形式上分析，本案都应当属于疑难案件。

但是，从马克思主义联系观分析，联系是客观的，相互联系的事物彼此又互为条件。联系又是普遍的，具有特殊性和多样性。认清事物的本质联系、内部联系和必然联系，对我们处理民商案件具有重要的方法论意义。

马克思主义关于联系的观点认为，作为一个普遍的哲学范畴，联系是指一切事物之间和事物内部各要素之间的相互影响、相互制约和相互作用。联系是客观的，联系的客观性是指联系是事物本身所固有的客观现象，是不以人的主观意志为转移的，也不是人们强加给事物的。世界上没有孤立存在的事物，每一种事物都是和其他事物联系着而存在的，这是一切事物的客观本性。坚持联系的客观性，就是要求我们从客观事物本身固有的联系出发，这是唯物辩证法同唯心辩证法、诡辩论的重要区别所在。联系的条件性是指任何联系都必然是事物之间的相互制约，相互联系的事物彼此互为条件。既然每一事物的产生、存在和发展都是和其他事物紧密联系的，也就是说依赖于周围的其他事物，那么，其他事物就是这一事物产生、存在和发展的条件。简单地说，同某一事物相联系的、对它的存在和发展发生作用的因素就是这个事物的条件。特别是民商案件更是纷繁复杂，矛盾和纠纷反映的可能是表象，而相互联系、相互作用的因素才是我们认识案件实质的关键。

唯物辩证法肯定联系的普遍性，又要求必须具体地分析联系的特殊性，认识联系的多样性。事物联系的基本形式可分为内部联系与外部联系、本质联系与非本质联系、直接联系与间接联系等。规定事物发展基本趋势的联系是本质的、必然的联系，不能决定事物发展的基本趋势，对事物的存在和发展不具有根本性意义的联系，则是非本质的、偶然的联系。从一定意义上说，所谓认识，就是认识事物的各种关系或联系；所谓实践，就是处理事物的各种关系或联系。联系是普遍的，也是多样的、具体的。坚持联系的普遍性和特殊性、多样性的统一具有重要的方法论意义。

联系构成运动，运动引起变化，变化的基本趋势是发展。发展是运动变化的结果，但并非任何的运动变化都是发展。唯物辩证法所理解的发展是前进上升的运动，其实质是新事物的产生和旧事物的灭亡。所谓新事物，是指符合历史发展的必然趋势，代表社会历史的前进方向、具有强大生命力的事物。所谓旧事物，就是丧失了存在的必然性、日趋消亡的事物。社会经济的发展，必然推动法治的完善和发展，这就要求我们不断学习新的法学理论和法律制度，以适应民商案件之需要。

从一般层面去分析，材料公司财产已被拍卖执行，无论保全还是执行，都是由其他当事人提起的，且连其他当事人的诉讼标的都满足不了。况且，工程公司当时根本没有进入诉讼程序，就当时情况下，保全也没有实际意义。工程是2001年和2002年开始施工，早已停工的半拉子工程，工程款对在建工程的优先权行使期限是竣工和约定竣工日期到期的六个月。因此，工程公司的权利是否能够得到保护是值得研究的。但是，从马克思主义实事求是的观点看本案，综合楼等工程是工程公司所建，这是一个基本的客观事实，工程公司的工程款对该工程及其价值具有优先受偿权，其他当事人的权利，无论是一般债权还是工程款都不能对抗。从物质世界的联系的观点看，联系有本质联系和非本质联系，必然联系和偶然联系。尽管其他当事人的权利与材料公司有联系，与材料公司财产包括工程公司承建的在建工程有联系，但是，他们的联系都是非本质的、偶然的。只有工程公司的工程款与材料公司的在建工程具有优先受偿权这个联系是本质的，必然的。根据矛盾规律的观点，由于矛盾的不同地位和作用，矛盾可区分主要矛盾和次要矛盾、矛盾的主要方面和次要方面。只要抓住工程公司工程款对在建工程有优先受偿权这个主要矛盾，问题将有可能得到解决。同时，从程序层面讲，当时的主要矛盾是采取有效措施，使材料公司的其他债权人的执行案件能够对工程公司施工的在建工程暂不执行，才可能有效保护工程公司的合法权益。

鉴于上述分析，工程公司于2006年5月，先后向材料公司其他债权人执行案件的执行机构提出工程款优先受偿权申请和执行异议申请，主张材料公司财产中工程公司施工的综合楼等在建工程及其相应价值，工程公司有优先受偿权，其他当事人的案件执行不得对抗工程公司享有优先受偿权的财产部分。使工程公司享有优先受偿权的财产权部分在该执行案件中处于审查和待定状态，为工程公司维权赢得了时间。因此：

首先向材料公司其他债权人执行案件的执行机构递交工程款优先受偿申请书和执行异议申请书。

向受理法院强调：工程公司的工程款对其承建的在建工程及其价值享有优先受偿权。同时指出：其他当事人的执行案件采取执行措施的财产已经包含了工程公司享有优先受偿权的在建工程，请求法院查清事实，确认优先权并对相应财产中止执行。使工程公司的合法权利免受损失。理由如下：

工程公司为与申请执行人某银行等申请执行材料公司位于本市某区的材料公司财产一案，工程公司认为，材料公司上述财产中，建筑工程的车间仓库等系工程公司承建，因材料公司欠工程公司工程款，对上述财产拍卖所得，工程公司享有优先受偿权，故向贵院提出了优先受偿权申请及执行异议。

2001 年 10 月和 2002 年 2 月，材料公司分别同工程公司签订了车间仓库等工程承包合同，工程造价分别为 170 余万元和 800 余万元。工程公司按照合同要求进行施工，后因材料公司资金不到位等原因停工。2006 年 2 月，经双方结算已完工程造价为 950 余万元。在工程公司向材料公司追要工程款时，得知工程公司施工的在建工程被农业银行等因借款纠纷申请人民法院执行。截至同年 3 月拖欠工程公司 530 万元。

我国《最高人民法院关于建设工程价款优先受偿权问题的批复》第 1 条规定，人民法院在房地产纠纷案件和办理执行案件中，应当按照我国《合同法》第 286 条的规定，认定建筑工程承包人的优先受偿权优于抵押权和其他债权。《人民法院关于进一步加强拖欠工程款和农民工工资案件审理的通知》第 3 条第(二)款规定，对在执行程序中主张优先受偿工程款的，要根据《最高法院关于建设工程价款优先受偿权问题的批复》的规定。进行认真审查，依法保障施工单位的工程款优先受偿。

根据上述事实和有关规定，工程公司认为，材料公司欠工程公司的工程款，工程公司对承建的在建工程有优先受偿的权利。为此，向贵院提出申请，请予以审查,并停止对该部分财产的执行。以保证工程公司的利益和农民工工资得以实现,我们深表感谢!

紧接着,工程公司于2006年5月向人民法院起诉,请求判令材料公司偿还拖欠的530万元工程款,并确认其工程款对在建工程有优先权。

工程公司于2006年5月向法院起诉,请求判令材料公司偿还拖欠的530万元工程款,并确认其工程款对在建工程有优先权。诉讼中双方达成调解协议,2006年5月,受理法院以民事调解书的形式确认:材料公司支付原告工程款530万元,该工程款对工程公司施工的在建工程享有优先权。

附　民事调解书摘要

××× 市中级人民法院

民事调解书

(2006)×民×初字第×号

原告:中国×××公司(以下简称××公司)

法定代表人:×××经理

地址:×××省×××市×××路×××号。

委托代理人:×××,男,××××年××月××日生,汉族,该公司项目部经理。特别授权。

委托代理人:×××

被告:×××公司(原×××公司)(以下简称××公司)

法定代表人:×××该公司董事长

地址:×××市×××区×××路

委托代理人:×××男,××××年××月××日生,汉族,现住该公司,系该公司总经理助理。特别授权。

案由:拖欠工程款纠纷

事实和理由:××公司于2001年10月承建××公司综合楼,约定工程总造价为一百七十八万元,于2002年元月承建××公司车间、仓库,约定工程总造价为八百二十四万元,××公司在向××公司支付了部分工程款后,于2006年3月×日双方对拖欠工程款进行对账,双方确认拖欠剩余工程款为五百三十万元,双方为工程款的承付发生矛盾。遂原告××公司诉至本院,请求被告×

×公司支付其五百三十万元工程款及利息。

本案在审理过程中，经本院主持调解，双方当事人自愿达成如下协议：

（一）××公司于本调解书生效后七日内支付拖欠中国××公司的工程款五百三十万元整。

（二）该五百三十万元拖欠工程款为××公司为××公司承建该公司的综合楼、车间、仓库。××公司对××公司的综合楼、车间、仓库的产权价值有优先受偿的权利。如工程款支付完毕，该优先受偿权自动灭失。

（三）双方本案中的其他争执互不再追究。

（四）本案诉讼费40000元，双方各半承担。（××公司承担部分，先由××公司垫付，待执行时一并清结）。

上述协议，符合有关法律规定，本院予以确认。

本调解书经双方当事人签收后，即具有法律效力。

工程公司及时对材料公司的其他债权人的质疑提出抗辩。

2006年6月，工程公司申请强制执行，执行法院裁定强制执行。材料公司其他债权人纷纷提出异议，认为：工程公司行使优先权超过法定期限；双方达成调解损害了其他当事人的合法权利；530万元超过优先权的范围；调解书的形式确认优先权不受法律保护等等。工程公司据理力争，对其异议向执行法院逐一答辩。

下面是工程公司提出的部分答辩意见：

人民法院：

材料公司拖欠的工程公司工程款，工程公司对材料公司的综合楼等在建工程的拍卖、变卖价款享有优先受偿权，业经人民法院依法确认，应当受到法律支持。现补充说明如下：

一、材料公司的车间等工程，是由工程公司承建，已完工程造价950余万元，拖欠工程款530万元。双方已经确认，互无争议。

二、工程公司工程款的优先受偿权是法律明确规定的，应当受到法律的支持。就该权利双方协商和确认并无违法。

我国《合同法》第286条明确规定，发包人逾期不支付工程价款的，建设工程的价款就该工程折价或者拍卖的价款优先受偿。同时规定了优先权的两种实现方式：（1）协议方式即双方可以协议将工程折价优先受偿工程款；（2）拍卖方式即由承包人申请人民法院将工程拍卖优先受偿工程款。这就是说，法律允许发承包双方就工程款优先受偿予以认可和达成协议。

三、无论在审理案件和办理执行案件中，即当事人在案件审理阶段还是在执行阶段都有权利主张工程款优先受偿权的权利。只要符合最高人民法院关于工程款优先受偿的司法解释，人民法院就应当予以支持。

（一）我国《最高人民法院关于建设工程价款优先受偿权问题的批复》第1条规定，人民法院在审理房地产纠纷案件和办理执行案件中，应当依据我国《合同法》第286条的规定，认定建筑工程承包人的优先受偿权优于抵押权和其他债权。

（二）《法院关于进一步加强拖欠工程款和农民工工资案件审理的通知》第3条第（二）款规定，对在执行程序中主张优先受偿工程款的，要根据我国《最高人民法院关于建设工程价款优先受偿权问题的批复》的规定，进行认真审查，依法保障施工单位的工程款优先受偿。

四、人民法院（2006）民×初字第×号民事调解书具有强制执行效力，同时，关于工程款优先受偿权的确认符合法律规定。

（一）我国《民事诉讼法》第85条规定，人民法院审理民事案件，根据当事人自愿的原则，在事实清楚的基础上，分清是非，进行调解。该法第88条规定，调解协议的内容不得违反法律规定。

工程公司诉材料公司工程欠款一案中，双方对施工工程、工程造价及530万元欠款均无争议；同时，对于工程欠款应对综合楼等在建工程拍卖变卖价款优先受偿也予以认可，即按我国《合同法》286条规定，允许协议的前提下，双方达成一致，材料公司（被执行人）愿意以综合楼等在建工程的拍卖、变卖价款优先偿还拖欠的工程款。况且，它已被生效法律文书予以确认。因此，它应当受到法律的支持。

（二）我国《民事诉讼法》第89条规定，调解书经双方当事人签收后，即具有法律效力。该法第216条规定，调解书当事人必须履行，一方拒绝履行的对方当事人可以向人民法院申请执行。

根据上述事实和法律法规规定，我们认为，工程公司该530万元工程款对于其所施工工程价款，有优先受偿权。材料公司的其他债权人的异议不能成立，请贵院依法予以审查并驳回其异议，使其本案及时执结。

我们深表感谢！

（2006年6月×日）

维权结果：

在全力维权的努力下，材料公司同工程公司达成执行和解协议，鉴于工程公司施工的在建工程的价值从材料公司拍卖财产中一次性支付工程公司工程款450万元，其余部分工程公司自愿放弃，法院审查确认后，执行法院就该工程款执行案件裁定执行结案。

附 结案通知书摘要

×××省×××市中级人民法院

执行案件结案通知书

（2006）×执字第×号

中国×××公司

于2006年6月×日申请执行×××有限公司

（原×××有限公司）拖欠工程款纠纷一案，按照××市中级人民法院（2006×）民初字第×号民事调解书以及申请人的要求（其中包括双方当事人自愿达成的和解协议），该案于2007年元月×日执行完毕，执行标的（大写）：肆佰伍拾万元整。

特此通知

第十二节
依法拆迁、和谐拆迁的前提是用好用足法律和政策

城市区人民政府在旧城改造中需要对其辖区城中村进行拆迁，该城中村位于城市中心区，寸土寸金。而其却属于乡村管理，土地使用权归集体所有，村民宅基和房屋批建情况混乱，拆迁难度极大。能否实现对该城中村的和谐拆迁？

基本案情：

2009年，河南省某市区人民政府在旧城改造中，对其辖区城中村进行了成功拆迁。这说明旧城改造和城市开发建设中，依法拆迁、和谐拆迁既是应该的，也是可能的。

但是，截至目前，在全国乃至世界范围内，因为城市建设、旧城改造、商业开发等涉及城市房屋拆迁纠纷的案件却层出不穷，有的甚至后果非常严重。所以，这应该是一个值得研究的课题。据报道：2009年11月，由于拆迁纠纷在树上住了3

个半月的重庆陈某,在有关单位再支付一定补偿费后,终于"走"下他的"树房"。然而,他要为其涉嫌聚众扰乱社会秩序的违法行为而承担法律责任。上海市闵行区一户主,不肯在拆迁协议上签字,面对拆迁,户主因采用投掷汽油瓶等违法手段妨碍公务而受到处罚。重庆最牛钉子户杨某,2007 年 1 月,主管机关作出行政裁决,其应在收到裁决书 15 日内搬迁。后来法院依法限令其于 3 天内搬迁,否则将强制拆迁。届时,法院没有强拆,在政府协调下,最后其选择异地补偿安置。农村房屋拆迁也是应当及时解决的问题,西安市某村需要拆迁,但是,因评估结果村民有异议而形成纠纷。如此等等。

维权经典:

在类似上述城市、农村房屋拆迁纠纷案件中,涉及诸多法律问题。诸如:商业开发是不是公共利益?公民的私有财产究竟怎样补偿才是合理补偿?公民的私人财产权是否可以拒绝国家的征收行为?城中村的房屋如何拆迁?如何补偿?城市郊区和农村的房屋如何拆迁?如何补偿?等等。

我们认为,应当具体问题具体分析,实事求是,全面地、联系地、辩证地分析和看待问题,既不能一刀切,也不能片面地和极端地看问题。公共利益、开发商权益和房屋产权人的合法权益等应当兼顾而不可偏废。

首先,我们的城市房屋征收或拆迁行为,必须遵守宪法和法律的规定。根据我国《宪法》第 10 条规定,城市的土地属于国家所有;农村和城市郊区的土地,除由法律规定属于国家所有的以外,属于集体所有;宅基地和自留地、自留山,也属于集体所有。国家为了公共利益的需要,可以依照法律规定对土地实行征收或者征用并给予补偿。该法第 13 条规定,公民的合法的私有财产不受侵犯。国家依照法律规定保护公民的私有财产权和继承权。国家为了公共利益的需要,可以依照法律规定对公民的私有财产实行征收或者征用并给予补偿。

我国《物权法》第 4 条规定,国家、集体、私人的物权和其他权利人的物权受法律保护,任何单位和个人不得侵犯。该法第 42 条规定,为了公共利益的需要,依照法律规定的权限和程序可以征收集体所有的土地和单位、个人的房屋及其他不动产。征收集体所有的土地,应当依法足额支付土地补偿费、安置补助费、地上附着物和青苗的补偿费等费用,安排被征地农民的社会保障费用,保障被征地农民的生活,维护被征地农民的合法权益。征收单位、个人的房屋及其他不动产，应当依法给予拆迁补偿，维护被征收人的合法权益，征收个人住宅的，还应当保障被征收人的居住条件。

上述规定告诉我们：在我国，土地实行国家所有制和集体所有制。同时，为了公共利益，国家有权依法对土地实行征收或者征用并给予补偿。公民合法的私有财产包括房屋产权受国家法律保护而不受侵犯。但是，国家为了公共利益的需要，可以依照法律规定对集体所有的土地、单位和公民的私有财产实行征收或者征用并给予补偿。就是说，公民的房屋所有权和土地使用权应当受到法律保护，但是，当公共利益的需要与之相冲突时，应当服从公共利益，同时，应当给予补偿，而使其合法利益不受损失。

但是，如果认为对私人的财产进行保护，就是完全遵从财产所有人的意愿是片面的、绝对的、极端的，因而也是错误的。因为，权利和自由是相对的、受限的，不存在绝对的自由和权利。否则，将是无政府主义。同时，如果认为凡是为了公共利益的旧城改造和城市开发等征收行为，就是政府说了算也是片面的和错误的。那么，政府应该维护大多数人的利益，改善广大居民的生活水平，也应该严格地保护每个人的私有财产所有权。对于房屋拆迁，我国《物权法》强调，征收个人住宅的，应保障被征收人的居住条件。我国《物权法》第 42 条强调征收的公共利益目的。该法第 121 条规定，因征收而受影响的用益物权人有权获得相应补偿。这就为所有权人之外的用益物权人获得相应补偿提供了法律依据。该法第 148 条还对提前收回建设用地使用权这类特殊征收行为的补偿问题作出了规定。依据征收补偿的法理，补偿的目的旨在最大限度地弥补被征收人因征收造成的财产变动而引起的损失，使被征收人的财产利益和有关经营利益不受损失，以维护其合法的财产权利。因此，旧城改造不应对居民私有权利造成损害。对于公民财产的保护体现在公平合理的补偿之上。根据我国法律规定，公平合理补偿表现为居民居住条件不下降。旧城改造中的主要矛盾表现在此前的补偿安置存在不客观、不和谐的主张权利。对于农村房屋拆迁的补偿问题现在并没有一部具体的法律、法规予以规定。但是，依据 2005 年 10 月 12 日法［2005］行他字第 5 号《最高人民法院行政审判庭关于农村集体土地征用后地上房屋拆迁补偿有关问题的答复》：“行政机关征用农村集体土地之后，被征用土地上的原农村居民对房屋仍享有所有权，房屋所在地已被纳入城市规划区的，应当参照《城市房屋拆迁管理条例》及有关规定，对房屋所有权人予以补偿安置。”因此，对于“已经纳入城市规划区的”这部分农村房屋的拆迁补偿还是要依据我国《城市房屋拆迁管理条例》的相关规定予以办理。但是，我国《城市房屋拆迁管理条例》存在缺陷，已经不适应目前的我国客观实际，应该进行修改。

关于公共利益的概念和范围，现行的《城市房屋拆迁管理条例》没有具体规定，但是新的《房屋征收和补偿条例（征求意见稿）》对此的规定也值得商榷。我们认为，首先，城市的交通通讯类基础设施、文教体育、社会福利、市政公用设施等应当属于公共利益，但是新条例却在其前面加上“国家重点扶持并纳入规划”的限制，这将使得相当多的城市建设是否属于公共利益产生争议。其次，新条例称为“国有土地房屋征收和补偿条例”，但是，“征收”的范围又是有限的，那么，许多包含有征收性质的城市商业开发的房屋拆迁问题如何适用法律呢？我们认为，应当称为《城市房屋征收补偿条例》，既适用于公共利益的征收拆迁，也适用于城中村等（非国有土地）的房屋拆迁。第三，拆迁人与被拆迁人在房屋拆迁补偿问题上应当是平等的民事权利义务关系，不是管理和被管理的关系，签订拆迁补偿安置协议应当协商一致。第四，补偿方式可以协商，补偿标准要根据拆迁性质和房屋性质分别确定，要考虑公共利益拆迁或是商业开发拆迁和包含公共利益内容的商业开发拆迁。要考虑被拆迁房屋是房屋产权证和土地使用证齐全的商品房，或是只有土地使用证（宅基使用证）的城中村。要考虑被拆迁房屋的结构、质量、用途等因素。既不能漫天要价，也不能拒绝补偿安置。补偿安置要有依据，做到基本合理。第五，现行的《城市房屋拆迁管理条例》第16条规定，当拆迁人与被拆迁人达不成拆迁补偿协议时由行政机关裁决；第17条规定，在裁决规定的搬迁期限内未搬出的实施强制拆迁。并且，第16条规定，诉讼期间不停止拆迁的执行。上述规定，以行政法规涉及公民私有财产所有权的强制性处置，与我国的《合同法》和《民法通则》等相关规定相抵触。应当予以修改。在程序上，我们认为，要规定通知、告知、听证、复议、诉讼等程序和该程序所需时间。只有这样，才能既保证城市房屋的及时拆迁，又保证被拆迁人的合法权益不受损失，还避免因拆迁纠纷所发生的不安定因素，以达到社会和谐之目的。

在重庆最牛“钉子户”拆迁案中，在政府的努力下，最后结果是被拆迁人选择异地补偿安置。这类案件既表现出了大多数人对于私有财产的保护意识，也表现出了政府在重视个人财产权利保护方面的进步。河南省某市区人民政府关于对该区一城中村成功实施整体拆迁的案例,更说明依法拆迁、阳光拆迁、和谐拆迁是应该的,也是可能的。

据统计,该城中村共需拆迁村民300多户,涉及拆迁总建筑面积17万平方米,涉及拆迁房屋价值3.5亿元人民币。由于对为什么要进行开发改造、城中村改造模式和审批程序、安置原则、补偿标准等都进行了具体说明、宣传、动员和民主协商,所以,有290户自愿签订了拆迁补偿协议,比较顺利的搬迁,占90.6%。有31户村民因对补偿安置条件持有异议而未及时签订拆迁安置补偿协议的,占9.4%。其中,村民提起行政复议的有20户,占6.66%,占拆迁房屋价值的2.1%。村民宅基地经法定程序被依法收回而拒绝搬迁的13户,占3.94%,占拆迁房屋价值的2.04%。村民对行政复议结果不服,提起行政诉讼的只有6户,占1.82%,占拆迁房屋价值的0.86%。最终该6户全部撤诉,签订了拆迁安置补偿协议。这个案例说明,该城中村的拆迁,经过听证、行政复议、行政诉讼和民事诉讼之后,全体被拆迁村居民最终签订了拆迁安置补偿协议,实施了拆迁,实现了依法拆迁、和谐拆迁。这是因为他们:

首先,政府妥善处理了内容和形式的问题。内容和形式是互相依赖、互相作用、互相影响、不可分割的。当形式适合内容时,对内容的发展起着积极的推动作用。反之,起阻碍作用。该区政府首先印发了《关于城中村整体开发改造资料汇编》。内容包括:实施意见、房屋拆迁住宅货币补偿基准、国有土地上房屋拆迁附属设施补偿标准、城中村开发改造拆迁补偿安置方案(草案)、城中村开发改造宣传材料等内容。特别是在宣传材料中对于为什么要进行开发改造、城中村改造模式和审批程序、安置原则、补偿标准等都进行了具体说明。这一工作就使该村90.6%的拆迁户签订协议自愿搬迁。

其次,政府贯彻了依法拆迁。根据该村土地当时还属于集体所有,被拆迁村居民仍持有宅基地使用证的实际情况,根据我国《宪法》第10条规定,农村和城市郊区的土地,除由法律规定属于国家所有的以外,属于集体所有;宅基地和自留地、自留山,也属于集体所有。国家为了公共利益的需要,可以依照法律规定对土地实行征收或者征用并给予补偿。公民的合法的私有财产不受侵犯。国家为了公共利益的需要,可以依照法律规定对公民的私有财产实行征收或者征用并给予补偿。我国《物权法》第42条规定,为了公共利益的需要,依照法律规定的权限和程序可以征收集体所有的土地和单位、个人的房屋及其他不动产。征收集体所有的土地，应当依法足额支付土地补偿费、安置补助费、地上附着物和青苗的补偿费等费用，安排被征地农民的社会保障费用，保障被征地农民的生活，维护被征地农民的合法权益。征收单位、个人的房屋及其他不动产，应当依法给予拆迁补偿，维护被征收人的合法权益。征收个人住宅的，还应当保障被征收人的居住条件。该法第59条，农民集体所有的不动产和动产，属于本集体成员集体所有。下列事项应当依照法定程序经本集体成员决定：土地承包方案以及将土地发包给本集体以外的单位或者个人承包；个别土地承包经营权人之间承包地的调整；土地补偿费等费用的使用、分配办法；集体出资的企业的所有权变动等事项；法律规定的其他事项。根据上述法律规定以及我国土地管理法的有关规定，政府组织召开村民大会讨论通过并形成决议，对于该城中村改造中的土地收回、拆迁安置补偿协议等问题统一解决。保证了拆迁安置在法律法规规定范围内进行即这次拆迁的实施具有完全的合法性。

第三，在程序上，给予了被拆迁人足够的条件和时间，让其行使知情权、听证权、复议权和诉讼权。使被拆迁人有不同意见的有充分的表达权。通过这样一个过程，并随着被拆迁人对法律法规政策和城中村改造意义的不断认识和深入了解，最终使双方意见基本达成一致。特别是在行政复议和行政诉讼过程中，包括被拆迁人异地聘请的律师在内，双方对于城市中心区的城中村改造是否涉及公共利益、拆迁安置补偿标准、城中村村居民的居住房屋和国有土地上商品房在拆迁安置补偿时的区别等问题都进行了充分地探讨和辩论。当庭，参加诉讼的所有被拆迁人都明确表示同意拆迁，支持城中村改造。得到了被拆迁人的理解和支持，维护了被拆迁人的合法权益，加快了城中村改造的步伐。

综上所述，作者认为，我国《国有土地房屋征收与补偿条例（征求意见稿）》在修改过程中，应该注意以下情形：第一，名称应当称为《城市房屋征收与补偿条例》，既适用于公共利益的征收拆迁，又适用于城市商业开发的房屋拆迁，也适用于土地仍属集体所有的城中村改造和纳入城镇建设规划的农村房屋的征收和拆迁。第二，关于第3条（三）公共利益的规定，应当删去“国家重点扶持并纳入规划”的限制，否则，将使得相当多的城市建设是否属于公共利益而产生争议。第三，房屋征收与补偿工作的负责部门称为“房屋征收部门”指向不明确、不具体，还可能造成有的地方另行成立“房屋征收部门”，应当称为“住建、土地等主管部门”负责。第四，关于被征收房屋货币补偿价格的确定，应当“以决定房屋征收时”房地产市场评估价格确定。因为，房屋征收、拆迁是一个过程，房地产市场价格又处于不断变化中。如何确定价格，容易各持己见。如果以决定征收的政府文件来确定，将可以避免纠纷的发生。同时，价格不得低于房屋征收决定之日类似房地产市场的交易“均价”，而不是交易价格。因为，交易价格即成交价有高有低，难以确定。同时，又容易造成各持己见。第五，应当赋予被拆迁人重新评估的权利。第六，对于被拆迁房屋承租人的用益物权的补偿问题应当依照原租赁合同约定处理，出租人即被拆迁人已经签订补偿协议对房屋拆迁不持异议的，承租人无权就该房屋的拆迁另行主张权利。因为，对于被拆迁房屋原用于经营的租赁关系，仅靠置换房屋由原承租人承租，不能适用所有情况。第七，对于房地产评估机构和评估师出具虚假或重大差错的估价报告的，应当规定承担相应的民事赔偿责任，而不仅仅是不再执业或刑事责任，要使其增加违法成本而无法重操旧业。第八，非因公共利益的拆迁，不宜适用第28条关于“强制搬迁”和“诉讼期间，不停止补偿协议的执行”的规定。总之，希望我们的城市建设特别是小城镇建设和城乡一体化建设又快又好，希望我们的城市建设有法可依，希望我们的社会彰显公平和和谐。

维权结果：

经过努力，该村300多户，90.6%的村民自愿签订拆迁协议；6.66%的村民提起行政复议，其中，3.94%的村民撤诉；1户上诉，其余在一审达成和解。该1户村民，在二审中也达成调解。就是说，100%的拆迁户和谐拆迁。

第十三节
FIDIC施工合同条件下，这样成功反索赔

工程公司中标了某公路改建工程，签订了适用FIDIC施工合同条件的《施工合同协议书》等合同文件。工程公司认为已完工程价款应为1700万元，而业主认为应为1100万元，差额600万元拒付。业主又以工程公司违约诉请其赔偿各项损失580万元。工程公司能挽回损失吗？

基本案情：

2001年初经公开招投标，工程公司中标了某公路的改建工程，签订了适用FIDIC施工合同条件的《施工合同协议书》、《合同通用条款》、《合同专用条款》等合同文件。施工中发生了设计变更、施工条件变更、业主逾期付款、业主强制分割工程等情况。工程公司仍然于2003年4月交付工程，工期提前，且工程达到优良标准交付使用。根据合同约定工程公司施工标段的实际成本造价为1700万元，而业主暂定价为1100万元，差额600余万元，工程公

司请求增加工程价款但未获批准。然而,2006年8月业主单位以工程公司在工程施工中组织不力、设备不足、工程严重滞后,致使业主无奈分割工程,造成业主增加工程费用为由,根据约定申请仲裁机构裁决,工程公司支付工程增加费用440余万元,利息60余万元,并要求工程公司支付违约金80余万元,以上共合计580余万元。为此,业主根据合同约定向仲裁庭出具了《仲裁意向告知书》、监理工程师关于业主索赔符合约定的《审核意见》、业主单位向监理公司提出的关于索赔的《请求》等证据,以证明工程公司应承担上述费用。但是,工程公司认为,业主关于"工程严重滞后"、"设备不足"等理由无事实和合同根据,业主强制分割工程是违约行为,业主索赔理由不能成立。并且业主应当承担工程增加价款600余万元的支付责任。

维权经典:

FIDIC是国际咨询工程师联合会的法语书写(FederationInternatinaleDesIngenieursConseils)的五个词的字头组成的缩写。它是1913年由欧洲几个国家独立的咨询工程师协会创立。至今,其成员来自全球60多个国家和地区,中国在1996年正式加入FIDIC。这些文件不仅FIDIC的成员采用,世界银行、亚洲开发银行、非洲开发银行的招标样本也常常采用。FIDIC合同条件的特点:1.国际性、通用性和权威性。2.公正合理、职责分明。FIDIC合同条件的各项规定具体体现了雇主、承包商的义务、职责和权利以及咨询工程师的职责和权利。3.程序严谨,易于操作。FIDIC合同条件对处理各种问题的程序都有严谨的规定,特别强调要及时处理和解决问题,以免由于任一方拖延而产生新的问题。另外,还特别强调各种书面文件及证据的重要性。4.通用合同条件和专用合同条件的有机结合。

FIDIC合同条件的运用主要表现在:1.国际金融组织贷款和一些国际项目直接采用。2.对比分析采用。3.合同谈判时采用。因为,FIDIC合同条件是国际上权威的文件,在招标过程中,如承包商感到招标文件有明显不合理或不完善,可以用FIDIC合同条件作为"国际惯例",在合同谈判时要求对方修改或补充某些条款。4.局部选择采用。当咨询工程师协助雇主编制招投标文件时,可选择FIDIC合同条件使用,也可用FIDIC处理项目实施中遇到的问题。

FIDIC施工合同条件,1999年版《施工合同条件》是最新修订版,适用于单价与子项包干混合式建筑工程或土木工程合同。其文本结构包括通用条件、专用条件、附件。通用条件包括 20 章、163 款、论述了 20 个方面的问题。其中包括一般规定，雇主，工程师，承包商，指定分包商，员工，设备、材料和工艺，开工，误期和暂停，竣工验收，雇主的接收，缺陷责任，测量和估价，变更和调整，合同价格和付款，由雇主终止，由承包商提出暂停和终止，风险和职责，保险，不可抗力，索赔、争端和仲裁。专用条件是双方根据特殊合同的特别约定。合同文件包括：合同协议书、中标函、投标函、合同专用条件、合同通用条件、规范、图纸、资料表类文件。

1987 年版和 1999 年版 FIDIC 施工合同条件的主要区别表现在，FIDIC 编制的 1987 年第 4 版施工合同条件的特征是雇主提供设计的工程师是公正独立的第三方的单价合同。它要求工程师在处理合同问题时，行为应公正，以及没有偏见的使用合同。由于工程师受雇于雇主，在执行合同过程中，很难做到上述要求，这是第 4 版施工合同条件没有解决的问题。

FIDIC 编制的 1999 年第 1 版施工合同条件，工程师合同角色发生了变化，它不再强调工程师处于相对独立的第三方，而是指明工程师是雇主人员，但其前提是由合同当事人共同推荐组成争端裁决委员会（DAB）。当工程师的确定有一方不同意时，提交到争端裁决委员会处理。这是一个重大变化和进步。而对工程师的其他要求与第 4 版无实质性差异。当然，它也是由雇主提供设计的单价合同。

FIDIC 施工合同条件的款项和付款，合同款项，指雇主在“中标函”中对实施、完成、修复工程缺陷所接受的金额，来源于承包商的投标报价并对其进行确认。这实际是中标的投标人的投标报价或经双方确认修改的价格。这一金额实际只是一个名义合同价格，而实际的合同价格只能在工程结束时才能确认。合同价格，指按照合同各条款的约定，承包商完成建造和保修任务后，对所有合格工程有权获得的全部工程款。这是一个“动态”价格，是工程结束时发生的实际价格，即工程全部完成后的竣工结算价，而这一价格的确认是经过工程实施过程中的累计计算而得的。费用，指承包商在现场内和现场外正当发生（或将要发生）的所有开支，包括管理费和类似支出，但是不包括利润。

索赔和争端解决。承包商索赔的主要原因有：工程内容变更、不可预见的障碍、业主风险、业主违约、工程所在国法律政策变化、合同文件的缺陷、工程师的指令等。索赔的主要依据有：合同文件（合同协议书、书标函、投标书、合同条件专用条款、合同条件通用条款、规范、图纸、以及工程量表等)、工程师指令、施工记录、财务记录等。业主索赔的主要原因有:工期延误、质量不满足合同要求、对指定分包商付款等。FIDIC 施工合同的反索赔是指防止和减少对方向己方提出索赔。

FIDIC 施工合同承包商索赔的一般程序:承包商提出索赔意向书及索赔报告。FIDIC 合同条件(1999 年版)第 20.1 款规定,如果承包商认为,根据本条件任何条款或与合同有关的其他文件,他有权得到竣工时间的任何延长期和(或)任何追加付款,承包商应向工程师发出通知,说明引起索赔的条件或情况。该通知应尽快在承包商察觉或应已察觉该事件或情况后 28 天内发出。在承包商察觉(或应已察觉)引起索赔的事件或情况后 42 天内,或在承包商可能建议并经工程师认可的其他期限内,承包商应向工程师递交一份充分详细的索赔报告,包括索赔的依据、要求延长的时间和(或)追加付款的全部详细资料。咨询工程师对索赔文件的审核:工程师在收到索赔报告或对过去索赔的任何进一步证明资料后 42 天内,或在工程师可能建议并经承包商认可的此类其他期限内,作出回应,表示批准或不批准并附具体意见。他还可以要求任何必需的进一步资料,但他仍要在上述期限内对索赔的原则作出回应。

FIDIC 施工合同承包商索赔的特殊程序:如果业主和承包商双方既不同意对方的意见,也不同意工程师的意见,这时双方均可按照 FIDIC 合同条件中有关争端解决的条款,将自己的要求或不满意作为争端提出,而后按争端程序进行处理。FIDIC 合同条件第 20.4 款规定,如果双方间发生了有关或起因于合同或工程实施的争端(不论任何种类),包括对工程师的任何证书、确定、指示、意见或估价的任何争端,任一方可以将该争端以书面形式,提交 DAB,并将副本送另一方和工程师,委托 DAB 作出决定。如果 DAB 已就争端事项向双方提交了它的决定,而任一方在收到 DAB 决定后 28 天内,均未发出表示不满的通知,则该决定应成为最终的,对双方均具有约束力。FIDIC 合同条件第 20.5 款规定,如果已按照上述第 20.4 款发出了表示不满的通知,除非双方另有协议,仲裁可以在表示不满的通知发出后的第 56 天或其后着手进行,即使未曾做过友好解决的努力。FIDIC 合同条件第 20.6 款规定:经 DAB 对之作出的决定(如果有)未能成为最终的和有约束力的任何争端,除非已获得友好解决,应通过国际仲裁对其作出最终解决。当然,如果没有约定仲裁的话,可以提起诉讼。

下面要介绍和分析的就是 FIDIC 施工合同条件下索赔和反索赔的成功案例。

我们认为,在本案中,如果按照 FIDIC 施工合同条件 1987 版规定,根据合同约定和申请人提供的证据材料,工程公司可能被动和败诉。然而,从马克思主义矛盾观层面讲,这里的主要矛盾是解决 FIDIC 施工合同条件版本的使用和效力问题,只要这个问题解决了,其他问题就迎刃而解了。按照 FIDIC 施工合同条件 1987 年版的规定工程师是独立的第三方。但是,如果按照 FIDIC 施工合同条件 1999 版规定则不一定。因此,要审查双方使用的 FIDIC 施工合同条件的版本来确认有关工程师意见的效力。经审查发现:双方合同第 67.1 款规定,无论在施工过程中或在工程竣工之后,无论在本合同的失效或终止之前或之后,如果业主和承包人之间就本合同文件的条款、规定、规范、图纸、质量与进度要求、支付与扣除,延期与索赔、调价发生任何法律上、经济上或技术上的纠纷,包括对监理工程师作出的任何指示、指令、决定、评定、认证和估价发生纠纷,则纠纷中的问题,首先应根据本条规定书面提交监理工程师解决,并抄给另一方。监理工程师在收到此提交后 42 天之内应将自己的裁定通知业主和承包人。

施工合同第 67.2 款规定,如果监理工程师已将其对此纠纷的裁定通知了业主和承包人,而业主和承包人在收到该通知之日起的 42 天之内,任何一方均未向其提出要求按第 67.2 款进行友好协商或通过双方上级主管部门进行调解;或者在上述协商或调解并未达成协议后的 42 天内,任何一方也未通知另一方提出要求按第 67.3 款开始仲裁的意向,则监理工程师的上述裁定应是最后的裁定,并对业主和承包人均有约束力。

如果业主或承包人有一方对监理工程师的裁定有异议,或如果监理工程师在收到第 67.1 款所述提交后 42 天内,没有发出自己的裁定通知,则双方可就纠纷事项进行友好协商或通过双方上级主管部门进行调解。协商或调解应在收到监理工程师发出的裁定通知后的 42 天内或监理工程师发出裁定通知中规定的期限内进行。通过协商或调解,如能达成书面协议,双方都应执行,对业主和承包人均有约束力,该协议应送监理工程师一份。如果协商或调解不能达成协议,则业主或承包人任何一方都可以在协商或调解达不成协议后的 42 天内通知另一方,说明自己对纠纷中的问题将提交仲裁的意向,并抄送监理工程师。

但是,FIDIC 施工合同条件 1999 版第 3.1 款规定,雇主应任命工程师,工程师应履行合同中指派给他的任务。第 20.4 款规定,如果双方发生了有关或起因于合同或工程实施的争端(不论任何种类),包括对工程师的任何证书、确定、指示、意见或估价的任何争端,任一方可以将该争端以书面形式,提交 DAB,并将副本送另一方和工程师,委托 DAB 作出决定。第 20.5 款规定,如果已按照上述第 20.4 款发出了表示不满的通知,除非双方另有协议,仲裁可以在表示不满的通知发出后的第 56 天或其后着手进行,即使未曾做过友好解决的努力。第 20.6 款规定,经 DAB 对之作出的决定(如果有)未能成为最终的和有约束力的任何争端,除非已获得友好解决,应通过国际仲裁对其作出最终解决。

根据双方合同约定和 FIDIC 施工合同条件的不同版本规定可以看出,双方采用的是 1987 版,即工程师应当是独立的第三方,才具有相应裁决权。然而,审查又发现:本案所谓的独立第三方某工程监理咨询有限责任公司,是业主单位 2002 年 4 月出资 70% 与他人共同设立的,即应当是业主单位的投资监理公司,是代表业主意见,维护业主利益的监理单位。因此,它不可能是独立的第三方。就是说,业主作为申请人提供的监理公司(监理工程师)的有关确认文件是很难做到客观公正的。因此,根据双方所使用的 FIDIC 施工合同条件的版本规定和本案监理工程师的实际情况,业主单位向仲裁庭提供的有关监理工程师的裁决文件不应当被仲裁庭采纳和使用,除非其有足以证明其理由成立的证据。

同时,唯物辩证法的基本范畴告诉我们,原因和结果是揭示事物的前后相继、彼此制约的关系范畴。一种现象引起另一种现象或者一个过程引发另一个过程,这种引起和被引起的关系就是因果关系,引起一定现象的现象是原因,被引起的现象就是结果。前因后果是因果联系的特点,但并不是任何前后相继的现象都存在着因果关系。在本案中,业主分割工程(强制分包)是事实,但是,造成工程强制分割的责任在业主一方,而不是由于工程公司的过错导致的。

在取得上述依据后,在已经举证证明业主单位提供的监理工程师关于业主索赔的裁决文件不具有公正和合法性的基础上,作为被申请人工程公司举出大量证据,以证明申请人请求不能成立。它们是:

第一组证据 1. 合同关于工期的约定,证明:工期 19 个月,2001 年 4 月 ~ 2003 年 4 月。合同第 7 条约定:承包人应在监理发出开工令之后开工;本合同工期19个月。专用条款数据表第10项证明：开工日期自接到开工令之日算起28天之内开工；其第12项证明：工期2001年4月至2003年4月。

2. 开工报告证明：2001年9月，监理才签发开工令，工期应当顺延5个月。

3. 交工验收报告证明：工程公司施工工程于2003年1月建成通车，工期提前。

第二组证据1. 合同通用条款第63.1款，证明：根据该条款约定，业主无权强行分割工程。

2.（2002）11号文件，证明：业主强行分割工程是违约行为。

3. 工程公司2002年6月报告，证明：工程公司已提出质疑要求答复和纠正。但业主方不予理睬，明显违约。

4. 中期支付证书，证明：业主自认为罚款不当主动退还罚金38000元；同时，还向工程公司发放劳动竞赛奖金56000元。再次证明业主强制分割工程的借口是不能成立的。

5. 市编委市编（2005）号文件，证明：承包施工被强制分割工程的公司及其下属分支机构在2004年4月以前未从业主分离，仍属于其下属机构，而业主分割工程是在2002年5月。就是说，当时，业主作为发包人将部分工程强制分割给其下属机构进行分包施工，使其没有参加招投标的下属机构得以分包工程并获利，这才应当是强制分割工程的根本原因。

6.（2002）28号文件，证明：本案涉及调价是强制分割工程标段全部调价，并不是诉争标段调价。该标段被强制分割部分调价幅度较大，业主使其下属企业能够获得足够的不当得利才应该是工程被强制分割的真正原因和目的。

第三组证据，证明：工程公司施工工程质量优良，工期完全满足施工要求，不存在工期滞后问题。1.（2002）07号文件，证明：因工程公司施工工程质量和进度优良，被评为先进，获奖5000元。施工中不存在工期滞后情况。

2.（2004）07号文件，证明：工程公司施工工程经交付使用且验收达到优良。履约保证金予以退还。

第四组证据，证明：业主提起的仲裁超过法定的时效，应当依法驳回其仲裁请求。1.（2002）11号文件，证明：业主强制分割的事实发生在2002年5月，即使业主有权索赔，也应当在合同约定的期限或法律规定的时间内行使权利。

2.（2002）28号文件，证明：业主调价（包括被强制分割的标段工程）的事实发生在2002年10月。就是说,至此,业主应当知道按合同约定的仲裁实效行使权利。但最迟应当在我国《民法通则》规定的时效内行使,才有可能受到法律的保护。

3. 业主索赔意见书和监理公司审核意见,证明:业主于2006年5月才提出索赔请求,监理于2006年6月,才作出所谓的意见。业主单位于2006年5月才向工程公司邮寄索赔请求书。已经远远超过法律保护的时效期限。

4. 合同仲裁条款和我国《民法通则》的规定,证明:业主的请求超过时效,不应当受到法律的支持。

综上所述,工程公司认为,业主(申请人)没有严格按照FIDIC施工合同条件的约定履行义务,已经构成严重违约,应当承担相应法律责任。其仲裁申请请求没有事实根据,不符合合同约定,缺乏法律依据,应当依法予以驳回。

维权结果:

仲裁开庭后,业主(申请人)提出撤回仲裁申请。

附 仲裁决定书摘要

×××仲裁委员会

决定书

(2006)×仲字第×号

申请人:×××市×××局

法定代表人:×××职务:局长

住所:×××市×××路×××号

委托代理人:×××律师事务所律师,特别授权

委托代理人:×××市×××局法律顾问,一般代理

被申请人:×××工程公司

法定代表人:×××职务:董事长

住所:×××市×××路×××号

委托代理人:×××,特别授权

申请人×××市×××局(以下简称申请人)与被申请人×××工程公司(以下简称被申请人)施工合同纠纷一案,申请人向×××仲裁委员会提交了仲裁申请,×××仲裁委员会依法受理了此案。

根据《中华人民共和国仲裁法》和《×××仲裁委员会仲裁规则》的规定，根据双方当事人的选择和×××仲裁委员会的指定，本案的仲裁庭由仲裁员×××组成，由×××担任首席仲裁员，×××担任记录。

仲裁庭于2006年10月×日和2007年1月×日开庭审理了本案。申请人的委托代理人×××和被申请人的委托代理人×××参加了开庭审理。

二〇〇七年七月×××市×××局以庭外解决为由向仲裁庭提出撤回仲裁申请。仲裁庭认为×××市×××局撤回仲裁申请不违反法律规定，决定同意×××市×××局撤回仲裁申请，仲裁费用由申请人承担。

第十四节
恶意解除合同不能免除合同义务；约定高额违约金就应当为此买单

房地产公司与个人合作建房，个人出资，房地产公司报批承建，双方约定应得房产归各自所有。个人将其部分房屋售予他人，公司予以确认。而他人诉请交房办证时，公司与个人却诉讼解除合作合同。购房人还能否请求其承担交付房屋、办理产权证和支付违约金的责任吗？

基本案情：

2003年2月，房地产公司与杨某签订合作合同，共同投资兴建某广场商住楼。约定由房地产公司提供土地，并负责办理施工前报批手续策划销售等，杨某负责项目开发建设的全部资金和施工。双方利益分配采用产权分配形式，首层店铺6000平方米产权归房地产公司所有，负一层及二层以上40000平方米产权归杨某所有。

2003年10月，杨与吴某签订买卖合同，约定将杨某所有的房产的8000平方米以800元/平方米卖给吴某，卖方交付房屋并于2005年2月前办好房地产权证；买房应按照合同约定支付房款664万元。卖方如不能按期交付使用，未办好房地产权证，每延迟一个月，则在800元/平方米的基础上减20元；如买房不能按约定时间交款，每逾期一个月，则在800元/平方米的基础上，增加20元。后因杨某死亡，房地产公司出具证明，证明除该广场首层商场外，其余全部建筑物归杨某之弟支配。2004年1月日，该杨与吴某重新签订和上述内容一致的买卖合同。该合同经房地产公司盖章，确认该合同标的物产权属该杨所有。2004年6月房地产公司取得了商品房预售许可证，并证明上述8000平方米房产已申请合同备案，该公司同意其按该买卖合同的条款继续执行。至2005年1月，买房付款325万元。吴某诉其交付房屋时，房地产公司与该杨诉讼调解解除合同。

维权经典：

2006年10月，原告吴某诉讼请求判令被告房地产公司和被告该杨交付房屋、办理产权证并承担逾期交房的违约责任。起诉第后，房地产公司立即向法院起诉，请求解除与该杨签订的上述合作合同，因双方达成协议解除上述合作合同，法院作出民事调解书予以确认。

一审法院经审理认为：根据合作合同的约定，被告该杨有权对其商品房产权进行处置，其与原告签订买卖合同合法有效。该合同房地产公司认可同意，且已对上述买卖合同作了确认和备案，合同约定的生效条件已成就，合同已生效。原告已依约付款，其有权按合同约定要求被告该杨在2005年2月×日前将房屋交付使用并办好房产地产权证。被告该杨至今未交付房屋和办证，其应承担的违约责任除了交付房屋和办证外，还应支付相应的违约金。合同约定的违约金过高，根据最高人民法院司法解释的规定，可按当地房屋租金予以调整。

房地产公司作为合作合同的当事人，为合作项目的买卖办理预售许可证、房地产权证等是其合同义务，本案中原告请求办证的主张，非房地产公司的协助，作为买卖合同当事人的被告该杨无法独自完成。而由于合作合同已被解除，原告请求交付房屋的主张亦须房地产公司的协助才能完成。根据《合同法》第92条的规定，合同的权利义务终止后，当事人应当遵循诚实信用原则，根据交易习惯履行通知、协助、保密等义务，合同解除后，合同当事人仍应履行协助对方处理合同解除后的善后事宜等法定的后合同义务。就本案而言，合作合同解除后，被告房地产公司仍应遵循诚实信用原则，协助被告完成合作合同解

除后的善后事宜,包括协助被告杨某向原告交付房屋和办证。一审法院判决:

被告该杨交付8000平方米吴某;为其办理房地产权证;向吴某支付违约金,违约金从2005年3月起至房屋交付之日每月按8000平方米×8.4/每平方米×130%的标准计算。被告房地产公司协助交付8000平方米;协助办理房地产权证。

房地产公司不服提出上诉。二审法院经审理作出终审判决;驳回上诉,维持原判。

本案的焦点是:房地产公司与商品房出卖人解除合作合同是否就能免除其交付房屋、办理产权证的义务和商品房出卖人承诺高额违约金如何承担责任?

第一,本案中,房地产公司与杨某签订合作合同,共同投资兴建某广场商住楼是真实意思的表示,后房地产公司亦具有商品房预售许可证。双方合同应为有效合同。杨某出售其商品房为有效处分。杨某死后,房地产公司认可杨某之弟继受杨某就合作建房合同的权利义务,其弟又与购买人吴某签订了与前内容完全一致的购房合同,房地产公司盖章确认所售房屋归吴某所有。至此,杨某之弟具有向吴某交付房屋、办理产权证的合同义务,房地产公司应当履行配合义务。

房地产公司在原告吴某诉讼请求判令交付房屋、办理产权证并承担逾期交房的违约责任之后立即向法院起诉,请求解除与该杨签订的上述合作合同,双方协议解除上述合作合同。由于房地产公司和杨某之弟诉讼中双方同意解除合同,法院予以确认并无不当。但是,其诉讼解除合作合同明显具有逃避交付房屋、办理产权证义务的恶意。对此,应当认为,杨某之弟尽管解除了与房地产公司的合作合同,但是改变不了双方已经投资、房屋已经建成和吴某已经支付主要房款的事实,他仍有履行向吴某交付房屋、办理产权证的合同义务。而对于房地产公司来说,根据《合同法》第92条的规定,合同的权利义务终止后,当事人应当遵循诚实信用原则,根据交易习惯履行通知、协助、保密等义务。房地产公司有义务配合杨某之弟向吴某交付房屋、办理产权证,其承担的是我国《合同法》92条规定的后合同义务。

第二,关于出卖人应当承担的违约金问题。本案中,二审法院维持一审判决。根据一审判决杨某之弟承担的违约金为:每月8000平方米×8元每平×130%,也就是说,每月为9万元。支付期间为:2005年3月至房屋交付之日。

暂计至2006年12月为20个月,应为:180万元。而合同约定的违约金为每迟延交付一个月,则在800元/平方米的基础上,减少20元,20个月×20元,应减少400元每平米,应减少332万元。生效判决确认的每月9万余元共计180余万元,明显支持了购买人弱势群体的违约金诉求。

案件结果:

生效判决:商品房出卖人杨某之弟向吴某交付房屋、办理产权证;房地产公司履行配合义务。商品房出卖人承担违约金180余万元。

第十五节
确认合同效力，索赔才有依据

合同约定的生效条件不完全具备，如何认定合同效力？施工企业擅自停工，通知解除合同，施工企业既不予理睬又拒绝撤离现场。开发公司怎样维权？

基本案情：

2011年9月，×某房地产开发有限公司（下称开发公司）与×某建设工程有限公司（下称工程公司）签订了建筑工程施工合同。约定：工程公司承包施工开发公司开发的某房地产项目的1#、2#、3#楼工程；合同签订后工程公司向开发公司支付800万元履约保证金之日起合同生效；工程公司必须保证工程的节点工期和总工期按时交竣工，否则，每逾期一天支付违约金2万元，并且开发公司有权终止合同。但是，合同签订后工程公司仅支付履约保证金200万元而进场施工，2012年2月工程公司停止施工双方发生纠纷，工期违约100天，给开发公司造成巨大损失。

请问：1、双方签订的施工合同是否生效？如果未生效，开发公司怎样挽回损失？2、如果施工合同已生效，开发公司能否解除合同？怎样解除？

经典维权：

哲学上的矛盾既相互联系相互同一，又相互排斥相互对立。同时矛盾具有普遍性和特殊性。它要求我们在案件诸多矛盾中区分根本矛盾和非根本矛盾，主要矛盾和次要矛盾以及矛盾的主要方面和次要方面，坚持“两点论”和“重点论”的统一。认识和处理民商事法律事务必须始终坚持马克思主义的矛盾观。

对立统一规律又称矛盾规律，是唯物辩证法的实质和核心。因为它揭示了普遍联系的根本内容和事物发展的内在动力，是贯穿于其他规律和范畴的中心线索。矛盾是指事物内部两方面之间既对立又统一的关系，也就是事物内部两方面之间既相互排斥又相互联系的关系。矛盾规律的基本内容是，任何事物都包含着矛盾，矛盾双方既统一又斗争，由此推动事物的运动发展。马克思主义经典作家深刻阐明了矛盾的同一性和斗争性及其相互关系、内因和外因及其相互关系，普遍性和特殊性及其相互关系，矛盾的不平衡性等问题。

质变和量变，肯定和否定的关系，是根本的对立统一关系。事物变化发展的根本原因在于事物内部的矛盾性，因此，矛盾分析方法也就成为我们最根本的认识方法。矛盾是唯物辩证法的核心范畴。矛盾的同一性是指矛盾着的对立面相互之间不可分割的联系，是对立面之间的相互联结、相互吸引、相互渗透的倾向。矛盾的同一性包括两个方面的内容，即矛盾双方既相互依存又相互贯通。这种贯通性主要表现为相互渗透和相互转化的趋势。矛盾的斗争性是指矛盾双方互相排斥、相互对立的性质，体现着双方相互排斥、相互分离的性质和趋势。同一性和斗争性是矛盾的两种基本属性，它们之间的关系首先表现为相互联结、相互制约。矛盾的同一性是相对的，斗争性是绝对的，这同事物静止的相对性和运动的绝对性是一致的。矛盾是事物发展的动力。这个矛盾不仅是指事物的内部矛盾，还包括事物的外部矛盾。事物的内部矛盾，就是事物发展的内因。事物的外部矛盾，就是事物发展的外因。唯物辩证法认为，任何事物的发展，都是由内因和外因共同作用的结果，但是，它们在事物发展中的地位和作用却是不同的，不能相提并论。内因是事物发展的根据，是第一位的原因。外因是事物发展的条件，是第二位的原因。外因通过内因而起作用。事物运动、发展的源泉就在于事物内部的矛盾性。

矛盾的普遍性和特殊性,毛泽东称其为矛盾问题的“精髓”。所谓普遍性,是指矛盾在空间上无处不在,在时间上无时不有。矛盾的特殊性是指每一事物的矛盾及每一矛盾的每一方面各有特点,不同的事物及其在不同的发展阶段,其内部对立同一的具体关系是各不相同的。矛盾的特殊性表现着事物内部矛盾及其运动过程的复杂性,世界上的事物运动之所以千差万别,就是因为各种事物内部的矛盾各有其特殊性。认识矛盾的特殊性,就是要从诸多矛盾中区分根本矛盾和非根本矛盾。根本矛盾,是指贯穿于事物发展过程的始终并规定事物及其过程本质的矛盾。非根本矛盾是不一定贯穿于事物发展过程的始终、不规定事物及其过程本质的矛盾。在矛盾发展过程中,各种矛盾之间和矛盾各方面之间的力量是不平衡的,认识矛盾的特殊性,就是要根据矛盾力量的不同地位和作用,区分主要矛盾和次要矛盾、矛盾的主要方面和次要方面。主要矛盾是在一个矛盾体系中居于支配地位,对事物发展过程起决定作用的矛盾。次要矛盾则是处于从属地位,对事物的发展过程不起决定作用的矛盾。如果条件变了,主要矛盾和次要矛盾就会发生变化。这里的主要矛盾与根本矛盾是有区别的,根本矛盾是从规定过程性质的方面确定的,而主要矛盾是从它在复杂的矛盾体系中所占的地位确定的。认识主要矛盾和次要矛盾、矛盾的主要方面和次要方面之间的辩证关系,就是要求坚持唯物辩证法的“两点论”和“重点论”的统一。矛盾的普遍性和特殊性的关系就是共性和个性、一般和个别的关系。它们的辩证关系可概括为三个方面:其一,是相互对立的。其二,是相互联结、相互依存的,个性中包含着共性,特殊性中包含着普遍性,个性一定与共性相联结而存在。其三,是相对的,它们在一定条件下是可以相互转化的。

本案的根本矛盾是双方对支付200万元履约保证金、进场施工以及合同已生效均无异议。开发公司认为,要想及时挽回财产损失并防止损失的继续扩大,必须主动采取维权措施。同时认为,合同已生效,开发公司可以直接追究工程公司的工期违约责任而不是合同终止或解除后;并且应当及时行使合同解除权,以防止损失的进一步扩大。

于是,开发公司根据约定依法提起仲裁指出:申请人开发公司与被诉人工程公司签订的《工程施工合同》约定:工程概况为某地块一期工程,内容为一期开发的1#、2#、3#,总建筑面积约为10万平方米。承包方式:承包人以包工、包料、包质量、包工期;并对工期予以具体约定,每提前或拖后一天发包人按照2

万元奖励或处罚承包人。除按上述处罚外,发包人同时保留进一步追索,承包人给发包人造成损失的补偿的权利,罚款将从承包人的工程款中直接扣除。合同签订后,工程公司开始施工,在合同履行过程中,由于工程公司履约能力所限,工程质量、安全不能满足施工要求,被监理部门多次通知要求整改。后工程公司单方无故停止承包工程的施工,使工程工期严重违约,不能满足施工合同要求。因此,特申请裁决工程公司按照合同约定承担违约责任,向开发公司支付工期违约金500万元。

工程公司认为,工程停工责任在开发公司一方,不应当支付工期违约金;应当继续履行合同,并保留追究赔偿损失的权利。

开发公司在向仲裁庭出具相关证据的基础上明确意见如下:

一、双方2011年9月×日所签订的《施工合同》为有效合同。因为:

开发公司认为:双方签订《施工合同》后,工程公司向其支付了履约保证金200万元,开发公司同意工程公司进入合同约定的施工场地进行施工,双方已实际履行施工合同。尽管工程公司未按照合同约定足额支付履约保证金属于违约行为,但是,开发公司最终接受了现实。所以,开发公司认为该《施工合同》属于有效合同。同时,工程公司对施工合同有效并已经实际履行不持异议。

二、工程公司依法应当按照约定承担违约责任。工程公司在履行合同过程中,存在着不能全面履行施工合同的过错责任。开发公司出具了证据证明:工程公司在施工过程中存在施工质量不符合要求、施工安全不达标、施工材料质量差等问题,而被监理机构多次查处包括停工整顿、返工等。这些足以说明,工程公司在该工程施工过程中,存在着违约行为,没有全面履行合同。工程公司工期违约应当承担支付工期违约金的责任。工程公司擅自停工证明该停工的过错在工程公司。同时,工程公司对于进场施工的时间和开工日期没有提出异议。

三、双方的《施工合同》已经解除,开发公司请求裁决工程公司立即撤离现场、交付施工场地,事实清楚、合法有据,应当给予支持。

综上所述,认为:工程公司和开发公司签订的《施工合同》合法有效,工程公司工期违约应当按照约定支付违约金;开发公司行使合同解除权合法有效,工程公司既无异议又拒绝退场没有道理。工程公司的辩解没有依据,不应当采信;开发公司诉求应当受到仲裁庭的支持。

维权结果:

仲裁委员会审理认为:虽然合同约定了工程公司向开发公司缴纳800万元履约保证金的当日起合同生效,但由于开发公司已按照合同约定如期进场施工,并分两次向开发公司缴纳了共计200万元履约保证金的事实,说明开发公司和工程公司双方以实际行动变更了合同的相关约定,且已经实际履行。因此,该《施工合同》应确认有效;施工许可证制度是建设行政主管部门对建设工程项目加强监管的一种行政手段,法律没有规定合同在办理施工许可证之后才生效。因此,开发公司是否取得施工许可证并不影响《施工合同》的效力;因工程公司施工过程中存在施工质量不符合要求等问题,多次被监理单位发出停工整改等通知和《工程暂停令》的事实,节点工期,已构成违约,开发公司请求按合同约定支付工程节点工期违约金,本庭予以支持;在合同目的无法实现情况下,开发公司通知工程公司解除合同,开发公司和工程公司签订的《施工合同》已经解除。仲裁庭裁决如下:一、被申请人工程公司应于本裁决书送达之日起十日内向申请人开发公司支付工程节点工期违约金260万元。二、被申请人工程公司应于本裁决书送达之日起五日内撤离施工现场。

特别赏析:

本部分案例涉及的是建筑工程合同纠纷。建筑工程合同是承包人进行工程建设,发包人支付价款的合同。在我国,该类合同纠纷,目前主要适用我国《民法通则》、《合同法》及我国最高人民法院《关于审理建设工程施工合同纠纷案件适用法律问题的解释》等。

从适应市场经济建设和市场主体自主性权利的保护出发,依据强制性规范可分为效力性规范和管理性规范,我国对建设工程合同效力的认定较以前趋有放松。绝对无效的施工合同主要有:承包人未取得建筑施工企业资质或超越资质等级标准承揽建设工程的合同;没有资质的实际施工人使用有资质的建筑施工企业名义承揽工程的合同;建筑工程必须进行招标而未招标或中标无效的合同;承包人非法转包、违法分包建设工程的合同。视为有效及不作无效处理的施工合同:施工中取得资质的,按有效处理;有资质的劳务分包合同属于有效合同;肢解发包合同不一律作无效处理。特殊条款效力予以特别认定的施工合同:对当事人就垫资和垫资利息有约定的,承包人请求按照约定返还垫资及其利息的,应予支持(但约定利息计算标准高于中国人民银行发布的同期同类贷款利率的部分除外)；对当事人就垫资问题没有约定而实际存在垫资事实的，按照工程欠款处理。

关于施工许可证问题，没有法律规定说没有施工许可证的合同就是无效的，也就是说，施工许可证与合同本身的效力无关。同时，本案中对于如何解除合同的问题有两种意见：一种是通过仲裁请求裁决解除合同；另一种是直接由开发公司通知解除合同，最后统一意见为仲裁请求工程公司支付工期违约金，关于合同解除权，由开发公司以通知的方式直接行使。根据法律规定，一方当事人违反合同，另一方当事人可依法或依约解除合同。而合同解除权的行使，可以通过诉讼或仲裁，也可以直接通知解除合同，就是说，当事人有选择权。本案中，开发公司选择以通知方式行使解除权，既减少了诉讼成本，又节省了大量时间，开发公司择优维权值得借鉴。

第四章

民商行为科学论

第一节
马克思主义哲学是民商法学研究和发展的基础

民商法学主体的具体生活环境、学识基础和思维能力，决定着认识主体的认识与认识对象认知的客观真实程度。马克思主义哲学是科学的世界观和方法论，为我们能动地按照世界本来面目认识世界和改造世界提供了思想武器

民商法哲学应当成为一门独立的学科。民商法哲学的研究对象与民商法学的研究对象应该是相统的，即以民商法这一社会现象为对象进行学理性分析和研究。民商法学应当包括传统的民法和商法两个方面，民法是指法律体系中调整社会普遍成员之间人身关系和财产关系的法律规范，这是目前民法学者普遍接受的观点。这与我国《民法通则》关于我国民法研究对象的规定相比较是一个进步，我国《民法通则》第 2 条规定，民法调整平等主体的

公民之间、法人之间、公民与法人之间的财产关系和人身关系。这容易使人认为财产关系重于人身关系。事实上，在民法的理念中，人法重于财产法。我们将人身关系列于财产关系之前，以示人身关系的重要性。

马克思主义价值观认为，价值可以分为物的价值和人的价值，物作为价值客体的时候仅仅是客体，而人作为价值客体时同时还是主体。物的价值的实现是被动的，而人的价值的实现是主动的。物的价值是既定的有限的，人的价值是未定的无限的。可以说，人的价值是一种能创造价值的价值。这说明人权重于物权，现代民法理论将人身关系列于财产关系之前，是有马克思主义哲学基础的，进而说明民商法哲学研究，抑或民商法哲学学科的形成，具有历史必然性。

民商法学是民商法学的主体与民商法学对象的统一，而认识主体的具体属性决定理论体系的品质和性能。认识主体对客体的反映是能动的。主体的具体生活环境、学识基础和思维能力，决定着认识主体的认识与认识对象认知的客观真实程度。从马克思主义认识论层面看，主体的完整学识体系和科学的认知观念的建构应该是民商法学研究和发展的基础。

众所周知，民商案件涉及法学面广，还涉及医疗、交通、建筑工程等相关学科专业知识，办案难度大复杂程度高，社会生活又是复杂多样的，这就决定了民商案件涉及社会生活的方方面面。如果我们单从案件本身去分析是不够的，从法律本身来说，从权利本身裁决权利，都可能造成当事人的理解存在差异、对抗或对立。若要从世界观和方法论的层面去分析和研究，从“人”到“当事人”，再从“当事人”到“人”的层面去理解，情况就会好得多。作为一个人，一个公民，都平等地守法都平等地受到法律保护，都平等地享受权利都平等地履行义务，“以人为本，司法为民”的提出，都将使人们的理解和认识由对抗、对立走向统一。这就需要用马克思主义哲学基本理论来指导。

作者在数十年来的教学和法律实务工作中，总是发现：有的因借款没有持有凭据败诉而大呼冤枉，有的因欠货款多年未能要回而被告知已超过诉讼时效，有的看别人的工程款悉数要回，而自己的工程款对所建工程因未及时行使优先受偿权而追要无望……不能不令人深思。如果我们简单地认为寻找几条法律法规就可以维护我们已经遭受或将要遭受的权益那是不够的。因为由于法制的健全状况，法律法规制定的条件限制，人们对法律认知程度的差异，法官审判案件的自由裁量，社会现实的复杂多变等等，都将造成不同的人们对同一个事实本身和事实发生过程的认识分析存在差异，使我们的维权道路不得不面临许多挑战。多年的实践和探索使作者深深地体会到，在复杂的社会生活当中，在复杂棘手的案件面前，在我们分析认识和处理案件过程中，还应该坚持用马克思主义哲学的一系列基本原理作指导。比如，借据或证人证言是民间借贷关系的主要证据，如果没有这些证据，借款人又否认借款的存在，一般情况下，其请求偿还借款很难得到法院的支持。但是，辩证唯物主义物质观告诉我们，物质是客观存在的，你认识它它存在，不认识它它仍然存在；你承认它它存在，不承认它它也存在。借款的事实客观存在，借款人应当承认并依约偿还借款。如果有些借款人借以没有凭据就昧心地拒绝承认借款的存在，是不诚信的，也只是一种侥幸心理。马克思主义时空观告诉我们，时间和空间是运动着的物质的存在形式，只要借款的事实客观存在，就有它存在的时间和空间。我们坚定了信念，就有寻找证据查明事实的可能，维权也将更有希望。

概括地讲，作为世界观的学问，哲学又是方法论。世界观是人们对整个世界总的看法和根本观点。方法论是认识世界和改造世界的最一般方法，是关于方法的理论。哲学研究自然界、人类社会和人类思维最一般的规律，自觉按照这一规律来指导自己的思想和行动，这就是方法论。思维和存在的关系问题是哲学的基本问题。马克思主义哲学从科学的实践观出发，正确地解决了思维和存在的关系问题。马克思主义哲学以实践为基础，它来自实践，又为实践服务，并在实践中不断丰富和发展。实践既是思维和存在辩证关系的根源，又是思维和存在之间矛盾的基础。马克思主义主张要全面地看问题，切忌一叶障目，武断地下结论。还主张要本质地看问题，透过纷繁复杂的现象，揭示其背后的本质和规律。解放思想、实事求是、与时俱进是马克思主义的精髓。总之，马克思主义哲学是科学的世界观和方法论，是以实践为基础的革命性和科学性相统一的哲学，它正确地反映了自然、社会以及思维发展的一般规律，进而为我们能动地按照世界本来面目认识世界和改造世界提供了思想武器。民商法哲学的深入研究，将有助于培养正确看待世界的方法，培养辩证思维能力，分辨真理与谬误，现象与本质。民商法哲学，同样也是我们客观、本质、全面地处理民商案件的指导理论。我们有理由相信，如果我们能够积极、主动、全面地学习和研究民商法哲学，那么，我们将越能善于举证，规范诉讼，使案件事实与客观事实更趋于一致，越能更有效地维护法律的公正，进而，更有效地维护民事主体的合法权益。

第二节
民商法哲学理论具有世界指导意义

在英国，晚近以来特别是欧洲一体化的背景下，制定法与判例并重。财产法、侵权法和合同法是美国私法领域的三大法律制度。德国属于大陆法国家，德国的私法及其整个法律思维方式，都受到了古罗马法的强烈影响。不同的法系之间从法律渊源到具体制度的看法正在逐渐地接近，特别是在民商法领域对于合意、错误、显失公平、胁迫和诚信原则的评价等等普遍贯彻客观辩证的理念。因此，民商法哲学理论的形成和发展具有世界意义

一、关于合同效力的确认，充分体现了英国合同法哲学思想。

在英国，私法主要调整普通人日常交易中所形成的法律关系，私法也涉及公司与个人合伙的法律地位问题。私法包括合同与商法、侵权法、家庭法，以及信托与财产法等。公法主要涉及各种政府机构的组织和职能，这些关系正是宪法和行政法所调整的对象。公法还调整刑事犯罪，

涉及了国家对个人的控制权关系。在合同法中,虽然某个合同在所有的方面都符合要求,但仍然可能归于无效,因为合同的一方或者双方可能不具备真实合意,亦即不存在合意(consensusadidem)或者说“意图不符”。不真实合意可能会因为错误、虚假陈述、胁迫和不正当影响等因素而导致。在某种情况下,还存在不平等交易实力,如果强制执行基于不平等交易实力所形成的合同,那将会是不公平的。

特别重要的是,我们要区分错误和失实陈述,因为合同如果受到错误的影响,就会归于无效,而受失实陈述的影响,则仅仅使得合同归于可撤销。就合同双方当事人而言,这就会产生很细微的差别,因为在这种情况下,货物销售和金钱给付都可能得以返还。但是,对于可能涉及的第三方而言,这种区别就显得十分重要。如果 A 由于错误将货物卖给了 B,而 B 又将该货物转售给了 C,在这种情况下,C 不享有所有权,A 可以要求 C 返还货物或者就返还中的损害要求赔偿。从另一个方面来看,如果 A 和 B 之间的合同因虚假陈述而属于可撤销合同,那么如果 B 将该货物卖给了 C,在 A 解除 B 所签订的合同之前,C 基于善意而得到该货物并且支付价款,那么 C 将享有所有权,A 只能对 B 要求损害赔偿。

失实陈述这个词描述的是合同的一方当事人不具备真实合意这种情况。同错误相比,失实陈述对于合同的影响要轻一些,因为此时的合同只是可撤销合同而不是无效合同。这意味着,如果一方当事人受到误导,那么他就可以要求法院解除合同,将当事人双方的状况恢复到合同签订前的状况。因此,在买卖合同中,货物可能需要返还给卖方,价款返还给买方。但是,这对第三方的影响可能是更为关键的问题,因为,如果 A 由于 B 的失实陈述而将货物卖给我 B,在 A 有机会解除合同之前,B 已经把该货物转卖给了 C,C 没有得到有关存在失实陈述的通知,如果 C 支付了价款得到了这批货物,那么 C 就拥有完整的权利,而 A 不能要求 C 返还原物,也不能起诉 C。A 所能得到的救济是相当于 B 的,可以援用的救济取决于失实陈述的性质,亦即到底是处于欺诈、过失还是无过错。

关于合同显失公平的确认。合同一方当事人受到不正当压力或者合同中存在交易实力不平等,法院会在适当的案件中取消合同。但是,仅仅是不平等本身并不充分;法院要审查案件的具体情况。关于交易实力不平等的一个案例是：A 是一位经验丰富的经理，与一位明星 B 签订了一份合同，B 的商业经验很少，或者可以说他根本没有商业经验。根据该合同，B 将自己作品的版权在若干年内授予 A。法院认为，B 可以将合同归于无效，因为 A 已经利用了自己超出正常水平的交易实力。

合同公平与否并没有普遍规则。在法律上，并没有任何原则要求所有的交易必须支付公平的价金，在某些不公平的合同也可具有法律效力，只要合同当事人具有平等的交易实力即可。在 Burmah 出售股票案中，Burmah 陷于财物困境，他向政府出售了其所持有的英国石油公司的大量股票，价格低于证券市场交易价格。然后，Burmah 向法院提起诉讼，要求解除合同。法院没有支持他的诉讼请求。当然，如果一方在没有独立咨询意见的情况下参与交易，或者一方的交易实力被大大消弱，是可以解除合同，但是，从该案的具体情况来看，并不涉及上述这两种情形。该案中涉及的仅仅是单纯的商事关系，当事人必须严格遵守股票买卖合同。类似于 Burmah 案这样的案件表明，宽泛的“交易实力不平等”原则可能会出现误导。Lobb 公司抵押案是另一个例证。在该案中，某公司资金匮乏，迫切需要筹集资金，公司董事便对公司财产设定了条件苛刻的抵押，而法官仍然认为这份抵押有效。合同的商业压力可能会被视为正当的，而不论究竟存在多少交易实力不平等，尤其是在该案中，贷款是在存在严重风险的情况下为拯救 Lobb 公司而提供的，该公司当时正处于崩溃边缘。

二、法国民法典辩证法思想的体现。

合同的解除，是指享有合同解除权的一方所实施的消灭合同关系的行为。解除权的发生原因可分为约定原因和法定原因。约定原因即合同双方约定某种事实出现后当事人可解除合同的，该约定事实便是解除权发生原因。法定原因，在大陆法系国家中，解除权发生的法定原因包括两个方面：一是合同共通的原因；二是每个具体合同所具有的特殊原因。我国《合同法》第 94 条规定的合同解除原因即共通原因，包括：(1)因不可抗力致使不能实现合同目的。由于不可抗力造成合同不能履行，且不能达到合同目的的，任何一方都有权解除合同。(2)一方预期违约。所谓“预期违约”，是指合同当事人于合同履行期到来之前，声明拒绝履行合同义务或以其实际行为表示不履行合同义务的行为。(3)当事人一方迟延履行主要义务，经催告后在合理期限内仍未履行。为了鼓励交易、促进流通，一方履行迟延的并不当然发生对方的合同解除权，只有当违约方经催告后仍不履行义务的,相对方才有合同解除权。(4)当事人一方有根本违约之情形。为了促进交易,法律不轻易支持合同无效或解除。只有在一方迟延履行合同义务或者其他违约行为,致使不能实现合同目的的情形下,法律才赋予相对方合同解除权。

根据《法国民法典》第 1134 条第 2 款的规定,合同可因双方当事人的一致同意而得以解除。依产生根据的不同,当事人享有的单方面解除合同的权利可分为约定的和法定的解除权两类。约定解除要依当事人在合同中设置的解除条款或反悔条款而产生。一、解除条款,当事人可以在合同中设定解除条款,即赋予一方当事人以解除合同的权利。但解除条款必须采用明示的方法规定方可有效。此外,如同一切因债务人不履行义务而导致的合同解除一样,解除条款不能被债务人所引用。二、反悔条款,当事人可以通过合同约定,赋予一方当事人以"违约"的权利(即"反悔权")。这类合同条款是专为债务人利益而设定的,因为只有债务人才可以在履行义务与赔偿损失而解除合同之间进行选择。法定解除权,法国民法对一些合同中一方当事人解除合同的权利作了有针对性的规定。如《法国民法典》第 196 条规定:"夫妻之间在婚姻关系存续期间所为的一切赠与,即使是生前赠与,均得随时予以解除。"根据《法国民法典》第 1184 条的规定,当债务因可归究于债务人的原因而未履行时,债权人可要求债务人履行债务,也可要求解除合同,使合同关系归于消灭。

根据法国合同理论,合同双方一方当事人要求解除合同,必须具备两个条件:一、相对方有过错。一方要求解除合同,必须是基于相对方不履行义务的行为系因可归究于该方当事人的原因而发生。债务人对于其不履行债务具有过错,是指债务人不履行债务并非由于不可抗力,如果系不可抗力造成债务人不履行义务,则属于风险责任问题。二、相对方不履行义务的行为性质严重。相对方不履行债务的行为性质严重,是指相对方未履行其基本义务。如果相对方未履行居于从属地位的义务或仅部分履行基本义务,法官有权根据具体情况作出评判。

合同解除的法律效果,根据法国合同理论,合同一旦解除,合同关系即归于消灭。如果一方只是部分不履行义务,则合同仅发生部分解除的效果。如果义务的部分不履行使合同从整体上受到影响,则合同应全部解除。合同的解除具有溯及力,合同效力溯及至合同成立时起消灭,即合同被视为从未成立。就当事人之间的关系而言，如果合同未履行，则合同归于消灭；如果合同已经履行，则双方应按照合同无效后返还财产的同样方法相互返还财产。同时，有过错的当事人应承担赔偿损失的责任。法国民法上的不动产优先权，指债权人对债务人的不动产所享受的优先受偿权利，抵押权是其中最重要的一种。不动产优先权分为一般优先权和特别优先权两类。不动产的一般优先权，在《法国民法典》的体系中，一切不动产的一般优先权都赋予其权利人对于债务人的全部不动产的价款的优先权。

根据《法国民法典》的规定，前述不动产的一般优先权所赋予权利人的优先受偿权利具有很强的效力，其表现为，引用该种优先权的债权人可以先于抵押人而获得清偿；如果数个受益于不动产一般优先权的债权人同时出现，则诉讼费用的优先权位于第一，其余则在其后平等受偿。根据《法国民法典》第2107条的规定，这一优先权免除登记的手续。而在其他优先权，为引用其追及权，债权人必须将其优先权予以公示。

不动产的特别优先权，不动产的特别优先权包括由法律规定的抵押权，其具有优先受偿性质，适用抵押权的一般原则。抵押权和不动产特别优先权的设定。抵押权可产生于法律规定、法院判决或当事人订立的合同。而优先权的唯一渊源是法律，优先权的设定只能根据被担保的债权的性质进行。不动产特别优先权的设定有以下几种情况：一、不动产出卖人的优先权，买卖产生的优先权和担保的债权，优先权保证了合同中规定的出卖价款的债权。二、金钱出借人对于以该金钱取得的不动产的优先权。三、共分人的优先权，《法国民法典》第2103条第3项规定的这种“共分人”的优先权是为了确保共分人之间的平等。此种优先权产生于一切不动产的分割，尤其是遗产分割及夫妻共同财产或合伙财产的分割。四、建筑师、承揽人以及工人的优先权。此种优先权设定于修建的不动产，但仅限于建筑工程为该不动产增加的价值部分，且为行使优先权时该增加的价值尚存的部分。事实上，这一担保权是建立在债务人财产中一项价值的混合的观念之上。至于优先权的归属，其应属于一切实施修建工程的人，只要他们与不动产所有人有直接的关系。依这一条件，优先权属于建筑师、承揽人以及工人。就为承揽人利益而工作的工人而言，他们与建筑物所有人无直接关系，故不应具有优先权。但是，他们就其报酬对于其雇主的财产享有优先权。此外，他们具有对抗房屋所有人的直接诉权。五、财产分割的优先权。六、租赁、转让合同之受让人对于所有权的优先权。

抵押权和不动产特别优先权的有效条件:一、形式的完备,即登记程序和费用垫付。《法国民法典》对有关登记程序作了具体规定,当事人应向房地产抵押登记员出示抵押权或优先权的证书的原件或副本,但财产分割及法定抵押除外;进行登记的债权人应垫付费用,但该费用最终由债务人负担。二、登记期限。不动产特别优先权应自产生该优先权的行为或事实出现之日起的一定期间被登记。如果在这一期间内未予登记,优先权的性质即改变。如果自该期限起无任何事项中断登记期间,则登记仍可进行,但该优先权转变为单纯的法定抵押权(《法国民法典》第2113条)。

根据我国《合同法》第286条的规定,发包人逾期不支付工程价款的,建设工程的价款就该工程折价或者拍卖的价款优先受偿。同时规定了优先权的两种实现方式:(1)协议方式即双方可以协议将工程折价优先受偿工程款;(2)拍卖方式即由承包人申请人民法院将工程拍卖优先受偿工程款。这就是说,法律允许发承包双方就工程款优先受偿予以认可和达成协议。我国《最高人民法院关于建设工程价款优先受偿权问题的批复》第1条规定,人民法院在审理房地产纠纷案件和办理执行案件中,应当依据《中华人民共和国合同法》第286条的规定,认定建筑工程的承包人的优先受偿权优于抵押权和其他债权。这表明,无论在审理案件和办理执行案件中,即当事人在执行阶段主张该权利的,只要能认定工程款有优先受偿权,人民法院就应当予以支持。

三、美国不动产法律制度对于不动产买卖合同中部分履行行为的确认是辩证法理念在民商法学领域的具体体现。

财产法、侵权法和合同法是美国私法领域的三大法律制度。在美国,按照能不能实施占有,可以把各种不动产权益分为占有性权益和非占有性权益;按照能不能当前现实享有,可以把各种不动产权益分为当前权益和未来权益。根据买卖合同转让不动产,一旦当事人签订了有约束力的不动产买卖合同,就形成了买卖关系。有约束力的合同,必须包含当事人愿意接受约束的意思表示、对价、当事人的身份、不动产的有关情况及购买价款等内容。由于这种合同涉及不动产权益的转让,所以,应适用《反欺诈法》的规定,必须以书面形式签订合同。根据《反欺诈法》的要求,书面合同至少必须记载下列内容:当事人的姓名、不动产说明、表示买卖意图的措辞、买卖条件和双方当事人的签名。然而,口头不动产买卖协议，与受《反欺诈法》调整的其他合同一样，可以在衡平法法院以实际履行的方式强制执行；有时，可以根据禁止反言（致人损害的信赖）或者部分履行的原则，在普通法法院得到损害赔偿。对于怎样的行为才构成有效的部分履行这个问题，各法院在适用《反欺诈法》时有分歧。最重要的因素，是购买价款的支付行为、交付占有权给买方的行为、买方对不动产的改善行为。为强化判决的认可度，法院认为，具有下列情况之一，就实施了有效的部分履行行为：（一）买方已支付全部或部分价款；（二）卖方已将占有权交付给买方；（三）卖方已将占有权交付给买方，买方已支付全部或部分价款；（四）卖方已将占有权交付给买方，买方实施了改善行为。

在上述情况下，都可以证明存在合同关系，否则，就几乎不可能实施那些行为。一般情况下，不动产买卖必须签订书面合同，且至少必须记载规定内容和签名。但是，在特定情况下，口头不动产买卖协议或者实施了有效的部分履行的行为，法院可以认定其存在不动产买卖合同关系。辩证思维在此得以具体体现。

在中国现阶段，关于不动产的法律规定和司法实践，仍坚持以登记确认不动产产权及不动产买卖合同的效力是值得商榷的。

四、德国商法关于商行为的规则是商法典哲学思想的典型反映。

商法在德国，狭义上讲，是指由《德国商法典》所规定的，适用于商人的各种法律规范。广义上讲，商法还包括诸如票据法、公司法等其他有关商事活动的法律领域。根据《德国民法典》的规定，保证和债务的承认只有在具有书面形式时方为有效。但是，口头保证或承认债务对商人却有拘束力。此外，承诺支付契约违约金的商人，不管数额再大也必须支付。但对于普通人来说，根据《德国民法典》的规定，法院可以将违约金减至“合理的数额”。

《德国商法典》在某些方面改变了契约法的一般原则。作为一般规则，契约的成立必须经过要约和承诺，如果受要约人未对要约作出明示的或默示的承诺，契约就不会存在。但是，根据《德国商法典》的规定，如果受要约人是商人，而其业务涉及对他人事务的管理，那么，在其不打算接受要约时，必须作出明确的表示，对要约的沉默将构成承诺。据此，如果一个客户指示其经纪人买进某种证券，而经纪人既未答复也未买进，那么，该经纪人就要对此承担契约上的责任。虽然，《德国商法典》的规定只适用于涉及“管理他人事务”的职业，但如果在商人与客户之间已经存在某种业务联系，或者该商人主动地提出了某种服务项目，那么，他就有义务对客户的指示或要约作出答复。由此可见，《德国商法典》的规定对于单纯的销售要约并不适用。所以，当一个供应商向一个裁缝提出要向其出售更多数量的布匹时，该裁缝不一定要对这一要约作出答复。

根据一般性的法律规定，对要约的承诺如果迟延，契约不能成立，因为迟延的承诺构成了新的要约。但对于商人来说，他可能负有答复这一新要约，或明确表示不打算接受这一新要约的义务，因此，他的沉默将等同于对新要约的承诺。此外，法院还创立了一种与此相对应的，所谓的"商业确认书"制度。商业确认书是一种信函，它将当事人以前达成的协议（常常是口头约定）用书面的形式表示出来。一个商人从对当事人那里收到此种信函后，如果认为其未能反映双方共同的观点，就必须作出答复；他的沉默将构成对该信函本身的承诺，除非该信函的内容与先前的缔约谈判相差甚远，以致发信人不可能合理地期望对方当事人接受信函的内容。

《德国民法典》对动产的善意买受人的保护，在《德国商法典》中得到了进一步的扩大。根据《德国民法典》第932条的规定，要求买受人相信出卖人是所售物品的所有人；但在商业活动中，商人常常有权出售属于他人的货物，如行纪代理商等。因此，《德国商法典》第366条规定，那些知道出卖人并非所有权人，但善意地相信出卖人有权代表所有权人处分物品的善意买受人，也应受到保护。当商人质押动产或商业证券时，也适用同样的原则。

以上分析告诉我们，民商案件要想得以及时、公正、妥善地解决，从马克思主义否定观层面讲，需要从实际出发，具体问题具体分析和对待。从马克思主义矛盾观层面讲，矛盾具有普遍性和特殊性，要坚持唯物辩证法的"两点论"和"重点论"的统一。

可见一斑，民商法哲学研究具有世界指导意义是显而易见的。

第三节
民商行为科学的形成势在必行

民商行为科学，要求民商事主体的民商事行为是科学行为；民商行为科学是民商法私法规范性质的客观要求，是民商权益维护和助推社会公平正义的客观需要

作者认为，民商法哲学不仅仅应当是民商法学研究的基础和组成部分，而且更应当作为专门学科去重视、研究和运用。民商行为科学的研究和形成有助于解决把司法审判简单理解为执法者审判，把法官自由裁量简单地理解为法官本人自由裁量的误区问题，使案件当事人，乃至每个公民都能正确理解和认识司法审判是国家法律的贯彻执行，进而真正使当事人，特别是自认为被“冤枉”的当事人们，接受公正审判。使其认识到，自己难以接受的“损失”可能是因为其自身的法律知识的欠缺，或是由于自身的过失过错责任，而不是司法审判层面本身的问题。

作者认为，民商行为科学理论应当作为专题进行研究，其理论基础是：民商法属于私法规范，民商事主体在民

商事法律行为中，始终贯彻着意思自治原则，即自我认知、自由处分、自我保护和自力救济。从中国乃至世界范围看，能够对自己意思自治正确表达和对民商法律法规深入理解的人口数量是有限的。民商事主体的民商权益都应当受到保护，因此，民商权益维护需要公民、法人等全社会民商事主体的参与，需要民商事主体对民商事法律权益保护的认知能力的提高。民商法哲学理论的提出，就是为了用马克思主义哲学的世界观和方法论指导民商法学的理论研究和民商事案件的实务处理，为民商事主体科学维护民商权益提供理论依据，从而为民商行为的科学行使，民商权益的科学维护提供保障。

民商维权，需要民商事主体在民商事法律行为的确立、履行、风险防范、纠纷和解以及民事诉讼行为的行使各环节中，均应处于明知、自治和自我担责的明知状态，这是其维权的主要方面。而国家公权力的救济一般表现在民事诉讼、法律监督等程序环节中。因此，我们可将民商事权益的维护，划分为若干层面来分析，从而，有利于分清是非，化解矛盾，有利于当事人案结事了，服判息诉，最终为构建和谐社会做出应有的贡献。

这里，我们现从一个简单的民事行为撤销权的行使案件而最终导致成为一个上访案件来分析。2003 年，周某因欠中国农业银行贷款 20 万元未按期归还而被起诉。在判决生效执行过程中，周与农行签订和解协议，以价值 70 万元的多处房产抵偿债务。事隔年余，周以显失公平为由，请求法院撤销该协议，农行则辩称 1 年的除斥期间已过，周某的撤销权归于消灭，农行的主张获得法院支持。此后，周某上访不止，迫于社会治安综合治理责任制的压力，法院启动再审程序重审该案。作者认为，对于本案重审的法律依据值得研究。

有意见认为，上访过程中，周某只是一味强调显失公平而主张撤销和解协议，并未提出任何其他符合重审条件的事实和理由，因此，本案判决应已发生既判效力。然而，人民法院在我国特定的政治权力结构中，被赋予了司法之外的政治使命，其任务包括为政府维持社会稳定排忧解难，社会治安综合治理责任制直接指向上访问题。我国《民法通则》无论是对民事行为的变更还是撤销都未规定除斥期间，我国最高人民法院《关于贯彻执行 <民法通则> 若干问题的意见（试行）》第 73 条第 2 款虽规定，可变更或者可撤销的民事行为，自行为成立时起超过一年当事人才请求变更或者撤销的，人民法院不予保护，但我国《合同法》第 55 条仅对请求撤销规定了 1 年的除斥期间，而对请求变更未作规定，故按新法优于旧法的原则，只要将周某的主张撤销改为变更该和解协议，则不应适用除斥期间的规定。

就本案原审的法律适用而言，无论是按照我国《民法通则》的上述规定，还是根据我国《合同法》第55条，周某之撤销权因1年的除斥期间归于消灭，均无疑义。但是，我们比较《合同法》第55条与最高人民法院司法解释在除斥期间之适用范围上的差异，并拟变通当事人的诉讼请求，通过策略性地解读法律，精心破解其自身因上访问题而面临的政治难题。然而，问题在于，法院的这一策略性地解读法律，是否遵守了法治社会的基本原则？我国《合同法》与我国《民法通则》对可撤销、可变更合同的规定情形不一致，应当如何适用？虽然我国《民法通则》、《合同法》都是普通法，但是，在一定意义上说，我国《民法通则》是普通法，是旧法，《合同法》相当于特别法，是新法。因此，当《民法通则》与《合同法》对同一问题作出了不同规定的，优先适用《合同法》，这是由于在法律适用上，以"特别法优先于普通法"、"新法优先于旧法"为原则，即对于该事项有特别法时，应适用特别法，而不适用普通法，只在无特别法时才适用普通法，普通法起补充特别法的作用。因此，对同一法律行为，新法和旧法规定不一致的，应当适用新法的规定，普通法和特别法规定不一致的，应当适用特别法。这是法律适用的基本原则。

就本案所涉案件类型而言，法院欲遵守平等原则，则必须清楚地说明：在当事人针对可撤销的法律行为请求变更时，其据以宣布此种变更权不适用除斥期间这一特定法律后果的条件是什么？尤其是在我国最高人民法院上述司法解释以及均认为请求变更亦应适用除斥期间的规定时，法院欲以我国《合同法》第55条为据排除除斥期间的适用，更有说明义务。

在以上认识的基础上，作者认为，从马克思主义哲学理论来分析将更有说服力。马克思主义矛盾观告诉我们，在解决矛盾时，首先，要分清主要矛盾和次要矛盾。本案的主要矛盾是，周某以70万元财产抵偿20万元债务，显失公平非常明显，这显然违背了民事行为应当遵守公平、等价有偿的原则。这是问题的实质。其次，本案中，在农业银行和周某之间，作为自然人个人周某明显处于劣势地位，农业银行知道和应当知道70万元财产和20万元债务的悬殊。应当认为该抵偿债务行为并非周某真实意思。第三，从法律适用上，作者认为，应当辩证地分析问题。我国《民法通则》是根本法，适用民法通则关于没有撤销权、变更权的除斥期间的规定是没有问题的。我国《合同法》对于撤销权的行使规定了1年的除斥期间,但是,对于变更权的行使没有规定除斥期间。同时,我国《合同法》规定,当事人请求变更的,人民法院或者仲裁机构不得撤销,没有规定,当事人请求撤销的,不得变更。因此,受理法院可以告知周某,把请求撤销协议改为变更协议,这样,既能实现纠正显失公平,又能克服程序无法可依的困难,是完全可行的。总之,实现司法之公平平等是我们共同追求的。

本案可以给我们以下启示:其一,从该个案上访人周某方面讲,如果了解和明白我国《民法通则》和《合同法》关于民事行为可撤销可变更的有关规定,能够在法律明文规定的期间内行使撤销权或变更权,说直白些,就是当事人没有及时行使撤销权是有过错的;其二,从国家立法和司法解释层面讲,如果对于民事行为可撤销可变更的有关规定,能够给予既概括又便于操作的人性化考虑;其三,从普通国民层面讲,如果我们的国民都能够了解一些马克思主义哲学的世界观和方法论的基本原理,并用于民商案件和社会矛盾的协调和解决,那么,本案将是一个很简单的民事案件,不会成为一个疑难案件,更不存在成为影响一个地区社会安定的上访案件。

本书中关于某机修厂承揽加工制作工程不签订承揽合同,不保存施工资料,险些造成重大损失的案例,就说明了民商行为实施过程中,作为被告一方是存在着过错责任,若因此使其企业遭受损失,应由责任人承担责任,而不存在司法不公的问题。关于担保人不及时行使追偿权的案列,担保企业挽回损失的诉讼成本极大,究其因是其对实体权益的麻木不仁和诉讼权益的自由放任。21世纪的中国是市场经济、法制经济,无论是对外开放还是对内改革,都必须遵守法律、法规和国际规则。民事主体、商事主体若再以不懂法、不知法为由,为其不当或过错的民商行为辩解将不再有实际意义,民商主体对自己的不当民商行为要担责任,要买单的。适应经济全球化新形势,必须实行更加积极主动的开放战略,完善互利共赢、多元平衡、安全高效的开放型经济体系。要加快转变对外经济发展方式,推动开放朝着优化结构、拓展深度、提高效益方向转变。这就需要民商事主体提高科学管理水平和风险防范能力,增强遵守国际惯例的规则意识,就需要民商事主体的民商事行为是科学行为而不是冒险行为。因此,民商行为科学的研究有利于我国社会主体市场经济的发展。全面推进依法治国,保障有法必依,就民商事法律领域讲,首先要求民商事主体的民商事行为必须遵守法律法规,必须在法律规定的范围内行使。所以,我们说,民商行为科学研究有利于促进法治建设。信访问题关系到社会的和谐发展和长治久安,从反映问题的内容和目的上看,相当一部分信访案件反映的是民商事主体的民生权益和经济利益的维护。然而,要想以信访个案本身的解决来从根本上解决信访问题是不可能的,应当从民商法律的制定、贯彻实施以及民商责任的区分等实质问题上予以考察、分析和处理,使信访问题的解决走上依法处理的法治轨道。据资料分析,有相当部分的信访案件,纠纷和诉讼的发生,当事人存在一定过错。如诉讼中,答辩期内没有及时提出管辖异议、判决收到后没有及时上诉等。在实体权益方面,没有及时行使撤销权、变更权,没有及时提出质量异议,没有履行通知义务,没有及时解除合同,没有约定损失赔偿标准等等。

需要说明的是,我们的目的是解决纠纷和化解矛盾,使纠纷双方尽可能地化干戈为玉帛。而不是得理不让人,激化矛盾,或置一方当事人于死地,使民商疑案个案可能成为社会的不安定因素。但是事实上冲突在于:在我国,作为普通国民并没有充分认识到民商法的私法规范性质、没有充分认识到自力救济的重要和不可或缺、没有充分认识到市场经济就是法制经济、没有充分认识到普及法律知识和遵守规则的必要性的情况下,一旦构成违约,形成纠纷,无论当事人事实责任如何,只要不愿接受裁判结果,大可以借司法不公为由,而无休止地申诉或上访。同时,虽然众所周知以事实为根据,以法律为准绳是我们的社会主义法治原则,但是,当事人等大可以借案件事实的认定和法律的适用是裁判机关人民法院或法官自由裁量决定的为由而拒不接受生效的生效裁判,尽管当事人等明知该生效裁判是公正和基本公正的。我们说,如果国民都能学法守法,按照规则办事,如果我们司法理念贯穿马克思主义哲学观,我们认定事实和适用法律时,是依据矛盾的主次要方面、量变质变状况、对立统一等规律办事的,而不是毫无原则的纯粹"自由裁量",我们的案件经得起国民的检验和历史的考验。那么,将真正使当事人赢得舒心,输得服心。

总之,作者认为,民商行为科学首先要求,民商事主体的民商事行为应当是科学行为。党的十八大提出要全面推进依法治国。推进科学立法、严格执法、公正司法、全民守法,坚持法律面前人人平等。而民商事法律事务涉及社会生活各个方面,民商权益维护关系到经济、社会的可持续发展和国家的长治久安。民商法规属于私法规范性质的法规,民商法规在立法时就给当事人的行为留有较大的空间;商法的私人性、财产性和效益最大化决定了民商权益的维护必须充分认识民商法的私法规范性质。作者认为,民商权益维护需要公民、法人等民商事主体的自觉参与,需要民商事主体对民商事法律权益保护的认知能力的提高,因此,民商事行为应当是科学行为。

第二,民商行为科学要求,我国应当重视和加强民事法律的制订,并且应当贯彻民商法律分立原则。从民商事立法层面讲,虽然我国已经建立了社会主义市场经济体系,但是,我国民事法律的立法与社会经济的发展相比明显滞后,截至目前我国实施的仍然是 1986 年 4 月 12 日颁布的《中华人民共和国民法通则》而不是《中华人民共和国民法典》。同时,由于我国两千一百多年的封建社会所形成的自给自足的小农经济和商品经济不发达的影响,使我国民商主体的规则意识、诚信意识、等价有偿和风险意识比较欠缺,民商分立原则更利于我国民商事主体民事行为的科学实施和民商权益的科学维护。因此,作者认为,我国应当贯彻民商法律分立原则,即在制定我国民法典的同时,还应当制定《中华人民共和国商法典》,以充分体现商法的私人性、财产性、营业性和牟利性的特征,使商事主体充分认识经营行为的高收益和高风险,从而有利于社会主义市场经济条件下交易安全的维护和经济社会的稳定。

第三,民商行为科学要求,民商事法律实务的执法者应当提高素质。从严格执法层面讲,由于法制的健全状况、法律法规制定的条件限制等等使民商权益维护不得不面临许多困难。所以,一方面,我们的执法行为要公正合法,执法人员要提高素质,深入研究民商法学理论、法律法规及立法原意,而不是仅忙在实务上。另一方面,应当区分民商纠纷案件事实责任,使民商纠纷各主体能够各自认知,自担其责,从而服判息诉。

第四,民商行为科学要求,应当加强全民民商法律的普及教育,才更有利于其民商权益维护。从全民学法守法层面讲,在民商行为科学的前提下,社会全体的民事、商事主体都应当学习、普及民事、商事法律法规及其民商法律基本常识,提高民商主体认识、判断和实施民商行为的能力和素质。

第五,民商行为科学要求,信访上访案事件的解决应当走上法制轨道,而不能是个案救急。信访问题关系到社会的和谐发展和长治久安,并且,涉法涉诉信访主要反映司法不公、执法不严、司法腐败等问题,从反映问题的内容和目的上看,相当一部分信访案件反映的是民商事主体的民生权益和经济利益的维护以及“利益兑现”的渴望。要想从根本上解决信访问题，应当从民商法律的制定、贯彻实施以及民商责任的区分等实质问题上予以考察、分析和处理，无论在实体上还是在程序上，都要从根本上分清案件纠纷的过错责任。如果属于错案，一定要纠正；如果存在权钱交易、枉法裁判一定要查处。但是如果属于民商事主体自身行为的过错责任，也应当告知其所承担的法律后果。使信访问题的解决走上依法处理的法治轨道。

第六，民商行为科学与农民工工资拖欠难题的解决。首先，对此，作者在进行一定的调查了解基础上认为，这一问题在建筑行业更加严重。从民商法律分析，农民工与施工企业实际拖欠或其他用工单位之间的法律关系首先是平等的民事法律关系，农民工是为谋生而务工，解决的是生存问题，应该全面受到民事法律的保护。但是，从商法层面讲，用工单位是以经营牟利为目的的营业行为，属于商事行为，应受到商法规则的约束并以其规则承担责任。而实际上，真正恶意拖欠民工工资的单位和责任人，即使被查处也仅在民事、行政方面承担责任。即用工单位拖欠农民工工资的违法成本过于低下，这是问题根本。

从另一方面讲，用工企业违反建筑法或其他法律规定，恶意被变相挂靠或者变相挂靠，使明显不具备施工条件的人或者其他用工人借其名义承揽工程和其他业务，但实际上履行能力非常有限，而农民工成为无辜受害者。作者认为，被挂靠企业与用工单位及其责任人存在着千丝万缕的利益关系，然而，他们并未为此承担严重不利的法律后果，而使农民工工资拖欠问题年年讲，年年不能根本解决。也就是说，用工单位的国家资质被利用了，实际责任人受益了，欺诈的人非法获利后逃逸了，而农民工工资拖欠问题成了党和政府的包袱。所以，作者建议，应从民商行为科学层面对此问题加以考察，以利于这一难题的根本解决。

最后，民商权益维护应当加强全民道德建设。我们中华民族是一个具有数千年文明发展史的优秀民族，优秀的中华文化确立了中华民族优秀的道德观。一定范围的民商事纠纷可以在道德观念指导下经民商事主体特别是民事主体的协商是可以解决的。因此，作者认为，中国特色的社会主义民商法的贯彻实施应当促进公民道德素质的提高，应当加强社会主义道德建设。如一些证据缺乏的良心债，单靠法规本身是难以全面保护受损一方的权益。

综上所述，民商行为科学的观点，利国利民，有利于民商权益维护，有利于预防民商领域的司法腐败，有利于化解社会矛盾和维护社会稳定。民商行为应当是一种科学行为，民商行为科学研究势在必行。对此，作者希望该议题能够引起有关专家、学者或社会的重视和参与。所以，我们说，民商维权，关系你我。要想实现法治公平，使人民群众在每一个司法案件中都能感受到公平正义，保证中国特色社会主义事业在和谐稳定的社会环境中顺利推进，我们都应当尽一个国家公民的匹夫之责。

民商行为科学的研究应当引起全社会的重视和关注。

主要参考资料

1. 王利明著,《与民法同行》(第1卷)(民法的发展与中国民法的未来),法律出版社,2006年12月第1版。
2. 肖海军主编,《商法学》(21世纪法学规划教材),法律出版社,2009年11月第1版。
3. 高富平主编,《民法学》(21世纪法学规划教材),法律出版社,2009年9月第2版。
4. 张俊浩主编,《民法学原理》(高等院校法学教材),中国政法大学出版社,2000年9月第3版。
5. 祝铭山主编,《建设工程合同纠纷》,中国法制出版社,2003年8月第1版。
6. (德)罗伯特·霍恩、海因·科茨、汉斯·G·莱塞主编,楚建译,《德国民商法导论》,中国大百科全书出版社,1996年12月第1版。
7. (美)詹姆斯·戈德雷主编,张家勇译,《现代合同理论的哲学起源》,法律出版社,2006年6月第1版。
8. (德)黑格尔主编,杨东柱、尹建国、王哲译,《法哲学原理》,北京出版社,2007年10月第1版。
9. (美)弗里德里奇·凯斯勒、格兰特·吉尔摩、安东尼·T·克朗曼著,屈广清等译,《合同法:案例与材料》,中国政法大学出版社,2005年版。
10. 吴庆宝主编,《商事裁判标准规范》,人民法院出版社,2006年1月第1版。
11. 吴庆宝主编,《民事裁判标准规范》,人民法院出版社,2006年1月第1版。
12. 何志主编,《合同法原理精要与实务指南》,人民法院出版社,2008年1月第1版。

13. 洪浑主编,《房地产法》,人民法院出版社,2008 年 1 月第 1 版。
14. 尹田著,《法国物权法》,法律出版社,2009 年 5 月第 1 版。
15. 尹田著,《法国现代合同法——契约自由与社会公正的冲突与平衡》,法律出版社,2009 年 6 月第 2 版。
16. 宋宗宇等著,《建设工程索赔和反索赔》,同济大学出版社,2007 年 7 月第 1 版。
17. 郝林编著,《FIDIC 施工合同应用技巧》,中国电力出版社,2008 年 2 月第 1 版。
18. 苟伯让编,《建设工程合同管理与索赔》,机械工业出版社,2003 年 5 月第 1 版。
19. 田威著,《FIDIC 合同条件应用实务》,中国建筑工业出版社,2002 年 6 月第 1 版。
20. 田威著,《FIDIC 合同条件实用技巧》,中国建筑工业出版社,2002 年 6 月第 2 版。
21. 国际咨询工程师联合会、中国工程咨询协会编译,朱锦林翻译,徐礼章校译,王川、徐礼章、唐平审订,《FIDIC 施工合同条件》,机械工业出版社(1999 第 1 版、中英文对照本),2003 年 1 月第 1 版第 2 次印刷。
22.《十八大报告辅导读本》,本书编写组,人民出版社,2012 年 11 月第 1 版。
23. 徐涤宇,《论法律行为变更权的期间限制——基于解释论的立场》,《民商法学》,2010 年第 4 期。

附　录[①]

一、中华人民共和国合同法(节录)

(◆1999年3月15日第九届全国人民代表大会第二次会议通过
◆1999年3月15日中华人民共和国主席令第15号公布
◆自1999年10月1日起施行)

总　则

第一章　一般规定

第一条　为了保护合同当事人的合法权益,维护社会经济秩序,促进社会主义现代化建设,制定本法。

第二条　本法所称合同是平等主体的自然人、法人、其他组织之间设立、变更、终止民事权利义务关系的协议。婚姻、收养、监护等有关身份关系的协议,适用其他法律的规定。

第三条　合同当事人的法律地位平等,一方不得将自己的意志强加给另一方。

第四条　当事人依法享有自愿订立合同的权利,任何单位和个人不得非法干预。

第五条　当事人应当遵循公平原则确定各方的权利和义务。

第六条　当事人行使权利、履行义务应当遵循诚实信用原则。

第七条　当事人订立、履行合同,应当遵守法律、行政法规,尊重社会公德,不得扰乱社会经济秩序,损害社会公共利益。

第八条　依法成立的合同,对当事人具有法律约束力。当事人应当按照约定履行自己的义务,不得擅自变更或者解除合同。依法成立的合同,受法律保护。

第二章　合同的订立

第九条　当事人订立合同,应当具有相应的民事权利能力和民事行为能力。当事人依法可以委托代理人订立合同。

第十条　当事人订立合同,有书面形式、口头形式和其他形式。法律、行政法规规定采用书

---

① 附录内容仅为方便读者参考,所有法律法规均以实施公布原文为准。

面形式的，应当采用书面形式。当事人约定采用书面形式的，应当采用书面形式。

第十一条 书面形式是指合同书、信件和数据电文（包括电报、电传、传真、电子数据交换和电子邮件）等可以有形地表现所载内容的形式。

第十二条 合同的内容由当事人约定，一般包括以下条款：

（一）当事人的名称或者姓名和住所；

（二）标的；

（三）数量；

（四）质量；

（五）价款或者报酬；

（六）履行期限、地点和方式；

（七）违约责任；

（八）解决争议的方法。

当事人可以参照各类合同的示范文本订立合同。

第十三条 当事人订立合同，采取要约、承诺方式。

第十四条 要约是希望和他人订立合同的意思表示，该意思表示应当符合下列规定：

（一）内容具体确定；

（二）表明经受要约人承诺，要约人即受该意思表示约束。

第十五条 要约邀请是希望他人向自己发出要约的意思表示。寄送的价目表、拍卖公告、招标公告、招股说明书、商业广告等为要约邀请。商业广告的内容符合要约规定的，视为要约。

第十六条 要约到达受要约人时生效。

采用数据电文形式订立合同，收件人指定特定系统接收数据电文的，该数据电文进入该特定系统的时间，视为到达时间；未指定特定系统的，该数据电文进入收件人的任何系统的首次时间，视为到达时间。

第十七条 要约可以撤回。撤回要约的通知应当在要约到达受要约人之前或者与要约同时到达受要约人。

第十八条 要约可以撤销。撤销要约的通知应当在受要约人发出承诺通知之前到达受要约人。

第十九条 有下列情形之一的，要约不得撤销：

（一）要约人确定了承诺期限或者以其他形式明示要约不可撤销；

（二）受要约人有理由认为要约是不可撤销的，并已经为履行合同作了准备工作。

第二十条 有下列情形之一的，要约失效：

（一）拒绝要约的通知到达要约人；

（二）要约人依法撤销要约；

（三）承诺期限届满，受要约人未作出承诺；

（四）受要约人对要约的内容作出实质性变更。

第二十一条 承诺是受要约人同意要约的意思表示。

第二十二条 承诺应当以通知的方式作出,但根据交易习惯或者要约表明可以通过行为作出承诺的除外。

第二十三条 承诺应当在要约确定的期限内到达要约人。

要约没有确定承诺期限的,承诺应当依照下列规定到达:

(一)要约以对话方式作出的,应当即时作出承诺,但当事人另有约定的除外;

(二)要约以非对话方式作出的,承诺应当在合理期限内到达。

第二十四条 要约以信件或者电报作出的,承诺期限自信件载明的日期或者电报交发之日开始计算。信件未载明日期的,自投寄该信件的邮戳日期开始计算。要约以电话、传真等快速通讯方式作出的,承诺期限自要约到达受要约人时开始计算。

第二十五条 承诺生效时合同成立。

第二十六条 承诺通知到达要约人时生效。承诺不需要通知的,根据交易习惯或者要约的要求作出承诺的行为时生效。采用数据电文形式订立合同的,承诺到达的时间适用本法第十六条第二款的规定。

第二十七条 承诺可以撤回。撤回承诺的通知应当在承诺通知到达要约人之前或者与承诺通知同时到达要约人。

第二十八条 受要约人超过承诺期限发出承诺的,除要约人及时通知受要约人该承诺有效的以外,为新要约。

第二十九条 受要约人在承诺期限内发出承诺,按照通常情形能够及时到达要约人,但因其他原因承诺到达要约人时超过承诺期限的,除要约人及时通知受要约人因承诺超过期限不接受该承诺的以外,该承诺有效。

第三十条 承诺的内容应当与要约的内容一致。受要约人对要约的内容作出实质性变更的,为新要约。有关合同标的、数量、质量、价款或者报酬、履行期限、履行地点和方式、违约责任和解决争议方法等的变更,是对要约内容的实质性变更。

第三十一条 承诺对要约的内容作出非实质性变更的,除要约人及时表示反对或者要约表明承诺不得对要约的内容作出任何变更的以外,该承诺有效,合同的内容以承诺的内容为准。

第三十二条 当事人采用合同书形式订立合同的,自双方当事人签字或者盖章时合同成立。

第三十三条 当事人采用信件、数据电文等形式订立合同的,可以在合同成立之前要求签订确认书。签订确认书时合同成立。

第三十四条 承诺生效的地点为合同成立的地点。采用数据电文形式订立合同的,收件人的主营业地为合同成立的地点;没有主营业地的,其经常居住地为合同成立的地点。当事人另有约定的,按照其约定。

第三十五条 当事人采用合同书形式订立合同的,双方当事人签字或者盖章的地点为合同成立的地点。

第三十六条 法律、行政法规规定或者当事人约定采用书面形式订立合同,当事人未采用书面形式但一方已经履行主要义务,对方接受的,该合同成立。

第三十七条 采用合同书形式订立合同,在签字或者盖章之前,当事人一方已经履行主要义务,对方接受的,该合同成立。

第三十八条 国家根据需要下达指令性任务或者国家订货任务的,有关法人、其他组织之间应当依照有关法律、行政法规规定的权利和义务订立合同。

第三十九条 采用格式条款订立合同的,提供格式条款的一方应当遵循公平原则确定当事人之间的权利和义务,并采取合理的方式提请对方注意免除或者限制其责任的条款,按照对方的要求,对该条款予以说明。格式条款是当事人为了重复使用而预先拟定,并在订立合同时未与对方协商的条款。

第四十条 格式条款具有本法第五十二条和第五十三条规定情形的,或者提供格式条款一方免除其责任、加重对方责任、排除对方主要权利的,该条款无效。

第四十一条 对格式条款的理解发生争议的,应当按照通常理解予以解释。对格式条款有两种以上解释的,应当作出不利于提供格式条款一方的解释。格式条款和非格式条款不一致的,应当采用非格式条款。

第四十二条 当事人在订立合同过程中有下列情形之一,给对方造成损失的,应当承担损害赔偿责任:

(一)假借订立合同,恶意进行磋商;

(二)故意隐瞒与订立合同有关的重要事实或者提供虚假情况;

(三)有其他违背诚实信用原则的行为。

第四十三条 当事人在订立合同过程中知悉的商业秘密,无论合同是否成立,不得泄露或者不正当地使用。泄露或者不正当地使用该商业秘密给对方造成损失的,应当承担损害赔偿责任。

第三章 合同的效力

第四十四条 依法成立的合同,自成立时生效。法律、行政法规规定应当办理批准、登记等手续生效的,依照其规定。

第四十五条 当事人对合同的效力可以约定附条件。附生效条件的合同,自条件成就时生效。附解除条件的合同,自条件成就时失效。当事人为自己的利益不正当地阻止条件成就的,视为条件已成就;不正当地促成条件成就的,视为条件不成就。

第四十六条 当事人对合同的效力可以约定附期限。附生效期限的合同,自期限届至时生效。附终止期限的合同,自期限届满时失效。

第四十七条 限制民事行为能力人订立的合同,经法定代理人追认后,该合同有效,但纯获利益的合同或者与其年龄、智力、精神健康状况相适应而订立的合同,不必经法定代理人追认。

相对人可以催告法定代理人在一个月内予以追认。法定代理人未作表示的,视为拒绝追认。合同被追认之前，善意相对人有撤销的权利。撤销应当以通知的方式作出。

第四十八条 行为人没有代理权、超越代理权或者代理权终止后以被代理人名义订立的合同，未经被代理人追认，对被代理人不发生效力，由行为人承担责任。

相对人可以催告被代理人在一个月内予以追认。被代理人未作表示的，视为拒绝追认。合同被追认之前，善意相对人有撤销的权利。撤销应当以通知的方式作出。

第四十九条 行为人没有代理权、超越代理权或者代理权终止后以被代理人名义订立合同，相对人有理由相信行为人有代理权的，该代理行为有效。

第五十条 法人或者其他组织的法定代表人、负责人超越权限订立的合同，除相对人知道或者应当知道其超越权限的以外，该代表行为有效。

第五十一条 无处分权的人处分他人财产，经权利人追认或者无处分权的人订立合同后取得处分权的，该合同有效。

第五十二条 有下列情形之一的，合同无效：

（一）一方以欺诈、胁迫的手段订立合同，损害国家利益；

（二）恶意串通，损害国家、集体或者第三人利益；

（三）以合法形式掩盖非法目的；

（四）损害社会公共利益；

（五）违反法律、行政法规的强制性规定。

第五十三条 合同中的下列免责条款无效：

（一）造成对方人身伤害的；

（二）因故意或者重大过失造成对方财产损失的。

第五十四条 下列合同，当事人一方有权请求人民法院或者仲裁机构变更或者撤销：

（一）因重大误解订立的；

（二）在订立合同时显失公平的。

一方以欺诈、胁迫的手段或者乘人之危，使对方在违背真实意思的情况下订立的合同，受损害方有权请求人民法院或者仲裁机构变更或者撤销。当事人请求变更的，人民法院或者仲裁机构不得撤销。

第五十五条 有下列情形之一的，撤销权消灭：

（一）具有撤销权的当事人自知道或者应当知道撤销事由之日起一年内没有行使撤销权；

（二）具有撤销权的当事人知道撤销事由后明确表示或者以自己的行为放弃撤销权。

第五十六条 无效的合同或者被撤销的合同自始没有法律约束力。合同部分无效，不影响其他部分效力的，其他部分仍然有效。

第五十七条 合同无效、被撤销或者终止的，不影响合同中独立存在的有关解决争议方法的条款的效力。

第五十八条 合同无效或者被撤销后，因该合同取得的财产，应当予以返还；不能返还或者没有必要返还的,应当折价补偿。有过错的一方应当赔偿对方因此所受到的损失,双方都有过错的,应当各自承担相应的责任。

第五十九条 当事人恶意串通,损害国家、集体或者第三人利益的,因此取得的财产收归国家所有或者返还集体、第三人。

第四章 合同的履行

第六十条 当事人应当按照约定全面履行自己的义务。当事人应当遵循诚实信用原则,根据合同的性质、目的和交易习惯履行通知、协助、保密等义务。

第六十一条 合同生效后,当事人就质量、价款或者报酬、履行地点等内容没有约定或者约定不明确的,可以协议补充;不能达成补充协议的,按照合同有关条款或者交易习惯确定。

第六十二条 当事人就有关合同内容约定不明确,依照本法第六十一条的规定仍不能确定的,适用下列规定:

(一)质量要求不明确的,按照国家标准、行业标准履行;没有国家标准、行业标准的,按照通常标准或者符合合同目的的特定标准履行。

(二)价款或者报酬不明确的,按照订立合同时履行地的市场价格履行;依法应当执行政府定价或者政府指导价的,按照规定履行。

(三)履行地点不明确,给付货币的,在接受货币一方所在地履行;交付不动产的,在不动产所在地履行;其他标的,在履行义务一方所在地履行。

(四)履行期限不明确的,债务人可以随时履行,债权人也可以随时要求履行,但应当给对方必要的准备时间。

(五)履行方式不明确的,按照有利于实现合同目的的方式履行。

(六)履行费用的负担不明确的,由履行义务一方负担。

第六十三条 执行政府定价或者政府指导价的,在合同约定的交付期限内政府价格调整时,按照交付时的价格计价。逾期交付标的物的,遇价格上涨时,按照原价格执行;价格下降时,按照新价格执行。逾期提取标的物或者逾期付款的,遇价格上涨时,按照新价格执行;价格下降时,按照原价格执行。

第六十四条 当事人约定由债务人向第三人履行债务的,债务人未向第三人履行债务或者履行债务不符合约定,应当向债权人承担违约责任。

第六十五条 当事人约定由第三人向债权人履行债务的,第三人不履行债务或者履行债务不符合约定,债务人应当向债权人承担违约责任。

第六十六条 当事人互负债务,没有先后履行顺序的,应当同时履行。一方在对方履行之前有权拒绝其履行要求。一方在对方履行债务不符合约定时,有权拒绝其相应的履行要求。

第六十七条 当事人互负债务,有先后履行顺序,先履行一方未履行的,后履行一方有权拒绝其履行要求。先履行一方履行债务不符合约定的,后履行一方有权拒绝其相应的履行要求。

第六十八条 应当先履行债务的当事人,有确切证据证明对方有下列情形之一的,可以中止履行：

（一）经营状况严重恶化；

（二）转移财产、抽逃资金，以逃避债务；

（三）丧失商业信誉；

（四）有丧失或者可能丧失履行债务能力的其他情形。当事人没有确切证据中止履行的，应当承担违约责任。

第六十九条 当事人依照本法第六十八条的规定中止履行的，应当及时通知对方。对方提供适当担保时，应当恢复履行。中止履行后，对方在合理期限内未恢复履行能力并且未提供适当担保的，中止履行的一方可以解除合同。

第七十条 债权人分立、合并或者变更住所没有通知债务人，致使履行债务发生困难的，债务人可以中止履行或者将标的物提存。

第七十一条 债权人可以拒绝债务人提前履行债务，但提前履行不损害债权人利益的除外。债务人提前履行债务给债权人增加的费用，由债务人负担。

第七十二条 债权人可以拒绝债务人部分履行债务，但部分履行不损害债权人利益的除外。债务人部分履行债务给债权人增加的费用，由债务人负担。

第七十三条 因债务人怠于行使其到期债权，对债权人造成损害的，债权人可以向人民法院请求以自己的名义代位行使债务人的债权，但该债权专属于债务人自身的除外。

代位权的行使范围以债权人的债权为限。债权人行使代位权的必要费用，由债务人负担。

第七十四条 因债务人放弃其到期债权或者无偿转让财产，对债权人造成损害的，债权人可以请求人民法院撤销债务人的行为。债务人以明显不合理的低价转让财产，对债权人造成损害，并且受让人知道该情形的，债权人也可以请求人民法院撤销债务人的行为。撤销权的行使范围以债权人的债权为限。债权人行使撤销权的必要费用，由债务人负担。

第七十五条 撤销权自债权人知道或者应当知道撤销事由之日起一年内行使。自债务人的行为发生之日起五年内没有行使撤销权的，该撤销权消灭。

第七十六条 合同生效后，当事人不得因姓名、名称的变更或者法定代表人、负责人、承办人的变动而不履行合同义务。

第五章 合同的变更和转让

第七十七条 当事人协商一致，可以变更合同。法律、行政法规规定变更合同应当办理批准、登记等手续的，依照其规定。

第七十八条 当事人对合同变更的内容约定不明确的，推定为未变更。

第七十九条 债权人可以将合同的权利全部或者部分转让给第三人，但有下列情形之一的除外：

（一）根据合同性质不得转让；

（二）按照当事人约定不得转让；

（三）依照法律规定不得转让。

第八十条 债权人转让权利的，应当通知债务人。未经通知，该转让对债务人不发生效力。

债权人转让权利的通知不得撤销，但经受让人同意的除外。

第八十一条 债权人转让权利的，受让人取得与债权有关的从权利，但该从权利专属于债权人自身的除外。

第八十二条 债务人接到债权转让通知后，债务人对让与人的抗辩，可以向受让人主张。

第八十三条 债务人接到债权转让通知时，债务人对让与人享有债权，并且债务人的债权先于转让的债权到期或者同时到期的，债务人可以向受让人主张抵销。

第八十四条 债务人将合同的义务全部或者部分转移给第三人的，应当经债权人同意。

第八十五条 债务人转移义务的，新债务人可以主张原债务人对债权人的抗辩。

第八十六条 债务人转移义务的，新债务人应当承担与主债务有关的从债务，但该从债务专属于原债务人自身的除外。

第八十七条 法律、行政法规规定转让权利或者转移义务应当办理批准、登记等手续的，依照其规定。

第八十八条 当事人一方经对方同意，可以将自己在合同中的权利和义务一并转让给第三人。

第八十九条 权利和义务一并转让的，适用本法第七十九条、第八十一条至第八十三条、第八十五条至第八十七条的规定。

第九十条 当事人订立合同后合并的，由合并后的法人或者其他组织行使合同权利，履行合同义务。当事人订立合同后分立的，除债权人和债务人另有约定的以外，由分立的法人或者其他组织对合同的权利和义务享有连带债权，承担连带债务。

第六章 合同的权利义务终止

第九十一条 有下列情形之一的，合同的权利义务终止：

（一）债务已经按照约定履行；

（二）合同解除；

（三）债务相互抵销；

（四）债务人依法将标的物提存；

（五）债权人免除债务；

（六）债权债务同归于一人；

（七）法律规定或者当事人约定终止的其他情形。

第九十二条 合同的权利义务终止后，当事人应当遵循诚实信用原则，根据交易习惯履行通知、协助、保密等义务。

第九十三条 当事人协商一致，可以解除合同。当事人可以约定一方解除合同的条件。解除合同的条件成就时，解除权人可以解除合同。

第九十四条 有下列情形之一的，当事人可以解除合同：

（一）因不可抗力致使不能实现合同目的；

（二）在履行期限届满之前，当事人一方明确表示或者以自己的行为表明不履行主要债务；

（三）当事人一方迟延履行主要债务，经催告后在合理期限内仍未履行；

（四）当事人一方迟延履行债务或者有其他违约行为致使不能实现合同目的；

（五）法律规定的其他情形。

第九十五条　法律规定或者当事人约定解除权行使期限，期限届满当事人不行使的，该权利消灭。法律没有规定或者当事人没有约定解除权行使期限，经对方催告后在合理期限内不行使的，该权利消灭。

第九十六条　当事人一方依照本法第九十三条第二款、第九十四条的规定主张解除合同的，应当通知对方。合同自通知到达对方时解除。对方有异议的，可以请求人民法院或者仲裁机构确认解除合同的效力。法律、行政法规规定解除合同应当办理批准、登记等手续的，依照其规定。

第九十七条　合同解除后，尚未履行的，终止履行；已经履行的，根据履行情况和合同性质，当事人可以要求恢复原状、采取其他补救措施，并有权要求赔偿损失。

第九十八条　合同的权利义务终止，不影响合同中结算和清理条款的效力。

第九十九条　当事人互负到期债务，该债务的标的物种类、品质相同的，任何一方可以将自己的债务与对方的债务抵销，但依照法律规定或者按照合同性质不得抵销的除外。

当事人主张抵销的，应当通知对方。通知自到达对方时生效。抵销不得附条件或者附期限。

第一百条　当事人互负债务，标的物种类、品质不相同的，经双方协商一致，也可以抵销。

第一百零一条　有下列情形之一，难以履行债务的，债务人可以将标的物提存：

（一）债权人无正当理由拒绝受领；

（二）债权人下落不明；

（三）债权人死亡未确定继承人或者丧失民事行为能力未确定监护人；

（四）法律规定的其他情形。

标的物不适于提存或者提存费用过高的，债务人依法可以拍卖或者变卖标的物，提存所得的价款。

第一百零二条　标的物提存后，除债权人下落不明的以外，债务人应当及时通知债权人或者债权人的继承人、监护人。

第一百零三条　标的物提存后，毁损、灭失的风险由债权人承担。提存期间，标的物的孳息归债权人所有。提存费用由债权人负担。

第一百零四条　债权人可以随时领取提存物，但债权人对债务人负有到期债务的，在债权人未履行债务或者提供担保之前，提存部门根据债务人的要求应当拒绝其领取提存物。

债权人领取提存物的权利，自提存之日起五年内不行使而消灭，提存物扣除提存费用后归国家所有。

第一百零五条　债权人免除债务人部分或者全部债务的，合同的权利义务部分或者全部终止。

第一百零六条 债权和债务同归于一人的，合同的权利义务终止，但涉及第三人利益的除外。

第七章 违约责任

第一百零七条 当事人一方不履行合同义务或者履行合同义务不符合约定的，应当承担继续履行、采取补救措施或者赔偿损失等违约责任。

第一百零八条 当事人一方明确表示或者以自己的行为表明不履行合同义务的，对方可以在履行期限届满之前要求其承担违约责任。

第一百零九条 当事人一方未支付价款或者报酬的，对方可以要求其支付价款或者报酬。

第一百一十条 当事人一方不履行非金钱债务或者履行非金钱债务不符合约定的，对方可以要求履行，但有下列情形之一的除外：

（一）法律上或者事实上不能履行；

（二）债务的标的不适于强制履行或者履行费用过高；

（三）债权人在合理期限内未要求履行。

第一百一十一条 质量不符合约定的，应当按照当事人的约定承担违约责任。对违约责任没有约定或者约定不明确，依照本法第六十一条的规定仍不能确定的，受损害方根据标的的性质以及损失的大小，可以合理选择要求对方承担修理、更换、重作、退货、减少价款或者报酬等违约责任。

第一百一十二条 当事人一方不履行合同义务或者履行合同义务不符合约定的，在履行义务或者采取补救措施后，对方还有其他损失的，应当赔偿损失。

第一百一十三条 当事人一方不履行合同义务或者履行合同义务不符合约定，给对方造成损失的，损失赔偿额应当相当于因违约所造成的损失，包括合同履行后可以获得的利益，但不得超过违反合同一方订立合同时预见到或者应当预见到的因违反合同可能造成的损失。

经营者对消费者提供商品或者服务有欺诈行为的，依照《中华人民共和国消费者权益保护法》的规定承担损害赔偿责任。

第一百一十四条 当事人可以约定一方违约时应当根据违约情况向对方支付一定数额的违约金，也可以约定因违约产生的损失赔偿额的计算方法。约定的违约金低于造成的损失的，当事人可以请求人民法院或者仲裁机构予以增加；约定的违约金过分高于造成的损失的，当事人可以请求人民法院或者仲裁机构予以适当减少。当事人就迟延履行约定违约金的，违约方支付违约金后，还应当履行债务。

第一百一十五条 当事人可以依照《中华人民共和国担保法》约定一方向对方给付定金作为债权的担保。债务人履行债务后，定金应当抵作价款或者收回。给付定金的一方不履行约定的债务的，无权要求返还定金；收受定金的一方不履行约定的债务的，应当双倍返还定金。

第一百一十六条 当事人既约定违约金，又约定定金的，一方违约时，对方可以选择适用违约金或者定金条款。

第一百一十七条 因不可抗力不能履行合同的，根据不可抗力的影响，部分或者全部免除责任，但法律另有规定的除外。当事人迟延履行后发生不可抗力的，不能免除责任。本法所称不可抗力，是指不能预见、不能避免并不能克服的客观情况。

第一百一十八条 当事人一方因不可抗力不能履行合同的，应当及时通知对方，以减轻可能给对方造成的损失，并应当在合理期限内提供证明。

第一百一十九条 当事人一方违约后，对方应当采取适当措施防止损失的扩大；没有采取适当措施致使损失扩大的，不得就扩大的损失要求赔偿。

当事人因防止损失扩大而支出的合理费用，由违约方承担。

第一百二十条 当事人双方都违反合同的，应当各自承担相应的责任。

第一百二十一条 当事人一方因第三人的原因造成违约的，应当向对方承担违约责任。当事人一方和第三人之间的纠纷，依照法律规定或者按照约定解决。

第一百二十二条 因当事人一方的违约行为，侵害对方人身、财产权益的，受损害方有权选择依照本法要求其承担违约责任或者依照其他法律要求其承担侵权责任。

第八章　其他规定

第一百二十三条 其他法律对合同另有规定的，依照其规定。

第一百二十四条 本法分则或者其他法律没有明文规定的合同，适用本法总则的规定，并可以参照本法分则或者其他法律最相类似的规定。

第一百二十五条 当事人对合同条款的理解有争议的，应当按照合同所使用的词句、合同的有关条款、合同的目的、交易习惯以及诚实信用原则，确定该条款的真实意思。合同文本采用两种以上文字订立并约定具有同等效力的，对各文本使用的词句推定具有相同含义。各文本使用的词句不一致的，应当根据合同的目的予以解释。

第一百二十六条 涉外合同的当事人可以选择处理合同争议所适用的法律，但法律另有规定的除外。涉外合同的当事人没有选择的，适用与合同有最密切联系的国家的法律。在中华人民共和国境内履行的中外合资经营企业合同、中外合作经营企业合同、中外合作勘探开发自然资源合同，适用中华人民共和国法律。

第一百二十七条 工商行政管理部门和其他有关行政主管部门在各自的职权范围内，依照法律、行政法规的规定，对利用合同危害国家利益、社会公共利益的违法行为，负责监督处理；构成犯罪的，依法追究刑事责任。

第一百二十八条 当事人可以通过和解或者调解解决合同争议。

当事人不愿和解、调解或者和解、调解不成的，可以根据仲裁协议向仲裁机构申请仲裁。涉外合同的当事人可以根据仲裁协议向中国仲裁机构或者其他仲裁机构申请仲裁。当事人没有订立仲裁协议或者仲裁协议无效的，可以向人民法院起诉。当事人应当履行发生法律效力的判决、仲裁裁决、调解书；拒不履行的，对方可以请求人民法院执行。

第一百二十九条 因国际货物买卖合同和技术进出口合同争议提起诉讼或者申请仲裁的期限为四年，自当事人知道或者应当知道其权利受到侵害之日起计算。因其他合同争议提起诉讼或者申请仲裁的期限，依照有关法律的规定。

分 则

第十五章 承揽合同

第二百五十一条 承揽合同是承揽人按照定作人的要求完成工作，交付工作成果，定作人给付报酬的合同。承揽包括加工、定作、修理、复制、测试、检验等工作。

第二百五十二条 承揽合同的内容包括承揽的标的、数量、质量、报酬、承揽方式、材料的提供、履行期限、验收标准和方法等条款。

第二百五十三条 承揽人应当以自己的设备、技术和劳力，完成主要工作，但当事人另有约定的除外。承揽人将其承揽的主要工作交由第三人完成的，应当就该第三人完成的工作成果向定作人负责；未经定作人同意的，定作人也可以解除合同。

第二百五十四条 承揽人可以将其承揽的辅助工作交由第三人完成。承揽人将其承揽的辅助工作交由第三人完成的，应当就该第三人完成的工作成果向定作人负责。

第二百五十五条 承揽人提供材料的，承揽人应当按照约定选用材料，并接受定作人检验。

第二百五十六条 定作人提供材料的，定作人应当按照约定提供材料。承揽人对定作人提供的材料，应当及时检验，发现不符合约定时，应当及时通知定作人更换、补齐或者采取其他补救措施。承揽人不得擅自更换定作人提供的材料，不得更换不需要修理的零部件。

第二百五十七条 承揽人发现定作人提供的图纸或者技术要求不合理的，应当及时通知定作人。因定作人怠于答复等原因造成承揽人损失的，应当赔偿损失。

第二百五十八条 定作人中途变更承揽工作的要求，造成承揽人损失的，应当赔偿损失。

第二百五十九条 承揽工作需要定作人协助的，定作人有协助的义务。定作人不履行协助义务致使承揽工作不能完成的，承揽人可以催告定作人在合理期限内履行义务，并可以顺延履行期限；定作人逾期不履行的，承揽人可以解除合同。

第二百六十条 承揽人在工作期间，应当接受定作人必要的监督检验。定作人不得因监督检验妨碍承揽人的正常工作。

第二百六十一条 承揽人完成工作的，应当向定作人交付工作成果，并提交必要的技术资料和有关质量证明。定作人应当验收该工作成果。

第二百六十二条 承揽人交付的工作成果不符合质量要求的，定作人可以要求承揽人承担修理、重作、减少报酬、赔偿损失等违约责任。

第二百六十三条 定作人应当按照约定的期限支付报酬。对支付报酬的期限没有约定或者约定不明确，依照本法第六十一条的规定仍不能确定的，定作人应当在承揽人交付工作成果时支付；工作成果部分交付的，定作人应当相应支付。

第二百六十四条 定作人未向承揽人支付报酬或者材料费等价款的，承揽人对完成的工作成果享有留置权，但当事人另有约定的除外。

第二百六十五条 承揽人应当妥善保管定作人提供的材料以及完成的工作成果，因保管不善造成毁损、灭失的，应当承担损害赔偿责任。

第二百六十六条 承揽人应当按照定作人的要求保守秘密，未经定作人许可，不得留存复制品或者技术资料。

第二百六十七条 共同承揽人对定作人承担连带责任，但当事人另有约定的除外。

第二百六十八条 定作人可以随时解除承揽合同，造成承揽人损失的，应当赔偿损失。

第十六章　建设工程合同

第二百六十九条 建设工程合同是承包人进行工程建设，发包人支付价款的合同。建设工程合同包括工程勘察、设计、施工合同。

第二百七十条 建设工程合同应当采用书面形式。

第二百七十一条 建设工程的招标投标活动，应当依照有关法律的规定公开、公平、公正进行。

第二百七十二条 发包人可以与总承包人订立建设工程合同，也可以分别与勘察人、设计人、施工人订立勘察、设计、施工承包合同。发包人不得将应当由一个承包人完成的建设工程肢解成若干部分发包给几个承包人。

总承包人或者勘察、设计、施工承包人经发包人同意，可以将自己承包的部分工作交由第三人完成。第三人就其完成的工作成果与总承包人或者勘察、设计、施工承包人向发包人承担连带责任。承包人不得将其承包的全部建设工程转包给第三人或者将其承包的全部建设工程肢解以后以分包的名义分别转包给第三人。

禁止承包人将工程分包给不具备相应资质条件的单位。禁止分包单位将其承包的工程再分包。建设工程主体结构的施工必须由承包人自行完成。

第二百七十三条 国家重大建设工程合同，应当按照国家规定的程序和国家批准的投资计划、可行性研究报告等文件订立。

第二百七十四条 勘察、设计合同的内容包括提交有关基础资料和文件（包括概预算）的期限、质量要求、费用以及其他协作条件等条款。

第二百七十五条 施工合同的内容包括工程范围、建设工期、中间交工工程的开工和竣工时间、工程质量、工程造价、技术资料交付时间、材料和设备供应责任、拨款和结算、竣工验收、质量保修范围和质量保证期、双方相互协作等条款。

第二百七十六条 建设工程实行监理的，发包人应当与监理人采用书面形式订立委托监理合同。发包人与监理人的权利和义务以及法律责任，应当依照本法委托合同以及其他有关法律、行政法规的规定。

第二百七十七条 发包人在不妨碍承包人正常作业的情况下，可以随时对作业进度、质量进行检查。

第二百七十八条 隐蔽工程在隐蔽以前，承包人应当通知发包人检查。发包人没有及时检查的，承包人可以顺延工程日期,并有权要求赔偿停工、窝工等损失。

第二百七十九条　建设工程竣工后,发包人应当根据施工图纸及说明书、国家颁发的施工验收规范和质量检验标准及时进行验收。验收合格的,发包人应当按照约定支付价款,并接收该建设工程。建设工程竣工经验收合格后,方可交付使用;未经验收或者验收不合格的,不得交付使用。

第二百八十条　勘察、设计的质量不符合要求或者未按照期限提交勘察、设计文件拖延工期,造成发包人损失的,勘察人、设计人应当继续完善勘察、设计,减收或者免收勘察、设计费并赔偿损失。

第二百八十一条　责任‖因施工人的原因致使建设工程质量不符合约定的,发包人有权要求施工人在合理期限内无偿修理或者返工、改建。经过修理或者返工、改建后,造成逾期交付的,施工人应当承担违约责任。

第二百八十二条　因承包人的原因致使建设工程在合理使用期限内造成人身和财产损害的,承包人应当承担损害赔偿责任。

第二百八十三条　发包人未按照约定的时间和要求提供原材料、设备、场地、资金、技术资料的,承包人可以顺延工程日期,并有权要求赔偿停工、窝工等损失。

第二百八十四条　因发包人的原因致使工程中途停建、缓建的,发包人应当采取措施弥补或者减少损失,赔偿承包人因此造成的停工、窝工、倒运、机械设备调迁、材料和构件积压等损失和实际费用。

第二百八十五条　因发包人变更计划,提供的资料不准确,或者未按照期限提供必需的勘察、设计工作条件而造成勘察、设计的返工、停工或者修改设计,发包人应当按照勘察人、设计人实际消耗的工作量增付费用。

第二百八十六条　发包人未按照约定支付价款的,承包人可以催告发包人在合理期限内支付价款。发包人逾期不支付的,除按照建设工程的性质不宜折价、拍卖的以外,承包人可以与发包人协议将该工程折价,也可以申请人民法院将该工程依法拍卖。建设工程的价款就该工程折价或者拍卖的价款优先受偿。

第二百八十七条　本章没有规定的,适用承揽合同的有关规定。

二、最高人民法院关于适用《中华人民共和国合同法》若干问题的解释(一)

(◆1999年12月19日法释(1999)19号公布
◆自公布之日起施行)

为了正确审理合同纠纷案件,根据《中华人民共和国合同法》(以下简称合同法)的规定,对人民法院适用合同法的有关问题作出如下解释：

一、法律适用范围

第一条 合同法实施以后成立的合同发生纠纷起诉到人民法院的，适用合同法的规定；合同法实施以前成立的合同发生纠纷起诉到人民法院的，除本解释另有规定的以外，适用当时的法律规定，当时没有法律规定的，可以适用合同法的有关规定。

第二条 合同成立于合同法实施之前，但合同约定的履行期限跨越合同法实施之日或者履行期限在合同法实施之后，因履行合同发生的纠纷，适用合同法第四章的有关规定。

第三条 人民法院确认合同效力时，对合同法实施以前成立的合同，适用当时的法律合同无效而适用合同法合同有效的，则适用合同法。

第四条 合同法实施以后，人民法院确认合同无效，应当以全国人大及其常委会制定的法律和国务院制定的行政法规为依据，不得以地方性法规、行政规章为依据。

第五条 人民法院对合同法实施以前已经作出终审裁决的案件进行再审，不适用合同法。

二、诉讼时效

第六条 技术合同争议当事人的权利受到侵害的事实发生在合同法实施之前，自当事人知道或者应当知道其权利受到侵害之日起至合同法实施之日超过 1 年的，人民法院不予保护；尚未超过 1 年的，其提起诉讼的时效期间为 2 年。

第七条 技术进出口合同争议当事人的权利受到侵害的事实发生在合同法实施之前，自当事人知道或者应当知道其权利受到侵害之日起至合同法施行之日超过 2 年的，人民法院不予保护；尚未超过 2 年的，其提起诉讼的时效期间为 4 年。

第八条 合同法第五十五条规定的“1 年”、第七十五条和第一百零四条第二款规定的“5 年”为不变期间，不适用诉讼时效中止、中断或者延长的规定。

三、合同效力

第九条 依照合同法第四十四条第二款的规定，法律、行政法规规定合同应当办理批准手续，或者办理批准、登记等手续才生效，在一审法庭辩论终结前当事人仍未办理批准手续的，或者仍未办理批准、登记等手续的，人民法院应当认定该合同未生效；法律、行政法规规定合同应当办理登记手续，但未规定登记后生效的，当事人未办理登记手续不影响合同的效力，合同标的物所有权及其他物权不能转移。

合同法第七十七条第二款、第八十七条、第九十六条第二款所列合同变更、转让、解除等情形，依照前款规定处理。

第十条 当事人超越经营范围订立合同，人民法院不因此认定合同无效。但违反国家限制经营、特许经营以及法律、行政法规禁止经营规定的除外。

四、代位权

第十一条 债权人依照合同法第七十三条的规定提起代位权诉讼,应当符合下列条件:

(一)债权人对债务人的债权合法;

(二)债务人怠于行使其到期债权,对债权人造成损害;

(三)债务人的债权已到期;

(四)债务人的债权不是专属于债务人自身的债权。

第十二条 合同法第七十三条第一款规定的专属于债务人自身的债权,是指基于扶养关系、抚养关系、赡养关系、继承关系产生的给付请求权和劳动报酬、退休金、养老金、抚恤金、安置费、人寿保险、人身伤害赔偿请求权等权利。

第十三条 合同法第七十三条规定的"债务人怠于行使其到期债权,对债权人造成损害的",是指债务人不履行其对债权人的到期债务,又不以诉讼方式或者仲裁方式向其债务人主张其享有的具有金钱给付内容的到期债权,致使债权人的到期债权未能实现。次债务人(即债务人的债务人)不认为债务人有怠于行使其到册债权情况的,应当承担举证责任。

第十四条 债权人依照合同法第七十三条的规定提起代位权诉讼的,由被告住所地人民法院管辖。

第十五条 债权人向人民法院起诉债务人以后,又向同一人民法院对次债务人提起代位权诉讼,符合本解释第十四条的规定和《中华人民共和国民事诉讼法》第一百零八条规定的起诉条件的,应当立案受理;不符合本解释第十四条规定的,告知债权人向次债务人住所地人民法院另行起诉。受理代位权诉讼的人民法院在债权人起诉债务人的诉讼裁决发生法律效力以前,应当依照《中华人民共和国民事诉讼法》第一百三十六条第(五)项的规定中止代位权诉讼。

第十六条 债权人以次债务人为被告向人民法院提起代位权诉讼,未将债务人列为第三人的,人民法院可以追加债务人为第三人。

两个或者两个以上债权人以同一次债务人为被告提起代位权诉讼的,人民法院可以合并审理。

第十七条 在代位权诉讼中,债权人请求人民法院对次债务人的财产采取保全措施的,应当提供相应的财产担保。

第十八条 在代位权诉讼中,次债务人对债务人的抗辩,可以向债权人主张。

债务人在代位权诉讼中对债权人的债权提出异议,经审查异议成立的,人民法院应当裁定驳回债权人的起诉。

第十九条 在代位权诉讼中,债权人胜诉的,诉讼费由次债务人负担,从实现的债权中优先支付。

第二十条 债权人向次债务人提起的代位权诉讼经人民法院审理后认定代位权成立的,由次债务人向债权人履行清偿义务,债权人与债务人、债务人与次债务人之间相应的债权债务关系即予消灭。

第二十一条 在代位权诉讼中,债权人行使代位权的请求数额超过债务人所负债务额或者超过次债务人对债务人所负债务额的，对超出部分人民法院不予支持。

第二十二条 债务人在代位权诉讼中，对超过债权人代位请求数额的债权部分起诉次债务人的，人民法院应当告知其向有管辖权的人民法院另行起诉。

债务人的起诉符合法定条件的，人民法院应当受理；受理债务人起诉的人民法院在代位权诉讼裁决发生法律效力以前，应当依法中止。

五、撤销权

第二十三条 债权人依照合同法第七十四条的规定提起撤销权诉讼的，由被告住所地人民法院管辖。

第二十四条 债权人依照合同法第七十四条的规定提起撤销权诉讼时只以债务人为被告，未将受益人或者受让人列为第三人的，人民法院可以追加该受益人或者受让人为第三人。

第二十五条 债权人依照合同法第七十四条的规定提起撤销权诉讼，请求人民法院撤销债务人放弃债权或转让财产的行为，人民法院应当就债权人主张的部分进行审理，依法撤销的，该行为自始无效。

两个或者两个以上债权人以同一债务人为被告，就同一标的提起撤销权诉讼的，人民法院可以合并审理。

第二十六条 债权人行使撤销权所支付的律师代理费、差旅费等必要费用，由债务人负担；第三人有过错的，应当适当分担。

六、合同转让中的第三人

第二十七条 债权人转让合同权利后，债务人与受让人之间因履行合同发生纠纷诉至人民法院，债务人对债权人的权利提出抗辩的，可以将债权人列为第三人。

第二十八条 经债权人同意，债务人转移合同义务后，受让人与债权人之间因履行合同发生纠纷诉至人民法院，受让人就债务人对债权人的权利提出抗辩的，可以将债务人列为第三人。

第二十九条 合同当事人一方经对方同意将其在合同中的权利义务一并转让给受让人，对方与受让人因履行合同发生纠纷诉至人民法院，对方就合同权利义务提出抗辩的，可以将出让方列为第三人。

七、请求权竞合

第三十条 债权人依照合同法第一百二十二条的规定向人民法院起诉时作出选择后，在一审开庭以前又变更诉讼请求的，人民法院应当准许。对方当事人提出管辖权异议，经审查异议成立的，人民法院应当驳回起诉。

三、最高人民法院关于适用《中华人民共和国合同法》若干问题的解释(二)

(◆2009年4月24日法释[2009]5号公布

◆自2009年5月13日起施行)

为了正确审理合同纠纷案件,根据《中华人民共和国合同法》的规定,对人民法院适用合同法的有关问题作出如下解释:

一、合同的订立

第一条 当事人对合同是否成立存在争议,人民法院能够确定当事人名称或者姓名、标的和数量的,一般应当认定合同成立。但法律另有规定或者当事人另有约定的除外。

对合同欠缺的前款规定以外的其他内容,当事人达不成协议的,人民法院依照合同法第六十一条、第六十二条、第一百二十五条等有关规定予以确定。

第二条 当事人未以书面形式或者口头形式订立合同,但从双方从事的民事行为能够推定双方有订立合同意愿的,人民法院可以认定是以合同法第十条第一款中的"其他形式"订立的合同。但法律另有规定的除外。

第三条 悬赏人以公开方式声明对完成一定行为的人支付报酬,完成特定行为的人请求悬赏人支付报酬的,人民法院依法予以支持。但悬赏有合同法第五十二条规定情形的除外。

第四条 采用书面形式订立合同,合同约定的签订地与实际签字或者盖章地点不符的,人民法院应当认定约定的签订地为合同签订地;合同没有约定签订地,双方当事人签字或者盖章不在同一地点的,人民法院应当认定最后签字或者盖章的地点为合同签订地。

第五条 当事人采用合同书形式订立合同的,应当签字或者盖章。当事人在合同书上摁手印的,人民法院应当认定其具有与签字或者盖章同等的法律效力。

第六条 提供格式条款的一方对格式条款中免除或者限制其责任的内容,在合同订立时采用足以引起对方注意的文字、符号、字体等特别标识,并按照对方的要求对该格式条款予以说明的,人民法院应当认定符合合同法第三十九条所称"采取合理的方式"。

提供格式条款一方对已尽合理提示及说明义务承担举证责任。

第七条 下列情形,不违反法律、行政法规强制性规定的,人民法院可以认定为合同法所称"交易习惯":

(一)在交易行为当地或者某一领域、某一行业通常采用并为交易对方订立合同时所知道或者应当知道的做法;

（二）当事人双方经常使用的习惯做法。

对于交易习惯，由提出主张的一方当事人承担举证责任。

第八条 依照法律、行政法规的规定经批准或者登记才能生效的合同成立后，有义务办理申请批准或者申请登记等手续的一方当事人未按照法律规定或者合同约定办理申请批准或者未申请登记的，属于合同法第四十二条第（三）项规定的“其他违背诚实信用原则的行为”，人民法院可以根据案件的具体情况和相对人的请求，判决相对人自己办理有关手续；对方当事人对由此产生的费用和给相对人造成的实际损失，应当承担损害赔偿责任。

二、合同的效力

第九条 提供格式条款的一方当事人违反合同法第三十九条第一款关于提示和说明义务的规定，导致对方没有注意免除或者限制其责任的条款，对方当事人申请撤销该格式条款的，人民法院应当支持。

第十条 提供格式条款的一方当事人违反合同法第三十九条第一款的规定，并具有合同法第四十条规定的情形之一的，人民法院应当认定该格式条款无效。

第十一条 根据合同法第四十七条、第四十八条的规定，追认的意思表示自到达相对人时生效，合同自订立时起生效。

第十二条 无权代理人以被代理人的名义订立合同，被代理人已经开始履行合同义务的，视为对合同的追认。

第十三条 被代理人依照合同法第四十九条的规定承担有效代理行为所产生的责任后，可以向无权代理人追偿因代理行为而遭受的损失。

第十四条 合同法第五十二条第（五）项规定的“强制性规定”，是指效力性强制性规定。

第十五条 出卖人就同一标的物订立多重买卖合同，合同均不具有合同法第五十二条规定的无效情形，买受人因不能按照合同约定取得标的物所有权，请求追究出卖人违约责任的，人民法院应予支持。

三、合同的履行

第十六条 人民法院根据具体案情可以将合同法第六十四条、第六十五条规定的第三人列为无独立请求权的第三人，但不得依职权将其列为该合同诉讼案件的被告或者有独立请求权的第三人。

第十七条 债权人以境外当事人为被告提起的代位权诉讼，人民法院根据《中华人民共和国民事诉讼法》第二百四十一条的规定确定管辖。

第十八条 债务人放弃其未到期的债权或者放弃债权担保，或者恶意延长到期债权的履行期，对债权人造成损害，债权人依照合同法第七十四条的规定提起撤销权诉讼的，人民法院应当支持。

第十九条 对于合同法第七十四条规定的“明显不合理的低价”，人民法院应当以交易当地一般经营者的判断，并参考交易当时交易地的物价部门指导价或者市场交易价，结合其他相关因素综合考虑予以确认。

转让价格达不到交易时交易地的指导价或者市场交易价百分之七十的，一般可以视为明显不合理的低价；对转让价格高于当地指导价或者市场交易价百分之三十的，一般可以视为明显不合理的高价。

债务人以明显不合理的高价收购他人财产，人民法院可以根据债权人的申请，参照合同法第七十四条的规定予以撤销。

第二十条 债务人的给付不足以清偿其对同一债权人所负的数笔相同种类的全部债务，应当优先抵充已到期的债务；几项债务均到期的，优先抵充对债权人缺乏担保或者担保数额最少的债务；担保数额相同的，优先抵充债务负担较重的债务；负担相同的，按照债务到期的先后顺序抵充；到期时间相同的，按比例抵充。但是，债权人与债务人对清偿的债务或者清偿抵充顺序有约定的除外。

第二十一条 债务人除主债务之外还应当支付利息和费用，当其给付不足以清偿全部债务时，并且当事人没有约定的，人民法院应当按照下列顺序抵充：

（一）实现债权的有关费用；

（二）利息；

（三）主债务。

四、合同的权利义务终止

第二十二条 当事人一方违反合同法第九十二条规定的义务，给对方当事人造成损失，对方当事人请求赔偿实际损失的，人民法院应当支持。

第二十三条 对于依照合同法第九十九条的规定可以抵销的到期债权，当事人约定不得抵销的，人民法院可以认定该约定有效。

第二十四条 当事人对合同法第九十六条、第九十九条规定的合同解除或者债务抵销虽有异议，但在约定的异议期限届满后才提出异议并向人民法院起诉的，人民法院不予支持；当事人没有约定异议期间，在解除合同或者债务抵销通知到达之日起三个月以后才向人民法院起诉的，人民法院不予支持。

第二十五条 依照合同法第一百零一条的规定，债务人将合同标的物或者标的物拍卖、变卖所得价款交付提存部门时，人民法院应当认定提存成立。

提存成立的，视为债务人在其提存范围内已经履行债务。

第二十六条 合同成立以后客观情况发生了当事人在订立合同时无法预见的、非不可抗力造成的不属于商业风险的重大变化，继续履行合同对于一方当事人明显不公平或者不能实现合同目的，当事人请求人民法院变更或者解除合同的，人民法院应当根据公平原则，并结合案件的实际情况确定是否变更或者解除。

五、违约责任

第二十七条 当事人通过反诉或者抗辩的方式,请求人民法院依照合同法第一百一十四条第二款的规定调整违约金的,人民法院应予支持。

第二十八条 当事人依照合同法第一百一十四条第二款的规定,请求人民法院增加违约金的,增加后的违约金数额以不超过实际损失额为限。增加违约金以后,当事人又请求对方赔偿损失的,人民法院不予支持。

第二十九条 当事人主张约定的违约金过高请求予以适当减少的,人民法院应当以实际损失为基础,兼顾合同的履行情况、当事人的过错程度以及预期利益等综合因素,根据公平原则和诚实信用原则予以衡量,并作出裁决。

当事人约定的违约金超过造成损失的百分之三十的,一般可以认定为合同法第一百一十四条第二款规定的"过分高于造成的损失"。

六、附则

第三十条 合同法施行后成立的合同发生纠纷的案件,本解释施行后尚未终审的,适用本解释;本解释施行前已经终审,当事人申请再审或者按照审判监督程序决定再审的,不适用本解释。

四、最高人民法院关于当前形势下审理民商事合同纠纷案件若干问题的指导意见

(◆2009年7月7日法发[2009]40号发布

◆自发布之日起施行)

当前,因全球金融危机蔓延所引发的矛盾和纠纷在司法领域已经出现明显反映,民商事案件尤其是与企业经营相关的民商事合同纠纷案件呈大幅增长的态势;同时出现了诸多由宏观经济形势变化所引发的新的审判实务问题。人民法院围绕国家经济发展战略和"保增长、保民生、保稳定"要求,坚持"立足审判、胸怀大局、同舟共济、共克时艰"的指导方针,牢固树立为大局服务、为人民司法的理念,认真研究并及时解决这些民商事审判实务中与宏观经济形势变化密切相关的普遍性问题、重点问题,有效化解矛盾和纠纷,不仅是民商事审判部门应对金融危机工作的重要任务,而且对于维护诚信的市场交易秩序,保障公平法治的投资环境,公平解决纠纷、提振市场信心等具有重要意义。现就人民法院在当前形势下审理民商事合同纠纷案件中的若干问题,提出以下意见。

一、慎重适用情势变更原则，合理调整双方利益关系

1. 当前市场主体之间的产品交易、资金流转因原料价格剧烈波动、市场需求关系的变化、流动资金不足等诸多因素的影响而产生大量纠纷，对于部分当事人在诉讼中提出适用情势变更原则变更或者解除合同的请求，人民法院应当依据公平原则和情势变更原则严格审查。

2. 人民法院在适用情势变更原则时，应当充分注意到全球性金融危机和国内宏观经济形势变化并非完全是一个令所有市场主体猝不及防的突变过程，而是一个逐步演变的过程。在演变过程中，市场主体应当对于市场风险存在一定程度的预见和判断。人民法院应当依法把握情势变更原则的适用条件，严格审查当事人提出的“无法预见”的主张，对于涉及石油、焦炭、有色金属等市场属性活泼、长期以来价格波动较大的大宗商品标的物以及股票、期货等风险投资型金融产品标的物的合同，更要慎重适用情势变更原则。

3. 人民法院要合理区分情势变更与商业风险。商业风险属于从事商业活动的固有风险，诸如尚未达到异常变动程度的供求关系变化、价格涨跌等。情势变更是当事人在缔约时无法预见的非市场系统固有的风险。人民法院在判断某种重大客观变化是否属于情势变更时，应当注意衡量风险类型是否属于社会一般观念上的事先无法预见、风险程度是否远远超出正常人的合理预期、风险是否可以防范和控制、交易性质是否属于通常的“高风险高收益”范围等因素，并结合市场的具体情况，在个案中识别情势变更和商业风险。

4. 在调整尺度的价值取向把握上，人民法院仍应遵循侧重于保护守约方的原则。适用情势变更原则并非简单地豁免债务人的义务而使债权人承受不利后果，而是要充分注意利益均衡，公平合理地调整双方利益关系。在诉讼过程中，人民法院要积极引导当事人重新协商，改订合同；重新协商不成的，争取调解解决。为防止情势变更原则被滥用而影响市场正常的交易秩序，人民法院决定适用情势变更原则作出判决的，应当按照最高人民法院《关于正确适用〈中华人民共和国合同法〉若干问题的解释（二）服务党和国家工作大局的通知》（法［2009］165 号）的要求，严格履行适用情势变更的相关审核程序。

二、依法合理调整违约金数额，公平解决违约责任问题

5. 现阶段由于国内宏观经济环境的变化和影响，民商事合同履行过程中违约现象比较突出。对于双方当事人在合同中所约定的过分高于违约造成损失的违约金或者极具惩罚性的违约金条款，人民法院应根据合同法第一百一十四条第二款和最高人民法院《关于适用中华人民共和国合同法若干问题的解释（二）》（以下简称《合同法解释（二）》）第二十九条等关于调整过高违约金的规定内容和精神，合理调整违约金数额，公平解决违约责任问题。

6. 在当前企业经营状况普遍较为困难的情况下，对于违约金数额过分高于违约造成损失的，应当根据合同法规定的诚实信用原则、公平原则，坚持以补偿性为主、以惩罚性为辅的违约金性质，合理调整裁量幅度，切实防止以意思自治为由而完全放任当事人约定过高的违约金。

7. 人民法院根据合同法第一百一十四条第二款调整过高违约金时，应当根据案件的具体情形，以违约造成的损失为基准，综合衡量合同履行程度、当事人的过错、预期利益、当事人缔约地

位强弱、是否适用格式合同或条款等多项因素，根据公平原则和诚实信用原则予以综合权衡，避免简单地采用固定比例等“一刀切”的做法，防止机械司法而可能造成的实质不公平。

8. 为减轻当事人诉累，妥当解决违约金纠纷，违约方以合同不成立、合同未生效、合同无效或者不构成违约进行免责抗辩而未提出违约金调整请求的，人民法院可以就当事人是否需要主张违约金过高问题进行释明。人民法院要正确确定举证责任，违约方对于违约金约定过高的主张承担举证责任，非违约方主张违约金约定合理的，亦应提供相应的证据。合同解除后，当事人主张违约金条款继续有效的，人民法院可以根据合同法第九十八条的规定进行处理。

三、区分可得利益损失类型，妥善认定可得利益损失

9. 在当前市场主体违约情形比较突出的情况下，违约行为通常导致可得利益损失。根据交易的性质、合同的目的等因素，可得利益损失主要分为生产利润损失、经营利润损失和转售利润损失等类型。生产设备和原材料等买卖合同违约中，因出卖人违约而造成买受人的可得利益损失通常属于生产利润损失。承包经营、租赁经营合同以及提供服务或劳务的合同中，因一方违约造成的可得利益损失通常属于经营利润损失。先后系列买卖合同中，因原合同出卖方违约而造成其后的转售合同出售方的可得利益损失通常属于转售利润损失。

10. 人民法院在计算和认定可得利益损失时，应当综合运用可预见规则、减损规则、损益相抵规则以及过失相抵规则等，从非违约方主张的可得利益赔偿总额中扣除违约方不可预见的损失、非违约方不当扩大的损失、非违约方因违约获得的利益、非违约方亦有过失所造成的损失以及必要的交易成本。存在合同法第一百一十三条第二款规定的欺诈经营、合同法第一百一十四条第一款规定的当事人约定损害赔偿的计算方法以及因违约导致人身伤亡、精神损害等情形的，不宜适用可得利益损失赔偿规则。

11. 人民法院认定可得利益损失时应当合理分配举证责任。违约方一般应当承担非违约方没有采取合理减损措施而导致损失扩大、非违约方因违约而获得利益以及非违约方亦有过失的举证责任；非违约方应当承担其遭受的可得利益损失总额、必要的交易成本的举证责任。对于可以预见的损失，既可以由非违约方举证，也可以由人民法院根据具体情况予以裁量。

四、正确把握法律构成要件，稳妥认定表见代理行为

12. 当前在国家重大项目和承包租赁行业等受到全球性金融危机冲击和国内宏观经济形势变化影响比较明显的行业领域，由于合同当事人采用转包、分包、转租方式，出现了大量以单位部门、项目经理乃至个人名义签订或实际履行合同的情形，并因合同主体和效力认定问题引发表见代理纠纷案件。对此，人民法院应当正确适用合同法第四十九条关于表见代理制度的规定，严格认定表见代理行为。

13. 合同法第四十九条规定的表见代理制度不仅要求代理人的无权代理行为在客观上形成具有代理权的表象，而且要求相对人在主观上善意且无过失地相信行为人有代理权。合同相对人主张构成表见代理的，应当承担举证责任，不仅应当举证证明代理行为存在诸如合同书、公章、印鉴等有权代理的客观表象形式要素，而且应当证明其善意且无过失地相信行为人具有代理权。

14. 人民法院在判断合同相对人主观上是否属于善意且无过失时，应当结合合同缔结与履行过程中的各种因素综合判断合同相对人是否尽到合理注意义务，此外还要考虑合同的缔结时间、以谁的名义签字、是否盖有相关印章及印章真伪、标的物的交付方式与地点、购买的材料、租赁的器材、所借款项的用途、建筑单位是否知道项目经理的行为、是否参与合同履行等各种因素，作出综合分析判断。

五、正确适用强制性规定，稳妥认定民商事合同效力

15. 正确理解、识别和适用合同法第五十二条第（五）项中的"违反法律、行政法规的强制性规定"，关系到民商事合同的效力维护以及市场交易的安全和稳定。人民法院应当注意根据《合同法解释（二）》第十四条之规定，注意区分效力性强制规定和管理性强制规定。违反效力性强制规定的，人民法院应当认定合同无效；违反管理性强制规定的，人民法院应当根据具体情形认定其效力。

16. 人民法院应当综合法律法规的意旨，权衡相互冲突的权益，诸如权益的种类、交易安全以及其所规制的对象等，综合认定强制性规定的类型。如果强制性规范规制的是合同行为本身即只要该合同行为发生即绝对地损害国家利益或者社会公共利益的，人民法院应当认定合同无效。如果强制性规定规制的是当事人的"市场准入"资格而非某种类型的合同行为，或者规制的是某种合同的履行行为而非某类合同行为，人民法院对于此类合同效力的认定，应当慎重把握，必要时应当征求相关立法部门的意见或者请示上级人民法院。

六、合理适用不安抗辩权规则，维护权利人合法权益

17. 在当前情势下，为敦促诚信的合同一方当事人及时保全证据、有效保护权利人的正当合法权益，对于一方当事人已经履行全部交付义务，虽然约定的价款期限尚未到期，但其诉请付款方支付未到期价款的，如果有确切证据证明付款方明确表示不履行给付价款义务，或者付款方被吊销营业执照、被注销、被有关部门撤销、处于歇业状态，或者付款方转移财产、抽逃资金以逃避债务，或者付款方丧失商业信誉，以及付款方以自己的行为表明不履行给付价款义务的其他情形的，除非付款方已经提供适当的担保，人民法院可以根据合同法第六十八条第一款、第六十九条、第九十四条第（二）项、第一百零八条、第一百六十七条等规定精神，判令付款期限已到期或者加速到期。

五、最高人民法院关于审理买卖合同纠纷案件适用法律问题的解释

（◆2012 年 5 月 10 日法释[2012]8 号公布

◆自 2012 年 7 月 1 日起施行）

为正确审理买卖合同纠纷案件，根据《中华人民共和国民法通则》、《中华人民共和国合同

法》、《中华人民共和国物权法》、《中华人民共和国民事诉讼法》等法律的规定，结合审判实践，制定本解释。

一、买卖合同的成立及效力

第一条 当事人之间没有书面合同，一方以送货单、收货单、结算单、发票等主张存在买卖合同关系的，人民法院应当结合当事人之间的交易方式、交易习惯以及其他相关证据，对买卖合同是否成立作出认定。

对账确认函、债权确认书等函件、凭证没有记载债权人名称，买卖合同当事人一方以此证明存在买卖合同关系的，人民法院应予支持，但有相反证据足以推翻的除外。

第二条 当事人签订认购书、订购书、预订书、意向书、备忘录等预约合同，约定在将来一定期限内订立买卖合同，一方不履行订立买卖合同的义务，对方请求其承担预约合同违约责任或者要求解除预约合同并主张损害赔偿的，人民法院应予支持。

第三条 当事人一方以出卖人在缔约时对标的物没有所有权或者处分权为由主张合同无效的，人民法院不予支持。

出卖人因未取得所有权或者处分权致使标的物所有权不能转移，买受人要求出卖人承担违约责任或者要求解除合同并主张损害赔偿的，人民法院应予支持。

第四条 人民法院在按照合同法的规定认定电子交易合同的成立及效力的同时，还应当适用电子签名法的相关规定。

二、标的物交付和所有权转移

第五条 标的物为无需以有形载体交付的电子信息产品，当事人对交付方式约定不明确，且依照合同法第六十一条的规定仍不能确定的，买受人收到约定的电子信息产品或者权利凭证即为交付。

第六条 根据合同法第一百六十二条的规定，买受人拒绝接收多交部分标的物的，可以代为保管多交部分标的物。买受人主张出卖人负担代为保管期间的合理费用的，人民法院应予支持。

买受人主张出卖人承担代为保管期间非因买受人故意或者重大过失造成的损失的，人民法院应予支持。

第七条 合同法第一百三十六条规定的“提取标的物单证以外的有关单证和资料”，主要应当包括保险单、保修单、普通发票、增值税专用发票、产品合格证、质量保证书、质量鉴定书、品质检验证书、产品进出口检疫书、原产地证明书、使用说明书、装箱单等。

第八条 出卖人仅以增值税专用发票及税款抵扣资料证明其已履行交付标的物义务，买受人不认可的，出卖人应当提供其他证据证明交付标的物的事实。合同约定或者当事人之间习惯以普通发票作为付款凭证，买受人以普通发票证明已经履行付款义务的，人民法院应予支持，但有相反证据足以推翻的除外。

第九条 出卖人就同一普通动产订立多重买卖合同，在买卖合同均有效的情况下，买受人均要求实际履行合同的，应当按照以下情形分别处理：

（一）先行受领交付的买受人请求确认所有权已经转移的，人民法院应予支持；

（二）均未受领交付，先行支付价款的买受人请求出卖人履行交付标的物等合同义务的，人民法院应予支持；

（三）均未受领交付，也未支付价款，依法成立在先合同的买受人请求出卖人履行交付标的物等合同义务的，人民法院应予支持。

第十条　出卖人就同一船舶、航空器、机动车等特殊动产订立多重买卖合同，在买卖合同均有效的情况下，买受人均要求实际履行合同的，应当按照以下情形分别处理：

（一）先行受领交付的买受人请求出卖人履行办理所有权转移登记手续等合同义务的，人民法院应予支持；

（二）均未受领交付，先行办理所有权转移登记手续的买受人请求出卖人履行交付标的物等合同义务的，人民法院应予支持；

（三）均未受领交付，也未办理所有权转移登记手续，依法成立在先合同的买受人请求出卖人履行交付标的物和办理所有权转移登记手续等合同义务的，人民法院应予支持；

（四）出卖人将标的物交付给买受人之一，又为其他买受人办理所有权转移登记，已受领交付的买受人请求将标的物所有权登记在自己名下的，人民法院应予支持。

三、标的物风险负担

第十一条　合同法第一百四十一条第二款第（一）项规定的“标的物需要运输的”，是指标的物由出卖人负责办理托运，承运人系独立于买卖合同当事人之外的运输业者的情形。标的物毁损、灭失的风险负担，按照合同法第一百四十五条的规定处理。

第十二条　出卖人根据合同约定将标的物运送至买受人指定地点并交付给承运人后，标的物毁损、灭失的风险由买受人负担，但当事人另有约定的除外。

第十三条　出卖人出卖交由承运人运输的在途标的物，在合同成立时知道或者应当知道标的物已经毁损、灭失却未告知买受人，买受人主张出卖人负担标的物毁损、灭失的风险的，人民法院应予支持。

第十四条　当事人对风险负担没有约定，标的物为种类物，出卖人未以装运单据、加盖标记、通知买受人等可识别的方式清楚地将标的物特定于买卖合同，买受人主张不负担标的物毁损、灭失的风险的，人民法院应予支持。

四、标的物检验

第十五条　当事人对标的物的检验期间未作约定，买受人签收的送货单、确认单等载明标的物数量、型号、规格的，人民法院应当根据合同法第一百五十七条的规定，认定买受人已对数量和外观瑕疵进行了检验，但有相反证据足以推翻的除外。

第十六条　出卖人依照买受人的指示向第三人交付标的物，出卖人和买受人之间约定的检验标准与买受人和第三人之间约定的检验标准不一致的，人民法院应当根据合同法第六十四条的规定，以出卖人和买受人之间约定的检验标准为标的物的检验标准。

第十七条 人民法院具体认定合同法第一百五十八条第二款规定的“合理期间”时，应当综合当事人之间的交易性质、交易目的、交易方式、交易习惯、标的物的种类、数量、性质、安装和使用情况、瑕疵的性质、买受人应尽的合理注意义务、检验方法和难易程度、买受人或者检验人所处的具体环境、自身技能以及其他合理因素，依据诚实信用原则进行判断。

合同法第一百五十八条第二款规定的“两年”是最长的合理期间。该期间为不变期间，不适用诉讼时效中止、中断或者延长的规定。

第十八条 约定的检验期间过短，依照标的物的性质和交易习惯，买受人在检验期间内难以完成全面检验的，人民法院应当认定该期间为买受人对外观瑕疵提出异议的期间，并根据本解释第十七条第一款的规定确定买受人对隐蔽瑕疵提出异议的合理期间。

约定的检验期间或者质量保证期间短于法律、行政法规规定的检验期间或者质量保证期间的，人民法院应当以法律、行政法规规定的检验期间或者质量保证期间为准。

第十九条 买受人在合理期间内提出异议，出卖人以买受人已经支付价款、确认欠款数额、使用标的物等为由，主张买受人放弃异议的，人民法院不予支持，但当事人另有约定的除外。

第二十条 合同法第一百五十八条规定的检验期间、合理期间、两年期间经过后，买受人主张标的物的数量或者质量不符合约定的，人民法院不予支持。出卖人自愿承担违约责任后，又以上述期间经过为由翻悔的，人民法院不予支持。

五、违约责任

第二十一条 买受人依约保留部分价款作为质量保证金，出卖人在质量保证期间未及时解决质量问题而影响标的物的价值或者使用效果，出卖人主张支付该部分价款的，人民法院不予支持。

第二十二条 买受人在检验期间、质量保证期间、合理期间内提出质量异议，出卖人未按要求予以修理或者因情况紧急，买受人自行或者通过第三人修理标的物后，主张出卖人负担因此发生的合理费用的，人民法院应予支持。

第二十三条 标的物质量不符合约定，买受人依照合同法第一百一十一条的规定要求减少价款的，人民法院应予支持。当事人主张以符合约定的标的物和实际交付的标的物按交付时的市场价值计算差价的，人民法院应予支持。

价款已经支付，买受人主张返还减价后多出部分价款的，人民法院应予支持。

第二十四条 买卖合同对付款期限作出的变更，不影响当事人关于逾期付款违约金的约定，但该违约金的起算点应当随之变更。

买卖合同约定逾期付款违约金，买受人以出卖人接受价款时未主张逾期付款违约金为由拒绝支付该违约金的，人民法院不予支持。

买卖合同约定逾期付款违约金，但对账单、还款协议等未涉及逾期付款责任，出卖人根据对账单、还款协议等主张欠款时请求买受人依约支付逾期付款违约金的，人民法院应予支持，但对账单、还款协议等明确载有本金及逾期付款利息数额或者已经变更买卖合同中关于本金、利息等约定内容的除外。

买卖合同没有约定逾期付款违约金或者该违约金的计算方法，出卖人以买受人违约为由主张赔偿逾期付款损失的，人民法院可以中国人民银行同期同类人民币贷款基准利率为基础，参照逾期罚息利率标准计算。

第二十五条　出卖人没有履行或者不当履行从给付义务，致使买受人不能实现合同目的，买受人主张解除合同的，人民法院应当根据合同法第九十四条第(四)项的规定，予以支持。

第二十六条　买卖合同因违约而解除后，守约方主张继续适用违约金条款的，人民法院应予支持；但约定的违约金过分高于造成的损失的，人民法院可以参照合同法第一百一十四条第二款的规定处理。

第二十七条　买卖合同当事人一方以对方违约为由主张支付违约金，对方以合同不成立、合同未生效、合同无效或者不构成违约等为由进行免责抗辩而未主张调整过高的违约金的，人民法院应当就法院若不支持免责抗辩，当事人是否需要主张调整违约金进行释明。

一审法院认为免责抗辩成立且未予释明，二审法院认为应当判决支付违约金的，可以直接释明并改判。

第二十八条　买卖合同约定的定金不足以弥补一方违约造成的损失，对方请求赔偿超过定金部分的损失的，人民法院可以并处，但定金和损失赔偿的数额总和不应高于因违约造成的损失。

第二十九条　买卖合同当事人一方违约造成对方损失，对方主张赔偿可得利益损失的，人民法院应当根据当事人的主张，依据合同法第一百一十三条、第一百一十九条、本解释第三十条、第三十一条等规定进行认定。

第三十条　买卖合同当事人一方违约造成对方损失，对方对损失的发生也有过错，违约方主张扣减相应的损失赔偿额的，人民法院应予支持。

第三十一条　买卖合同当事人一方因对方违约而获有利益，违约方主张从损失赔偿额中扣除该部分利益的，人民法院应予支持。

第三十二条　合同约定减轻或者免除出卖人对标的物的瑕疵担保责任，但出卖人故意或者因重大过失不告知买受人标的物的瑕疵，出卖人主张依约减轻或者免除瑕疵担保责任的，人民法院不予支持。

第三十三条　买受人在缔约时知道或者应当知道标的物质量存在瑕疵，主张出卖人承担瑕疵担保责任的，人民法院不予支持，但买受人在缔约时不知道该瑕疵会导致标的物的基本效用显著降低的除外。

六、所有权保留

第三十四条　买卖合同当事人主张合同法第一百三十四条关于标的物所有权保留的规定适用于不动产的，人民法院不予支持。

第三十五条　当事人约定所有权保留，在标的物所有权转移前，买受人有下列情形之一，对出卖人造成损害，出卖入主张取回标的物的，人民法院应予支持：

（一）未按约定支付价款的；

（二）未按约定完成特定条件的；

（三）将标的物出卖、出质或者作出其他不当处分的。

取回的标的物价值显著减少，出卖人要求买受人赔偿损失的，人民法院应予支持。

第三十六条　买受人已经支付标的物总价款的百分之七十五以上，出卖人主张取回标的物的，人民法院不予支持。

在本解释第三十五条第一款第（三）项情形下，第三人依据物权法第一百零六条的规定已经善意取得标的物所有权或者其他物权，出卖人主张取回标的物的，人民法院不予支持。

第三十七条　出卖人取回标的物后，买受人在双方约定的或者出卖人指定的回赎期间内，消除出卖人取回标的物的事由，主张回赎标的物的，人民法院应予支持。

买受人在回赎期间内没有回赎标的物的，出卖人可以另行出卖标的物。

出卖人另行出卖标的物的，出卖所得价款依次扣除取回和保管费用、再交易费用、利息、未清偿的价金后仍有剩余的，应返还原买受人；如有不足，出卖人要求原买受人清偿的，人民法院应予支持，但原买受人有证据证明出卖人另行出卖的价格明显低于市场价格的除外。

七、特种买卖

第三十八条　合同法第一百六十七条第一款规定的“分期付款”，系指买受人将应付的总价款在一定期间内至少分三次向出卖人支付。

分期付款买卖合同的约定违反合同法第一百六十七条第一款的规定，损害买受人利益，买受人主张该约定无效的，人民法院应予支持。

第三十九条　分期付款买卖合同约定出卖人在解除合同时可以扣留已受领价金，出卖人扣留的金额超过标的物使用费以及标的物受损赔偿额，买受人请求返还超过部分的，人民法院应予支持。

当事人对标的物的使用费没有约定的，人民法院可以参照当地同类标的物的租金标准确定。

第四十条　合同约定的样品质量与文字说明不一致且发生纠纷时当事人不能达成合意，样品封存后外观和内在品质没有发生变化的，人民法院应当以样品为准；外观和内在品质发生变化，或者当事人对是否发生变化有争议而又无法查明的，人民法院应当以文字说明为准。

第四十一条　试用买卖的买受人在试用期内已经支付一部分价款的，人民法院应当认定买受人同意购买，但合同另有约定的除外。

在试用期内，买受人对标的物实施了出卖、出租、设定担保物权等非试用行为的，人民法院应当认定买受人同意购买。

第四十二条　买卖合同存在下列约定内容之一的，不属于试用买卖。买受人主张属于试用买卖的，人民法院不予支持：

（一）约定标的物经过试用或者检验符合一定要求时，买受人应当购买标的物；

（二）约定第三人经试验对标的物认可时，买受人应当购买标的物；

（三）约定买受人在一定期间内可以调换标的物；

（四）约定买受人在一定期间内可以退还标的物。

第四十三条 试用买卖的当事人没有约定使用费或者约定不明确，出卖人主张买受人支付使用费的，人民法院不予支持。

八、其他问题

第四十四条 出卖人履行交付义务后诉请买受人支付价款，买受人以出卖人违约在先为由提出异议的，人民法院应当按照下列情况分别处理：

（一）买受人拒绝支付违约金、拒绝赔偿损失或者主张出卖人应当采取减少价款等补救措施的，属于提出抗辩；

（二）买受人主张出卖人应支付违约金、赔偿损失或者要求解除合同的，应当提起反诉。

第四十五条 法律或者行政法规对债权转让、股权转让等权利转让合同有规定的，依照其规定；没有规定的，人民法院可以根据合同法第一百二十四条和第一百七十四条的规定，参照适用买卖合同的有关规定。

权利转让或者其他有偿合同参照适用买卖合同的有关规定的，人民法院应当首先引用合同法第一百七十四条的规定，再引用买卖合同的有关规定。

第四十六条 本解释施行前本院发布的有关购销合同、销售合同等有偿转移标的物所有权的合同的规定，与本解释抵触的，自本解释施行之日起不再适用。

本解释施行后尚未终审的买卖合同纠纷案件，适用本解释；本解释施行前已经终审，当事人申请再审或者按照审判监督程序决定再审的，不适用本解释。

六、最高人民法院关于审理商品房买卖合同纠纷案件适用法律若干问题的解释

（◆2003 年 4 月 28 日法释[2003]7 号公布

◆自 2003 年 6 月 1 日起施行）

为正确、及时审理商品房买卖合同纠纷案件，根据《中华人民共和国民法通则》、《中华人民共和国合同法》、《中华人民共和国城市房地产管理法》、《中华人民共和国担保法》等相关法律，结合民事审判实践，制定本解释。

第一条 本解释所称的商品房买卖合同，是指房地产开发企业（以下统称为出卖人）将尚未

建成或者已竣工的房屋向社会销售并转移房屋所有权于买受人,买受人支付价款的合同。

第二条 出卖人未取得商品房预售许可证明,与买受人订立的商品房预售合同,应当认定无效,但是在起诉前取得商品房预售许可证明的,可以认定有效。

第三条 商品房的销售广告和宣传资料为要约邀请,但是出卖人就商品房开发规划范围内的房屋及相关设施所作的说明和允诺具体确定,并对商品房买卖合同的订立以及房屋价格的确定有重大影响的,应当视为要约。该说明和允诺即使未载人商品房买卖合同,亦应当视为合同内容,当事人违反的,应当承担违约责任。

第四条 出卖人通过认购、订购、预订等方式向买受人收受定金作为订立商品房买卖合同担保的,如果因当事人一方原因未能订立商品房买卖合同,应当按照法律关于定金的规定处理;因不可归责于当事人双方的事由,导致商品房买卖合同未能订立的,出卖人应当将定金返还买受人。

第五条 商品房的认购、订购、预订等协议具备《商品房销售管理办法》第十六条规定的商品房买卖合同的主要内容,并且出卖人已经按照约定收受购房款的,该协议应当认定为商品房买卖合同。

第六条 当事人以商品房预售合同未按照法律、行政法规规定办理登记备案手续为由,请求确认合同无效的,不予支持。

当事人约定以办理登记备案手续为商品房预售合同生效条件的,从其约定,但当事人一方已经履行主要义务,对方接受的除外。

第七条 拆迁人与被拆迁人按照所有权调换形式订立拆迁补偿安置协议,明确约定拆迁人以位置、用途特定的房屋对被拆迁人予以补偿安置,如果拆迁人将该补偿安置房屋另行出卖给第三人,被拆迁人请求优先取得补偿安置房屋的,应予支持。

被拆迁人请求解除拆迁补偿安置协议的,按照本解释第八条的规定处理。

第八条 具有下列情形之一的,导致商品房买卖合同目的不能实现的,无法取得房屋的买受人可以请求解除合同、返还已付购房款及利息、赔偿损失,并可以请求出卖人承担不超过已付购房款一倍的赔偿责任:

(一)商品房买卖合同订立后,出卖人未告知买受人又将该房屋抵押给第三人;

(二)商品房买卖合同订立后,出卖人又将该房屋出卖给第三人。

第九条 出卖人订立商品房买卖合同时,具有下列情形之一,导致合同无效或者被撤销、解除的,买受人可以请求返还已付购房款及利息、赔偿损失,并可以请求出卖人承担不超过已付购房款一倍的赔偿责任:

(一)故意隐瞒没有取得商品房预售许可证明的事实或者提供虚假商品房预售许可证明;

(二)故意隐瞒所售房屋已经抵押的事实;

(三)故意隐瞒所售房屋已经出卖给第三人或者为拆迁补偿安置房屋的事实。

第十条 买受人以出卖人与第三人恶意串通,另行订立商品房买卖合同并将房屋交付使用，导致其无法取得房屋为由，请求确认出卖人与第三人订立的商品房买卖合同无效的，应予支持。

第十一条 对房屋的转移占有，视为房屋的交付使用，但当事人另有约定的除外。

房屋毁损、灭失的风险，在交付使用前由出卖人承担，交付使用后由买受人承担；买受人接到出卖人的书面交房通知，无正当理由拒绝接收的，房屋毁损、灭失的风险自书面交房通知确定的交付使用之日起由买受人承担，但法律另有规定或者当事人另有约定的除外。

第十二条 因房屋主体结构质量不合格不能交付使用，或者房屋交付使用后，房屋主体结构质量经核验确属不合格，买受人请求解除合同和赔偿损失的，应予支持。

第十三条 因房屋质量问题严重影响正常居住使用，买受人请求解除合同和赔偿损失的，应予支持。

交付使用的房屋存在质量问题，在保修期内，出卖人应当承担修复责任；出卖人拒绝修复或者在合理期限内拖延修复的，买受人可以自行或者委托他人修复。修复费用及修复期间造成的其他损失由出卖人承担。

第十四条 出卖人交付使用的房屋套内建筑面积或者建筑面积与商品房买卖合同约定面积不符，合同有约定的，按照约定处理；合同没有约定或者约定不明确的，按照以下原则处理：

（一）面积误差比绝对值在3%以内（含3%），按照合同约定的价格据实结算，买受人请求解除合同的，不予支持；

（二）面积误差比绝对值超出3%，买受人请求解除合同、返还已付购房款及利息的，应予支持。买受人同意继续履行合同，房屋实际面积大于合同约定面积的，面积误差比在3%以内（含3%）部分的房价款由买受人按照约定的价格补足，面积误差比超出3%部分的房价款由出卖人承担，所有权归买受人；房屋实际面积小于合同约定面积的，面积误差比在3%以内（含3%）部分的房价款及利息由出卖人返还买受人，面积误差比超过3%部分的房价款由出卖人双倍返还买受人。

第十五条 根据《合同法》第九十四条的规定，出卖人迟延交付房屋或者买受人迟延支付购房款，经催告后在三个月的合理期限内仍未履行，当事人一方请求解除合同的，应予支持，但当事人另有约定的除外。

法律没有规定或者当事人没有约定，经对方当事人催告后，解除权行使的合理期限为三个月。对方当事人没有催告的，解除权应当在解除权发生之日起一年内行使；逾期不行使的，解除权消灭。

第十六条 当事人以约定的违约金过高为由请求减少的，应当以违约金超过造成的损失30%为标准适当减少；

当事人以约定的违约金低于造成的损失为由请求增加的，应当以违约造成的损失确定违约金数额。

第十七条　商品房买卖合同没有约定违约金数额或者损失赔偿额计算方法，违约金数额或者损失赔偿额可以参照以下标准确定：

逾期付款的，按照未付购房款总额，参照中国人民银行规定的金融机构计收逾期贷款利息的标准计算。

逾期交付使用房屋的，按照逾期交付使用房屋期间有关主管部门公布或者有资格的房地产评估机构评定的同地段同类房屋租金标准确定。

第十八条　由于出卖人的原因，买受人在下列期限届满未能取得房屋权属证书的，除当事人有特殊约定外，出卖人应当承担违约责任：

（一）商品房买卖合同约定的办理房屋所有权登记的期限；

（二）商品房买卖合同的标的物为尚未建成房屋的，自房屋交付使用之日起 90 日；

（三）商品房买卖合同的标的物为已竣工房屋的，自合同订立之日起 90 日。

合同没有约定违约金或者损失数额难以确定的，可以按照已付购房款总额，参照中国人民银行规定的金融机构计收逾期贷款利息的标准计算。

第十九条　商品房买卖合同约定或者《城市房地产开发经营管理条例》第三十三条规定的办理房屋所有权登记的期限届满后超过一年，由于出卖人的原因，导致买受人无法办理房屋所有权登记，买受人请求解除合同和赔偿损失的，应予支持。

第二十条　出卖人与包销人订立商品房包销合同，约定出卖人将其开发建设的房屋交由包销人以出卖人的名义销售的，包销期满未销售的房屋，由包销人按照合同约定的包销价格购买，但当事人另有约定的除外。

第二十一条　出卖人自行销售已经约定由包销人包销的房屋，包销人请求出卖人赔偿损失的，应予支持，但当事人另有约定的除外。

第二十二条　对于买受人因商品房买卖合同与出卖人发生的纠纷，人民法院应当通知包销人参加诉讼；出卖人、包销人和买受人对各自的权利义务有明确约定的，按照约定的内容确定各方的诉讼地位。

第二十三条　商品房买卖合同约定，买受人以担保贷款方式付款，因当事人一方原因未能订立商品房担保贷款合同并导致商品房买卖合同不能继续履行的，对方当事人可以请求解除合同和赔偿损失。因不可归责于当事人双方的事由未能订立商品房担保贷款合同并导致商品房买卖合同不能继续履行的，当事人可以请求解除合同，出卖人应当将收受的购房款本金及其利息或者定金返还买受人。

第二十四条　因商品房买卖合同被确认无效或者被撤销、解除，致使商品房担保贷款合同的目的无法实现，当事人请求解除商品房担保贷款合同的，应予支持。

第二十五条　以担保贷款为付款方式的商品房买卖合同的当事人一方请求确认商品房买卖合同无效或者撤销、解除合同的，如果担保权人作为有独立请求权第三人提出诉讼请求，应当与商品房担保贷款合同纠纷合并审理；未提出诉讼请求的，仅处理商品房买卖合同纠纷。担保权人就商品房担保贷款合同纠纷另行起诉的,可以与商品房买卖合同纠纷合并审理。

商品房买卖合同被确认无效或者被撤销、解除后,商品房担保贷款合同也被解除的,出卖人应当将收受的购房贷款和购房款的本金及利息分别返还担保权人和买受人。

第二十六条 买受人未按照商品房担保贷款合同的约定偿还贷款,亦未与担保权人办理商品房抵押登记手续,担保权人起诉买受人,请求处分商品房买卖合同项下买受人合同权利的,应当通知出卖人参加诉讼;担保权人同时起诉出卖人时,如果出卖人为商品房担保贷款合同提供保证的,应当列为共同被告。

第二十七条 买受人未按照商品房担保贷款合同的约定偿还贷款,但是已经取得房屋权属证书并与担保权人办理了商品房抵押登记手续,抵押权人请求买受人偿还贷款或者就抵押的房屋优先受偿的,不应当追加出卖人为当事人,但出卖人提供保证的除外。

第二十八条 本解释自2003年6月1日起施行。

《中华人民共和国城市房地产管理法》施行后订立的商品房买卖合同发生的纠纷案件,本解释公布施行后尚在一审、二审阶段的,适用本解释。

《中华人民共和国城市房地产管理法》施行后订立的商品房买卖合同发生的纠纷案件,在本解释公布施行前已经终审,当事人申请再审或者按照审判监督程序决定再审的,不适用本解释。

《中华人民共和国城市房地产管理法》施行前发生的商品房买卖行为,适用当时的法律、法规和《最高人民法院关于审理房地产管理法施行前房地产开发经营案件若干问题的解答》。

七、最高人民法院关于审理建设工程施工合同纠纷案件适用法律问题的解释

(◆2004年10月25日法释[2004]14号公布

◆自2005年1月1日起施行)

根据《中华人民共和国民法通则》、《中华人民共和国合同法》、《中华人民共和国招标投标法》、《中华人民共和国民事诉讼法》等法律规定,结合民事审判实际,就审理建设工程施工合同纠纷案件适用法律的问题,制定本解释。

第一条 建设工程施工合同具有下列情形之一的,应当根据合同法第五十二条第(五)项的规定,认定无效:

(一)承包人未取得建筑施工企业资质或者超越资质等级的;

(二)没有资质的实际施工人借川有资质的建筑施工企业名义的;

(三)建设工程必须进行招标而未招标或者中标无效的。

第二条 建设工程施工合同无效,但建没工程经竣工验收合格,承包人请求参照合同约定

支付工程价款的,应予支持。

第三条 建设工程施工合同无效,且建设工程经竣工验收不合格的,按照以下情形分别处理:

(一)修复后的建设工程经竣工验收合格,发包人请求承包人承担修复费用的,应予支持;

(二)修复后的建设工程经竣工验收不合格,承包人请求支付工程价款的,不予支持。

因建设工程不合格造成的损失,发包人有过错的,也应承担相应的民事责任

第四条 承包人非法转包、违法分包建设工程或者没有资质的实际施工人借用有资质的建筑施工企业名义与他人签订建设工程施工合同的行为无效。人民法院可以根据民法通则第一百三十四条规定,收缴当事人已经取得的非法所得。

第五条 承包人超越资质等级许可的业务范围签订建设工程施工合同,在建设工程竣工前取得相应资质等级,当事人请求按照无效合同处理的,不予支持。

第六条 当事人对垫资和垫资利息有约定,承包人请求按照约定返还垫资及其利息的,应予支持,但是约定的利息计算标准高于中国人民银行发布的同期同类贷款利率的部分除外。

当事人对垫资没有约定的,按照工程欠款处理。

当事人对垫资利息没有约定,承包人请求支付利息的,不予支持。

第七条 具有劳务作业法定资质的承包人与总承包人、分包人签订的劳务分包合同,当事人以转包建设工程违反法律规定为由请求确认无效的,不予支持。

第八条 承包人具有下列情形之一,发包人请求解除建设工程施工合同的,应予支持:

(一)明确表示或者以行为表明不履行合同主要义务的;

(二)合同约定的期限内没有完工,且在发包人催告的合理期限内仍未完工的;

(三)已经完成的建设工程质量不合格,并拒绝修复的;

(四)将承包的建设工程非法转包、违法分包的。

第九条 发包人具有下列情形之一,致使承包人无法施工,且在催告的合理期限内仍未履行相应义务,承包人请求解除建设工程施工合同的,应予支持:

(一)未按约定支付工程价款的;

(二)提供的主要建筑材料、建筑构配件和设备不符合强制性标准的;

(三)不履行合同约定的协助义务的。

第十条 建设工程施工合同解除后,已经完成的建设工程质量合格的,发包人应当按照约定支付相应的工程价款;已经完成的建设工程质量不合格的,参照本解释第三条规定处理。

因一方违约导致合同解除的,违约方应当赔偿因此而给对方造成的损失。

第十一条 因承包人的过错造成建设工程质量不符合约定,承包人拒绝修理、返工或者改建,发包人请求减少支付工程价款的,应予支持。

第十二条 发包人具有下列情形之一,造成建设工程质量缺陷,应当承担过错责任:

(一)提供的设计有缺陷;

(二)提供或者指定购买的建筑材料、建筑构配件、设备不符合强制性标准;

(三)直接指定分包人分包专业工程。

承包人有过错的,也应当承担相应的过错责任。

第十三条 建设工程未经竣工验收,发包人擅自使用后,又以使用部分质量不符合约定为由主张权利的,不予支持;但是承包人应当在建设工程的合理使用寿命内对地基基础工程和主体结构质量承担民事责任。

第十四条 当事人对建设工程实际竣工日期有争议的,按照以下情形分别处理:

(一)建设工程经竣工验收合格的,以竣工验收合格之日为竣工日期;

(二)承包人已经提交竣工验收报告,发包人拖延验收的,以承包人提交验收报告之日为竣工日期;

(三)建设工程未经竣工验收,发包人擅自使用的,以转移占有建设工程之日为竣工日期。

第十五条 建设工程竣工前,当事人对工程质量发生争议,工程质量经鉴定合格的,鉴定期间为顺延工期期间。

第十六条 当事人对建设工程的计价标准或者计价方法有约定的,按照约定结算工程价款。

因设计变更导致建设工程的工程量或者质量标准发生变化,当事人对该部分工程价款不能协商一致的,可以参照签订建设工程施工合同时当地建设行政主管部门发布的计价方法或者计价标准结算工程价款。

建设工程施工合同有效,但建设工程经竣工验收不合格的,工程价款结算参照本解释第三条规定处理。

第十七条 当事人对欠付工程价款利息计付标准有约定的,按照约定处理;没有约定的,按照中国人民银行发布的同期同类贷款利率计息。

第十八条 利息从应付工程价款之日计付。当事人对付款时间没有约定或者约定不明的,下列时间视为应付款时间:

(一)建设工程已实际交付的,为交付之日;

(二)建设工程没有交付的,为提交,竣工结算文件之日;

(三)建设工程未交付,工程价款未结算的,为当事人起诉之日。

第十九条 当事人对工程量有争议的,按照施工过程中形成的签证等书面文件确认。承包人能够证明发包人同意其施工,但未能提供签证文件证明工程量发生的,可以按照当事人提供的其他证据确认实际发生的工程量。

第二十条 当事人约定,发包人收到竣工结算文件后,在约定期限内不予答复,视为认可竣工结算文件的,按照约定处理。承包人请求按照竣工结算文件结算工程价款的,应予支持。

第二十一条 当事人就同一建设工程另行订立的建设工程施工合同与经过备案的中标合同实质性内容不一致的,应当以备案的户标合同作为结算工程价款的根据。

第二十二条 当事人约定按照固定价结算工程价款,一方当事人请求对建设工程造价进行鉴定沟,不予支持。

第二十三条 当事人对部分案件事实有争议的,仅对有争议的事实进行鉴定,但争议事实范围不能确定,或者双方当事人请求对全部事实鉴定的除外。

第二十四条 建设工程施工合同纠纷以施工行为地为合同履行地。

第二十五条 因建设工程质量发生争议的,发包人可以以总承包人、分包人和实际施工人为共同被告提起诉讼。

第二十六条 实际施工人以转包人、违法分包人为被告起诉的,人民法院应当依法受理。

实际施工人以发包人为被告主张权利的,人民法院可以追加转包人或者违法分包人为本案当事人。发包人只在欠付工程价款范围内对实际施工人承担责任。

第二十七条 因保修人未及时履行保修义务,导致建筑物毁损或者造成人身、财产损害的,保修人应当承担赔偿责任。

保修人与建筑物所有人或者发包人对建筑物毁损均有过错的,各自承担相应的责任。

第二十八条 本解释自二〇〇五年一月一日起施行。

施行后受理的第一审案件适用本解释。

施行前最高人民法院发布的司法解释与本解释相抵触,以本解释为准。

八、中华人民共和国建筑法

(◆1997 年 11 月 1 日第八届全国人民代表大会常务委员会第二十八次会议通过
◆根据 2011 年 4 月 22 日第十一届全国人民代表大会常务委员会
第二十次会议《关于修改 < 中华人民共和国建筑法)的决定》修正)

第一章 总则

第一条 为了加强对建筑活动的监督管理,维护建筑市场秩序,保证建筑工程的质量和安全,促进建筑业健康发展,制定本法。

第二条 在中华人民共和国境内从事建筑活动,实施对建筑活动的监督管理,应当遵守本法。

本法所称建筑活动,是指各类房屋建筑及其附属设施的建造和与其配套的线路、管道、设备的安装活动。

第三条 建筑活动应当确保建筑工程质量和安全,符合国家的建筑工程安全标准。

第四条 国家扶持建筑业的发展,支持建筑科学技术研究,提高房屋建筑设计水平,鼓励节约能源和保护环境,提倡采用先进技术、先进设备、先进工艺、新型建筑材料和现代管理方式。

第五条 从事建筑活动应当遵守法律、法规,不得损害社会公共利益和他人的合法权益。

任何单位和个人都不得妨碍和阻挠依法进行的建筑活动。

第六条 国务院建设行政主管部门对全国的建筑活动实施统一监督管理。

第二章 建筑许可

第一节 建筑工程施工许可

第七条 建筑工程开工前,建设单位应当按照国家有关规定向工程所在地县级以上人民政府建设行政主管部门申请领取施工许可证;但是,国务院建设行政主管部门确定的限额以下的小型工程除外。

按照国务院规定的权限和程序批准开工报告的建筑工程,不再领取施工许可证。

第八条 申请领取施工许可证,应当具备下列条件:

(一)已经办理该建筑工程用地批准手续;

(二)在城市规划区的建筑工程,已经取得规划许可证;

(三)需要拆迁的,其拆迁进度符合施工要求;

(四)已经确定建筑施工企业;

(五)有满足施工需要的施工图纸及技术资料;

(六)有保证工程质量和安全的具体措施;

(七)建设资金已经落实;

(八)法律、行政法规规定的其他条件。

建设行政主管部门应当自收到申请之日起十五日内,对符合条件的申请颁发施工许可证。

第九条 建设单位应当自领取施工许可证之日起三个月内开工。因故不能按期开工的,应当向发证机关申请延期;延期以两次为限,每次不超过三个月。既不开工又不申请延期或者超过延期时限的,施工许可证自行废止。

第十条 在建的建筑工程因故中止施工的,建设单位应当自中止施工之日起一个月内,向发证机关报告,并按照规定做好建筑工程的维护管理工作。

建筑工程恢复施工时,应当向发证机关报告;中止施工满一年的工程恢复施工前,建设单位应当报发证机关核验施工许可证。

第十一条 按照国务院有关规定批准开工报告的建筑工程,因故不能按期开工或者中止施工的,应当及时向批准机关报告情况。因故不能按期开工超过六个月的,应当重新办理开工报告的批准手续。

第二节 从业资格

第十二条 从事建筑活动的建筑施工企业、勘察单位、设计单位和工程监理单位,应当具备下列条件:

(一)有符合国家规定的注册资本;

（二）有与其从事的建筑活动相适应的具有法定执业资格的专业技术人员；

（三）有从事相关建筑活动所应有的技术装备；

（四）法律、行政法规规定的其他条件。

第十三条 从事建筑活动的建筑施工企业、勘察单位、设计单位和工程监理单位，按照其拥有的注册资本、专业技术人员、技术装备和已完成的建筑工程业绩等资质条件，划分为不同的资质等级，经资质审查合格，取得相应等级的资质证书后，方可在其资质等级许可的范围内从事建筑活动。

第十四条 从事建筑活动的专业技术人员，应当依法取得相应的执业资格证书，并在执业资格证书许可的范围内从事建筑活动。

第三章 建筑工程发包与承包

第一节 一般规定

第十五条 建筑工程的发包单位与承包单位应当依法订立书面合同，明确双方的权利和义务。

发包单位和承包单位应当全面履行合同约定的义务。不按照合同约定履行义务的，依法承担违约责任。

第十六条 建筑工程发包与承包的招标投标活动，应当遵循公开、公正、平等竞争的原则，择优选择承包单位。

建筑工程的招标投标，本法没有规定的，适用有关招标投标法律的规定。

第十七条 发包单位及其工作人员在建筑工程发包中不得收受贿赂、回扣或者索取其他好处。

承包单位及其工作人员不得利用向发包单位及其工作人员行贿、提供回扣或者给予其他好处等不正当手段承揽工程。

第十八条 建筑工程造价应当按照国家有关规定，由发包单位与承包单位在合同中约定。公开招标发包的，其造价的约定，须遵守招标投标法律的规定。

发包单位应当按照合同的约定，及时拨付工程款项。

第二节 发包

第十九条 建筑工程依法实行招标发包，对不适于招标发包的可以直接发包。

第二十条 建筑工程实行公开招标的，发包单位应当依照法定程序和方式，发布招标公告，提供载有招标工程的主要技术要求、主要的合同条款、评标的标准和方法以及开标、评标、定标的程序等内容的招标文件。

开标应当在招标文件规定的时间、地点公开进行。开标后应当按照招标文件规定的评标标准和程序对标书进行评价、比较，在具备相应资质条件的投标者中，择优选定中标者。

第二十一条 建筑工程招标的开标、评标、定标由建设单位依法组织实施,并接受有关行政主管部门的监督。

第二十二条 建筑工程实行招标发包的,发包单位应当将建筑工程发包给依法中标的承包单位。建筑工程实行直接发包的,发包单位应当将建筑工程发包给具有相应资质条件的承包单位。

第二十三条 政府及其所属部门不得滥用行政权力,限定发包单位将招标发包的建筑工程发包给指定的承包单位。

第二十四条 提倡对建筑工程实行总承包,禁止将建筑工程肢解发包。

建筑工程的发包单位可以将建筑工程的勘察、设计、施工、设备采购一并发包给一个工程总承包单位,也可以将建筑工程勘察、设计、施工、设备采购的一项或者多项发包给一个工程总承包单位;但是,不得将应当由一个承包单位完成的建筑工程肢解成若干部分发包给几个承包单位。

第二十五条 按照合同约定,建筑材料、建筑构配件和设备由工程承包单位采购的,发包单位不得指定承包单位购人用于工程的建筑材料、建筑构配件和设备或者指定生产厂、供应商。

第三节 承包

第二十六条 承包建筑工程的单位应当持有依法取得的资质证书,并在其资质等级许可的业务范围内承揽工程。

禁止建筑施工企业超越本企业资质等级许可的业务范围或者以任何形式用其他建筑施工企业的名义承揽工程。

禁止建筑施工企业以任何形式允许其他单位或者个人使用本企业的资质证书、营业执照,以本企业的名义承揽工程。

第二十七条 大型建筑工程或者结构复杂的建筑工程,可以由两个以上的承包单位联合共同承包。共同承包的各方对承包合同的履行承担连带责任。

两个以上不同资质等级的单位实行联合共同承包的,应当按照资质等级低的单位的业务许可范围承揽工程。

第二十八条 禁止承包单位将其承包的全部建筑工程转包给他人,禁止承包单位将其承包的全部建筑工程肢解以后以分包的名义分别转包给他人。

第二十九条 建筑工程总承包单位可以将承包工程中的部分工程发包给具有相应资质条件的分包单位;但是,除总承包合同中约定的分包外,必须经建设单位认可。施工总承包的,建筑工程主体结构的施工必须由总承包单位自行完成。

建筑工程总承包单位按照总承包合同的约定对建设单位负责;分包单位按照分包合同的约定对总承包单位负责。总承包单位和分包单位就分包工程对建设单位承担连带责任。

禁止总承包单位将工程分包给不具备相应资质条件的单位。禁止分包单位将其承包的工程再分包。

第四章　建筑工程监理

第三十条　国家推行建筑工程监理制度。

国务院可以规定实行强制监理的建筑工程的范围。

第三十一条　实行监理的建筑工程，由建设单位委托具有相应资质条件的工程监理单位监理。建设单位与其委托的工程监理单位应当订立书面委托监理合同。

第三十二条　建筑工程监理应当依照法律、行政法规及有关的技术标准、设计文件和建筑工程承包合同，对承包单位在施工质量、建设工期和建设资金使用等方面，代表建设单位实施监督。

工程监理人员认为工程施工不符合工程设计要求、施工技术标准和合同约定的，有权要求建筑施工企业改正。

工程监理人员发现工程设计不符合建筑工程质量标准或者合同约定的质量要求的，应当报告建设单位要求设计单位改正。

第三十三条　实施建筑工程监理前，建设单位应当将委托的工程监理单位、监理的内容及监理权限，书面通知被监理的建筑施工企业。

第三十四条　工程监理单位应当在其资质等级许可的监理范围内，承担工程监理业务。

工程监理单位应当根据建设单位的委托，客观、公正地执行监理任务。

工程监理单位与被监理工程的承包单位以及建筑材料、建筑构配件和设备供应单位不得有隶属关系或者其他利害关系。

工程监理单位不得转让工程监理业务。

第三十五条　工程监理单位不按照委托监理合同的约定履行监理义务，对应当监督检查的项目不检查或者不按照规定检查，给建设单位造成损失的，应当承担相应的赔偿责任。

工程监理单位与承包单位串通，为承包单位谋取非法利益，给建设单位造成损失的，应当与承包单位承担连带赔偿责任。

第五章　建筑安全生产管理

第三十六条　建筑工程安全生产管理必须坚持安全第一、预防为主的方针，建立健全安全生产的责任制度和群防群治制度。

第三十七条　建筑工程设计应当符合按照国家规定制定的建筑安全规程和技术规范，保证工程的安全性能。

第三十八条　建筑施工企业在编制施工组织设计时，应当根据建筑工程的特点制定相应的安全技术措施；对专业性较强的工程项目，应当编制专项安全施工组织设计，并采取安全技术措施。

第三十九条 建筑施工企业应当在施工现场采取维护安全、防范危险、预防火灾等措施；有条件的，应当对施工现场实行封闭管理。

施工现场对毗邻的建筑物、构筑物和特殊作业环境可能造成损害的，建筑施工企业应当采取安全防护措施。

第四十条 建设单位应当向建筑施工企业提供与施工现场相关的地下管线资料，建筑施工企业应当采取措施加以保护。

第四十一条 建筑施工企业应当遵守有关环境保护和安全生产的法律、法规的规定，采取控制和处理施工现场的各种粉尘、废气、废水、固体废物以及噪声、振动对环境的污染和危害的措施。

第四十二条 有下列情形之一的，建设单位应当按照国家有关规定办理申请批准手续：

(一)需要临时占用规划批准范围以外场地的；

(二)可能损坏道路、管线、电力、邮电通讯等公共设施的；

(三)需要临时停水、停电、中断道路交通的；

(四)需要进行爆破作业的；

(五)法律、法规规定需要办理报批手续的其他情形。

第四十三条 建设行政主管部门负责建筑安全生产的管理，并依法接受劳动行政主管部门对建筑安全生产的指导和监督。

第四十四条 建筑施工企业必须依法加强对建筑安全生产的管理，执行安全生产责任制度，采取有效措施，防止伤亡和其他安全生产事故的发生。

建筑施工企业的法定代表人对本企业的安全生产负责。

第四十五条 施工现场安全由建筑施工企业负责。实行施工总承包的，由总承包单位负责。分包单位向总承包单位负责，服从总承包单位对施工现场的安全生产管理。

第四十六条 建筑施工企业应当建立健全劳动安全生产教育培训制度，加强对职工安全生产的教育培训；未经安全生产教育培训的人员，不得上岗作业。

第四十七条 建筑施工企业和作业人员在施工过程中，应当遵守有关安全生产的法律、法规和建筑行业安全规章、规程，不得违章指挥或者违章作业。作业人员有权对影响人身健康的作业程序和作业条件提出改进意见，有权获得安全生产所需的防护用品。作业人员对危及生命安全和人身健康的行为有权提出批评、检举和控告。

第四十八条 建筑施工企业应当依法为职工参加工伤保险缴纳工伤保险费。鼓励企业为从事危险作业的职工办理意外伤害保险，支付保险费。

第四十九条 涉及建筑主体和承重结构变动的装修工程，建设单位应当在施工前委托原设计单位或者具有相应资质条件的设计单位提出设计方案；没有设计方案的，不得施工。

第五十条 房屋拆除应当由具备保证安全条件的建筑施工单位承担，由建筑施工单位负责人对安全负责。

第五十一条 施工中发生事故时,建筑施工企业应当采取紧急措施减少人员伤亡和事故损失,并按照国家有关规定及时向有关部门报告。

第六章 建筑工程质量管理

第五十二条 建筑工程勘察、设计、施工的质量必须符合国家有关建筑工程安全标准的要求,具体管理办法由国务院规定。

有关建筑工程安全的国家标准不能适应确保建筑安全的要求时,应当及时修订。

第五十三条 国家对从事建筑活动的单位推行质量体系认证制度。从事建筑活动的单位根据自愿原则可以向国务院产品质量监督管理部门或者国务院产品质量监督管理部门授权的部门认可的认证机构申请质量体系认证。经认证合格的,由认证机构颁发质量体系认证证书。

第五十四条 建设单位不得以任何理由,要求建筑设计单位或者建筑施工企业在工程设计或者施工作业中,违反法律、行政法规和建筑工程质量、安全标准,降低工程质量。建筑设计单位和建筑施工企业对建设单位违反前款规定提出的降低工程质量的要求,应当予以拒绝。

第五十五条 建筑工程实行总承包的,工程质量由工程总承包单位负责,总承包单位将建筑工程分包给其他单位的,应当对分包工程的质量与分包单位承担连带责任。分包单位应当接受总承包单位的质量管理。

第五十六条 建筑工程的勘察、设计单位必须对其勘察、设计的质量负责。勘察、设计文件应当符合有关法律、行政法规的规定和建筑工程质量、安全标准、建筑工程勘察、设计技术规范以及合同的约定。设计文件选用的建筑材料、建筑构配件和设备,应当注明其规格、型号、性能等技术指标,其质量要求必须符合国家规定的标准。

第五十七条 建筑设计单位对设计文件选用的建筑材料、建筑构配件和设备,不得指定生产厂、供应商。

第五十八条 建筑施工企业对工程的施工质量负责。建筑施工企业必须按照工程设计图纸和施工技术标准施工,不得偷工减料。工程设计的修改由原设计单位负责,建筑施工企业不得擅自修改工程设计。

第五十九条 建筑施工企业必须按照工程设计要求、施工技术标准和合同的约定,对建筑材料、建筑构配件和设备进行检验,不合格的不得使用。

第六十条 建筑物在合理使用寿命内,必须确保地基基础工程和主体结构的质量。

建筑工程竣工时,屋顶、墙面不得留有渗漏、开裂等质量缺陷;对已发现的质量缺陷,建筑施工企业应当修复。

第六十一条 交付竣工验收的建筑工程,必须符合规定的建筑工程质量标准,有完整的工程技术经济资料和经签署的工程保修书,并具备国家规定的其他竣工条件。

建筑工程竣工经验收合格后,方可交付使用;未经验收或者验收不合格的,不得交付使用。

第六十二条 建筑工程实行质量保修制度。

建筑工程的保修范围应当包括地基基础工程、主体结构工程、屋面防水工程和其他土建工程,以及电气管线、上下水管线的安装工程,供热、供冷系统工程等项目;保修的期限应当按照保证建筑物合理寿命年限内正常使用,维护使用者合法权益的原则确定。具体的保修范围和最低保修期限由国务院规定。

第六十三条 任何单位和个人对建筑工程的质量事故、质量缺陷都有权向建设行政主管部门或者其他有关部门进行检举、控告、投诉。

第七章 法律责任

第六十四条 违反本法规定,未取得施工许可证或者开工报告未经批准擅自施工的,责令改正,对不符合开工条件的责令停止施工,可以处以罚款。

第六十五条 发包单位将工程发包给不具有相应资质条件的承包单位的,或者违反本法规定将建筑工程肢解发包的,责令改正,处以罚款。

超越本单位资质等级承揽工程的,责令停止违法行为,处以罚款,可以责令停业整顿,降低资质等级;情节严重的,吊销资质证书;有违法所得的,予以没收。

未取得资质证书承揽工程的,予以取缔,并处罚款;有违法所得的,予以没收。

以欺骗手段取得资质证书的,吊销资质证书,处以罚款;构成犯罪的,依法追究刑事责任。

第六十六条 建筑施工企业转让、出借资质证书或者以其他方式允许他人以本企业的名义承揽工程的,责令改正,没收违法所得,并处罚款,可以责令停业整顿,降低资质等级;情节严重的,吊销资质证书。对因该项承揽工程不符合规定的质量标准造成的损失,建筑施工企业与使用本企业名义的单位或者个人承担连带赔偿责任。

第六十七条 承包单位将承包的工程转包的,或者违反本法规定进行分包的,责令改正,没收违法所得,并处罚款,可以责令停业整顿,降低资质等级;情节严重的,吊销资质证书。

承包单位有前款规定的违法行为的,对因转包工程或者违法分包的工程不符合规定的质量标准造成的损失,与接受转包或者分包的单位承担连带赔偿责任。

第六十八条 在工程发包与承包中索贿、受贿、行贿,构成犯罪的,依法追究刑事责任;不构成犯罪的,分别处以罚款,没收贿赂的财物,对直接负责的主管人员和其他直接责任人员给予处分。

对在工程承包中行贿的承包单位,除依照前款规定处罚外,可以责令停业整顿,降低资质等级或者吊销资质证书。

第六十九条 工程监理单位与建设单位或者建筑施工企业串通,弄虚作假、降低工程质量的,责令改正,处以罚款,降低资质等级或者吊销资质证书;有违法所得的,予以没收;造成损失的,承担连带赔偿责任;构成犯罪的,依法追究刑事责任。

工程监理单位转让监理业务的,责令改正,没收违法所得,可以责令停业整顿,降低资质等级;情节严重的,吊销资质证书。

第七十条 违反本法规定，涉及建筑主体或者承重结构变动的装修工程擅自施工的，责令改正，处以罚款；造成损失的，承担赔偿责任；构成犯罪的，依法追究刑事责任。

第七十一条 建筑施工企业违反本法规定，对建筑安全事故隐患不采取措施予以消除的，责令改正，可以处以罚款；情节严重的，责令停业整顿，降低资质等级或者吊销资质证书；构成犯罪的，依法追究刑事责任。

建筑施工企业的管理人员违章指挥、强令职工冒险作业，因而发生重大伤亡事故或者造成其他严重后果的，依法追究刑事责任。

第七十二条 建设单位违反本法规定，要求建筑设计单位或者建筑施工企业违反建筑工程质量、安全标准，降低工程质量的，责令改正，可以处以罚款；构成犯罪的，依法追究刑事责任。

第七十三条 建筑设计单位不按照建筑工程质量、安全标准进行设计的，责令改正，处以罚款；造成工程质量事故的，责令停业整顿，降低资质等级或者吊销资质证书，没收违法所得，并处罚款；造成损失的，承担赔偿责任；构成犯罪的，依法追究刑事责任。

第七十四条 建筑施工企业在施工中偷工减料的，使用不合格的建筑材料、建筑构配件和设备的，或者有其他不按照工程设计图纸或者施工技术标准施工的行为的，责令改正，处以罚款；情节严重的，责令停业整顿，降低资质等级或者吊销资质证书；造成建筑工程质量不符合规定的质量标准的，负责返工、修理，并赔偿因此造成的损失；构成犯罪的，依法追究刑事责任。

第七十五条 建筑施工企业违反本法规定，不履行保修义务或者拖延履行保修义务的，责令改正，可以处以罚款，并对在保修期内因屋顶、墙面渗漏、开裂等质量缺陷造成的损失，承担赔偿责任。

第七十六条 本法规定的责令停业整顿、降低资质等级和吊销资质证书的行政处罚，由颁发资质证书的机关决定；其他行政处罚，由建设行政主管部门或者有关部门依照法律和国务院规定的职权范围决定。

依照本法规定被吊销资质证书的，由工商行政管理部门吊销其营业执照。

第七十七条 违反本法规定，对不具备相应资质等级条件的单位颁发该等级资质证书的，由其上级机关责令收回所发的资质证书，对直接负责的主管人员和其他直接责任人员给予行政处分；构成犯罪的，依法追究刑事责任。

第七十八条 政府及其所属部门的工作人员违反本法规定，限定发包单位将招标发包的工程发包给指定的承包单位的，由上级机关责令改正；构成犯罪的，依法追究刑事责任。

第七十九条 负责颁发建筑工程施工许可证的部门及其工作人员对不符合施工条件的建筑工程颁发施工许可证的，负责工程质量监督检查或者竣工验收的部门及其工作人员对不合格的建筑工程出具质量合格文件或者按合格工程验收的，由上级机关责令改正，对责任人员给予行政处分；构成犯罪的，依法追究刑事责任；造成损失的，由该部门承担相应的赔偿责任。

第八十条 在建筑物的合理使用寿命内，因建筑工程质量不合格受到损害的，有权向责任者要求赔偿。

第八章 附则

第八十一条 本法关于施工许可、建筑施工企业资质审查和建筑工程发包、承包、禁止转包,以及建筑工程监理、建筑工程安全和质量管理的规定,适用于其他专业建筑工程的建筑活动,具体办法由国务院规定。

第八十二条 建设行政主管部门和其他有关部门在对建筑活动实施监督管理中,除按照国务院有关规定收取费用外,不得收取其他费用。

第八十三条 省、自治区、直辖市人民政府确定的小型房屋建筑工程的建筑活动,参照本法执行。

依法核定作为文物保护的纪念建筑物和古建筑等的修缮,依照文物保护的有关法律规定执行。

抢险救灾及其他临时性房屋建筑和农民自建低层住宅的建筑活动,不适用本法。

第八十四条 军用房屋建筑工程建筑活动的具体管理办法,由国务院、中央军事委员会依据本法制定。

第八十五条 本法自 1998 年 3 月 1 日起施行。

九、中华人民共和国城市房地产管理法(节录)

(◆1994 年 7 月 5 日第八届全国人民代表大会常务委员会第八次会议通过
◆根据 2007 年 8 月 30 日第十届全国人民代表大会常务委员会第二十九次会议《关于修改〈中华人民共和国城市房地产管理法〉的决定》第一次修正
◆根据 2009 年 8 月 27 日第十一届全国人民代表大会常务委员会第十次会议《关于修改部分法律的决定》第二次修正)

第一章 总则

第一条 为了加强对城市房地产的管理,维护房地产市场秩序,保障房地产权利人的合法权益,促进房地产业的健康发展,制定本法。

第二条 在中华人民共和国城市规划区国有土地(以下简称国有土地)范围内取得房地产开发用地的土地使用权,从事房地产开发、房地产交易,实施房地产管理,应当遵守本法。

本法所称房屋,是指土地上的房屋等建筑物及构筑物。

本法所称房地产开发,是指在依据本法取得国有土地使用权的土地上进行基础设施、房屋建设的行为。

本法所称房地产交易，包括房地产转让、房地产抵押和房屋租赁。

第三条 国家依法实行国有土地有偿、有限期使用制度。但是，国家在本法规定的范围内划拨国有土地使用权的除外。

第四条 国家根据社会、经济发展水平，扶持发展居民住宅建设，逐步改善居民的居住条件。

第五条 房地产权利人应当遵守法律和行政法规，依法纳税。房地产权利人的合法权益受法律保护，任何单位和个人不得侵犯。

第六条 为了公共利益的需要，国家可以征收国有土地上单位和个人的房屋，并依法给予拆迁补偿，维护被征收人的合法权益；征收个人住宅的，还应当保障被征收人的居住条件。具体办法由国务院规定。

第七条 国务院建设行政主管部门、土地管理部门依照国务院规定的职权划分，各司其职，密切配合，管理全国房地产工作。

县级以上地方人民政府房产管理、土地管理部门的机构设置及其职权由省、自治区、直辖市人民政府确定。

第二章 房地产开发用地

第一节 土地使用权出让

第八条 土地使用权出让，是指国家将国有土地使用权（以下简称土地使用权）在一定年限内出让给土地使用者，由土地使用者向国家支付土地使用权出让金的行为。

第九条 城市规划区内的集体所有的土地，经依法征收转为国有土地后，该幅国有土地的使用权方可有偿出让。

第十条 土地使用权出让，必须符合土地利用总体规划、城市规划和年度建设用地计划。

第十一条 县级以上地方人民政府出让土地使用权用于房地产开发的，须根据省级以上人民政府下达的控制指标拟订年度出让土地使用权总面积方案，按照国务院规定，报国务院或者省级人民政府批准。

第十二条 土地使用权出让，由市、县人民政府有计划、有步骤地进行。出让的每幅地块、用途、年限和其他条件，由市、县人民政府土地管理部门会同城市规划、建设、房产管理部门共同拟定方案，按照国务院规定，报经有批准权的人民政府批准后，由市、县人民政府土地管理部门实施。

直辖市的县人民政府及其有关部门行使前款规定的权限，由直辖市人民政府规定。

第十三条 土地使用权出让，可以采取拍卖、招标或者双方协议的方式。

商业、旅游、娱乐和豪华住宅用地，有条件的，必须采取拍卖、招标方式；没有条件，不能采取拍卖、招标方式的，可以采取双方协议的方式。

采取双方协议方式出让土地使用权的出让金不得低于按国家规定所确定的最低价。

第十四条　土地使用权出让最高年限由国务院规定。

第十五条　土地使用权出让,应当签订书面出让合同。

土地使用权出让合同由市、县人民政府土地管理部门与土地使用者签订。

第十六条　土地使用者必须按照出让合同约定,支付土地使用权出让金;未按照出让合同约定支付土地使用权出让金的,土地管理部门有权解除合同,并可以请求违约赔偿。

第十七条　土地使用者按照出让合同约定支付土地使用权出让金的,市、县人民政府土地管理部门必须按照出让合同约定,提供出让的土地;未按照出让合同约定提供出让的土地的,土地使用者有权解除合同,由土地管理部门返还土地使用权出让金,土地使用者并可以请求违约赔偿。

第十八条　土地使用者需要改变土地使用权出让合同约定的土地用途的,必须取得出让方和市、县人民政府城市规划行政主管部门的同意,签订土地使用权出让合同变更协议或者重新签订土地使用权出让合同,相应调整土地使用权出让金。

第十九条　土地使用权出让金应当全部上缴财政,列入预算,用于城市基础设施建设和土地开发。土地使用权出让金上缴和使用的具体办法由国务院规定。

第二十条　国家对土地使用者依法取得的土地使用权,在出让合同约定的使用年限届满前不收回;在特殊情况下,根据社会公共利益的需要,可以依照法律程序提前收回,并根据土地使用者使用土地的实际年限和开发土地的实际情况给予相应的补偿。

第二十一条　土地使用权因土地灭失而终止。

第二十二条　土地使用权出让合同约定的使用年限届满,土地使用者需要继续使用土地的,应当至迟于届满前一年申请续期,除根据社会公共利益需要收回该幅土地的,应当予以批准。经批准准予续期的,应当重新签订土地使用权出让合同,依照规定支付土地使用权出让金。

土地使用权出让合同约定的使用年限届满,土地使用者未申请续期或者虽申请续期但依照前款规定未获批准的,土地使用权由国家无偿收回。

第二节　土地使用权划拨

第二十三条　土地使用权划拨,是指县级以上人民政府依法批准,在土地使用者缴纳补偿、安置等费用后将该幅土地交付其使用,或者将土地使用权无偿交付给土地使用者使用的行为。

依照本法规定以划拨方式取得土地使用权的,除法律、行政法规另有规定外,没有使用期限的限制。

第二十四条　下列建设用地的土地使用权,确属必需的,可以由县级以上人民政府依法批准划拨:

(一)国家机关用地和军事用地;

(二)城市基础设施用地和公益事业用地;

(三)国家重点扶持的能源、交通、水利等项目用地;

(四)法律、行政法规规定的其他用地。

第三章 房地产开发

第二十五条 房地产开发必须严格执行城市规划,按照经济效益、社会效益、环境效益相统一的原则,实行全面规划、合理布局、综合开发、配套建设。

第二十六条 以出让方式取得土地使用权进行房地产开发的,必须按照土地使用权出让合同约定的土地用途、动工开发期限开发土地。超过出让合同约定的动工开发日期满一年未动工开发的,可以征收相当于土地使用权出让金百分之二十以下的土地闲置费;满二年未动工开发的,可以无偿收回土地使用权;但是,因不可抗力或者政府、政府有关部门的行为或者动工开发必需的前期工作造成动工开发迟延的除外。

第二十七条 房地产开发项目的设计、施工,必须符合国家的有关标准和规范。房地产开发项目竣工,经验收合格后,方可交付使用。

第二十八条 依法取得的土地使用权,可以依照本法和有关法律、行政法规的规定,作价入股,合资、合作开发经营房地产。

第二十九条 国家采取税收等方面的优惠措施鼓励和扶持房地产开发企业开发建设居民住宅。

第三十条 房地产开发企业是以营利为目的,从事房地产开发和经营的企业。设立房地产开发企业,应当具备下列条件:

(一)有自己的名称和组织机构;

(二)有固定的经营场所;

(三)有符合国务院规定的注册资本;

(四)有足够的专业技术人员;

(五)法律、行政法规规定的其他条件。

设立房地产开发企业,应当向工商行政管理部门申请设立登记。工商行政管理部门对符合本法规定条件的,应当予以登记,发给营业执照;对不符合本法规定条件的,不予登记。设立有限责任公司、股份有限公司,从事房地产开发经营的,还应当执行公司法的有关规定。

房地产开发企业在领取营业执照后的一个月内,应当到登记机关所在地的县级以上地方人民政府规定的部门备案。

第三十一条 房地产开发企业的注册资本与投资总额的比例应当符合国家有关规定。

房地产开发企业分期开发房地产的,分期投资额应当与项目规模相适应,并按照土地使用权出让合同的约定,按期投入资金,用于项目建设。

第四章 房地产交易

第一节 一般规定

第三十二条 房地产转让、抵押时,房屋的所有权和该房屋占用范围内的土地使用权同时转让、抵押。

第三十三条 基准地价、标定地价和各类房屋的重置价格应当定期确定并公布。具体办法由国务院规定。

第三十四条 国家实行房地产价格评估制度。

房地产价格评估,应当遵循公正、公平、公开的原则,按照国家规定的技术标准和评估程序,以基准地价、标定地价和各类房屋的重置价格为基础,参照当地的市场价格进行评估。

第三十五条 国家实行房地产成交价格申报制度。

房地产权利人转让房地产,应当向县级以上地方人民政府规定的部门如实申报成交价,不得瞒报或者作不实的申报。

第三十六条 房地产转让、抵押,当事人应当依照本法第五章的规定办理权属登记。

第二节 房地产转让

第三十七条 房地产转让,是指房地产权利人通过买卖、赠与或者其他合法方式将其房地产转移给他人的行为。

第三十八条 下列房地产,不得转让:

(一)以出让方式取得土地使用权的,不符合本法第三十九条 规定的条件的;

(二)司法机关和行政机关依法裁定、决定查封或者以其他形式限制房地产权利的;

(三)依法收回土地使用权的;

(四)共有房地产,未经其他共有人书面同意的;

(五)权属有争议的;

(六)未依法登记领取权属证书的;

(七)法律、行政法规规定禁止转让的其他情形。

第三十九条 以出让方式取得土地使用权的,转让房地产时,应当符合下列条件:

(一)按照出让合同约定已经支付全部土地使用权出让金,并取得土地使用权证书;

(二)按照出让合同约定进行投资开发,属于房屋建设工程的,完成开发投资总额的百分之二十五以上,属于成片开发土地的,形成工业用地或者其他建设用地条件。

转让房地产时房屋已经建成的,还应当持有房屋所有权证书。

第四十条 以划拨方式取得土地使用权的,转让房地产时,应当按照国务院规定,报有批准权的人民政府审批。有批准权的人民政府准予转让的,应当由受让方办理土地使用权出让手续,并依照国家有关规定缴纳土地使用权出让金。

以划拨方式取得土地使用权的,转让房地产报批时,有批准权的人民政府按照国务院规定决定可以不办理土地使用权出让手续的,转让方应当按照国务院规定将转让房地产所获收益中的土地收益上缴国家或者作其他处理。

第四十一条 房地产转让,应当签订书面转让合同,合同中应当载明土地使用权取得的方式。

第四十二条 房地产转让时,土地使用权出让合同载明的权利、义务随之转移。

第四十三条 以出让方式取得土地使用权的,转让房地产后,其土地使用权的使用年限为原土地使用权出让合同约定的使用年限减去原土地使用者已经使用年限后的剩余年限。

第四十四条 以出让方式取得土地使用权的,转让房地产后,受让人改变原土地使用权出让合同约定的土地用途的,必须取得原出让方和市、县人民政府城市规划行政主管部门的同意,签订土地使用权出让合同变更协议或者重新签订土地使用权出让合同,相应调整土地使用权出让金。

第四十五条 商品房预售,应当符合下列条件:

(一)已交付全部土地使用权出让金,取得土地使用权证书;

(二)持有建设工程规划许可证;

(三)按提供预售的商品房计算,投入开发建设的资金达到工程建设总投资的百分之二十五以上,并已经确定施工进度和竣工交付日期;

(四)向县级以上人民政府房产管理部门办理预售登记,取得商品房预售许可证明。

商品房预售人应当按照国家有关规定将预售合同报县级以上人民政府房产管理部门和土地管理部门登记备案。

商品房预售所得款项,必须用于有关的工程建设。

第四十六条 商品房预售的,商品房预购人将购买的未竣工的预售商品房再行转让的问题,由国务院规定。

第三节 房地产抵押

第四十七条 房地产抵押,是指抵押人以其合法的房地产以不转移占有的方式向抵押权人提供债务履行担保的行为。债务人不履行债务时,抵押权人有权依法以抵押的房地产拍卖所得的价款优先受偿。

第四十八条 依法取得的房屋所有权连同该房屋占用范围内的土地使用权,可以设定抵押权。

以出让方式取得的土地使用权,可以设定抵押权。

第四十九条 房地产抵押,应当凭土地使用权证书、房屋所有权证书办理。

第五十条 房地产抵押,抵押人和抵押权人应当签订书面抵押合同。

第五十一条 设定房地产抵押权的土地使用权是以划拨方式取得的,依法拍卖该房地产后,应当从拍卖所得的价款中缴纳相当于应缴纳的土地使用权出让金的款额后,抵押权人方可优先受偿。

第五十二条 房地产抵押合同签订后,土地上新增的房屋不属于抵押财产。需要拍卖该抵押的房地产时,可以依法将土地上新增的房屋与抵押财产一同拍卖,但对拍卖新增房屋所得,抵押权人无权优先受偿。

第六章 法律责任

第六十四条 违反本法第十一条、第十二条的规定,擅自批准出让或者擅自出让土地使用权用于房地产开发的,由上级机关或者所在单位给予有关责任人员行政处分。

第六十五条 违反本法第三十条的规定,未取得营业执照擅自从事房地产开发业务的,由县级以上人民政府工商行政管理部门责令停止房地产开发业务活动,没收违法所得,可以并处罚款。

第六十六条 违反本法第三十九条第一款的规定转让土地使用权的,由县级以上人民政府土地管理部门没收违法所得,可以并处罚款。

第六十七条 违反本法第四十条第一款的规定转让房地产的,由县级以上人民政府土地管理部门责令缴纳土地使用权出让金,没收违法所得,可以并处罚款。

第六十八条 违反本法第四十五条第一款的规定预售商品房的,由县级以上人民政府房产管理部门责令停止预售活动,没收违法所得,可以并处罚款。

第六十九条 违反本法第五十八条的规定,未取得营业执照擅自从事房地产中介服务业务的,由县级以上人民政府工商行政管理部门责令停止房地产中介服务业务活动,没收违法所得,可以并处罚款。

第七十条 没有法律、法规的依据,向房地产开发企业收费的,上级机关应当责令退回所收取的钱款;情节严

重的,由上级机关或者所在单位给予直接责任人员行政处分。

第七十一条 房产管理部门、土地管理部门工作人员玩忽职守、滥用职权,构成犯罪的,依法追究刑事责任;不构成犯罪的,给予行政处分。

房产管理部门、土地管理部门工作人员利用职务上的便利,索取他人财物,或者非法收受他人财物为他人谋取利益,构成犯罪的,依法追究刑事责任;不构成犯罪的,给予行政处分。

第七章 附则

第七十二条 在城市规划区外的国有土地范围内取得房地产开发用地的土地使用权,从事房地产开发、交易活动以及实施房地产管理,参照本法执行。

第七十三条 本法自 1995 年 1 月 1 日起施行。

十、最高人民法院关于建设工程价款优先受偿权问题的批复

（◆2002年6月20日法释［2002］16号
◆自2002年6月27日起施行）

上海市高级人民法院：

你院沪高法［2001］14号《关于合同法第286条理解与适用问题的请示》收悉。经研究，答复如下：

一、人民法院在审理房地产纠纷案件和办理执行案件中，应当依照《中华人民共和国合同法》第二百八十六条的规定，认定建筑工程的承包人的优先受偿权优于抵押权和其他债权。

二、消费者交付购买商品房的全部或者大部分款项后，承包人就该商品房享有的工程价款优先受偿权不得对抗买受人。

三、建筑工程价款包括承包人为建设工程应当支付的工作人员报酬、材料款等实际支出的费用，不包括承包人因发包人违约所造成的损失。

四、建设工程承包人行使优先权的期限为6个月，自建设工程竣工之日或者建设工程合同约定的竣工之日起计算。

五、本批复第一条至第三条自公布之日起施行，第四条自公布之日起6个月后施行。

十一、最高人民法院关于审理涉及国有土地使用权合同纠纷案件适用法律问题的解释

（◆2005年6月18日法释［2005］5号公布
◆自2005年8月1日起实施）

根据《中华人民共和国民法通则》、《中华人民共和国合同法》、《中华人民共和国土地管理法》、《中华人民共和国城市房地产管理法》等法律规定，结合民事审判实践，就审理涉及国有土地使用权合同纠纷案件适用法律的问题，制定本解释。

一、土地使用权出让合同纠纷

第一条 本解释所称的土地使用权出让合同，是指市、县人民政府土地管理部门作为出让

方将国有土地使用权

在一定年限内让与受让方,受让方支付土地使用权出让金的协议。

第二条 开发区管理委员会作为出让方与受让方订立的土地使用权出让合同,应当认定无效。

本解释实施前,开发区管理委员会作为出让方与受让方订立的土地使用权出让合同,起诉前经市、县人民政府土地管理部门追认的,可以认定合同有效。

第三条 经市、县人民政府批准同意以协议方式出让的土地使用权,土地使用权出让金低于订立合同时当地政府按照国家规定确定的最低价的,应当认定土地使用权出让合同约定的价格条款无效。

当事人请求按照订立合同时的市场评估价格交纳土地使用权出让金的,应予支持;受让方不同意按照市场评估价格补足,请求解除合同的,应予支持。因此造成的损失,由当事人按照过错承担责任。

第四条 土地使用权出让合同的出让方因未办理土地使用权出让批准手续而不能交付土地,受让方请求解除合同的,应予支持。

第五条 受让方经出让方和市、县人民政府城市规划行政主管部门同意,改变土地使用权出让合同约定的土地用途,当事人请求按照起诉时同种用途的土地出让金标准调整土地出让金的,应予支持。

第六条 受让方擅自改变土地使用权出让合同约定的土地用途,出让方请求解除合同的,应予支持。

二、土地使用权转让合同纠纷

第七条 本解释所称的土地使用权转让合同,是指土地使用权人作为转让方将出让土地使用权转让于受让方,受让方支付价款的协议。

第八条 土地使用权人作为转让方与受让方订立土地使用权转让合同后,当事人一方以双方之间未办理土地使用权变更登记手续为由,请求确认合同无效的,不予支持。

第九条 转让方未取得出让土地使用权证书与受让方订立合同转让土地使用权,起诉前转让方已经取得出让土地使用权证书或者有批准权的人民政府同意转让的,应当认定合同有效。

第十条 土地使用权人作为转让方就同一出让土地使用权订立数个转让合同,在转让合同有效的情况下,受让方均要求履行合同的,按照以下情形分别处理:

(一)已经办理土地使用权变更登记手续的受让方,请求转让方履行交付土地等合同义务的,应予支持;

(二)均未办理土地使用权变更登记手续,已先行合法占有投资开发土地的受让方请求转让方履行土地使用权变更登记等合同义务的,应予支持;

(三)均未办理土地使用权变更登记手续,又未合法占有投资开发土地,先行支付土地转让款的受让方请求转让方履行交付土地和办理土地使用权变更登记等合同义务的,应予支持;

（四）合同均未履行，依法成立在先的合同受让方请求履行合同的，应予支持。

未能取得土地使用权的受让方请求解除合同、赔偿损失的，按照《中华人民共和国合同法》的有关规定处理。

第十一条 土地使用权人未经有批准权的人民政府批准，与受让方订立合同转让划拨土地使用权的，应当认定合同无效。但起诉前经有批准权的人民政府批准办理土地使用权出让手续的，应当认定合同有效。

第十二条 土地使用权人与受让方订立合同转让划拨土地使用权，起诉前经有批准权的人民政府同意转让，并由受让方办理土地使用权出让手续的，土地使用权人与受让方订立的合同可以按照补偿性质的合同处理。

第十三条 土地使用权人与受让方订立合同转让划拨土地使用权，起诉前经有批准权的人民政府决定不办理土地使用权出让手续，并将该划拨土地使用权直接划拨给受让方使用的，土地使用权人与受让方订立的合同可以按照补偿性质的合同处理。

三、合作开发房地产合同纠纷

第十四条 本解释所称的合作开发房地产合同，是指当事人订立的以提供出让土地使用权、资金等作为共同投资，共享利润、共担风险合作开发房地产为基本内容的协议。

第十五条 合作开发房地产合同的当事人一方具备房地产开发经营资质的，应当认定合同有效。

当事人双方均不具备房地产开发经营资质的，应当认定合同无效。但起诉前当事人一方已经取得房地产开发经营资质或者已依法合作成立具有房地产开发经营资质的房地产开发企业的，应当认定合同有效。

第十六条 土地使用权人未经有批准权的人民政府批准，以划拨土地使用权作为投资与他人订立合同合作开发房地产的，应当认定合同无效。但起诉前已经办理批准手续的，应当认定合同有效。

第十七条 投资数额超出合作开发房地产合同的约定，对增加的投资数额的承担比例，当事人协商不成的，按照当事人的过错确定；因不可归责于当事人的事由或者当事人的过错无法确定的，按照约定的投资比例确定；没有约定投资比例的，按照约定的利润分配比例确定。

第十八条 房屋实际建筑面积少于合作开发房地产合同的约定，对房屋实际建筑面积的分配比例，当事人协商不成的，按照当事人的过错确定；因不可归责于当事人的事由或者当事人过错无法确定的，按照约定的利润分配比例确定。

第十九条 在下列情形下，合作开发房地产合同的当事人请求分配房地产项目利益的，不予受理；已经受理的，驳回起诉：

（一）依法需经批准的房地产建设项目未经有批准权的人民政府主管部门批准；

（二）房地产建设项目未取得建设工程规划许可证；

（三）擅自变更建设工程规划。

因当事人隐瞒建设工程规划变更的事实所造成的损失，由当事人按照过错承担。

第二十条 房屋实际建筑面积超出规划建筑面积，经有批准权的人民政府主管部门批准后，当事人对超出部分的房屋分配比例协商不成的，按照约定的利润分配比例确定。对增加的投资数额的承担比例，当事人协商不成的，按照约定的投资比例确定；没有约定投资比例的，按照约定的利润分配比例确定。

第二十一条 当事人违反规划开发建设的房屋，被有批准权的人民政府主管部门认定为违法建筑责令拆除，当事人对损失承担协商不成的，按照当事人过错确定责任；过错无法确定的，按照约定的投资比例确定责任；没有约定投资比例的，按照约定的利润分配比例确定责任。

第二十二条 合作开发房地产合同约定仅以投资数额确定利润分配比例，当事人未足额交纳出资的，按照当事人的实际投资比例分配利润。

第二十三条 合作开发房地产合同的当事人要求将房屋预售款充抵投资参与利润分配的，不予支持。

第二十四条 合作开发房地产合同约定提供土地使用权的当事人不承担经营风险，只收取固定利益的，应当认定为土地使用权转让合同。

第二十五条 合作开发房地产合同约定提供资金的当事人不承担经营风险，只分配固定数量房屋的，应当认定为房屋买卖合同。

第二十六条 合作开发房地产合同约定提供资金的当事人不承担经营风险，只收取固定数额货币的，应当认定为借款合同。

第二十七条 合作开发房地产合同约定提供资金的当事人不承担经营风险，只以租赁或者其他形式使用房屋的，应当认定为房屋租赁合同。

四、其它

第二十八条 本解释自2005年8月1日起施行；施行后受理的第一审案件适用本解释。本解释施行前最高人民法院发布的司法解释与本解释不一致的，以本解释为准。

十二、最高人民法院关于民事诉讼证据的若干规定

（◆2001年12月21日◆法释〔2001〕33号）

为保证人民法院正确认定案件事实，公正、及时审理民事案件，保障和便利当事人依法行使诉讼权利，根据《中华人民共和国民事诉讼法》（以下简称《民事诉讼法》）等有关法律的规定，结合民事审判经验和实际情况，制定本规定。

一、当事人举证

第一条　原告向人民法院起诉或者被告提出反诉，应当附有符合起诉条　件的相应的证据材料。

第二条　当事人对自己提出的诉讼请求所依据的事实或者反驳对方诉讼请求所依据的事实有责任提供证据加以证明。

没有证据或者证据不足以证明当事人的事实主张的，由负有举证责任的当事人承担不利后果。

第三条　人民法院应当向当事人说明举证的要求及法律后果，促使当事人在合理期限内积极、全面、正确、诚实地完成举证。

当事人因客观原因不能自行收集的证据，可申请人民法院调查收集。

第四条　下列侵权诉讼，按照以下规定承担举证责任：

（一）因新产品制造方法发明专利引起的专利侵权诉讼，由制造同样产品的单位或者个人对其产品制造方法不同于专利方法承担举证责任；

（二）高度危险作业致人损害的侵权诉讼，由加害人就受害人故意造成损害的事实承担举证责任；

（三）因环境污染引起的损害赔偿诉讼，由加害人就法律规定的免责事由及其行为与损害结果之间不存在因果关系承担举证责任；

（四）建筑物或者其他设施以及建筑物上的搁置物、悬挂物发生倒塌、脱落、坠落致人损害的侵权诉讼，由所有人或者管理人对其无过错承担举证责任；

（五）饲养动物致人损害的侵权诉讼，由动物饲养人或者管理人就受害人有过错或者第三人有过错承担举证责任；

（六）因缺陷产品致人损害的侵权诉讼，由产品的生产者就法律规定的免责事由承担举证责任；

（七）因共同危险行为致人损害的侵权诉讼，由实施危险行为的人就其行为与损害结果之间不存在因果关系承担举证责任；

（八）因医疗行为引起的侵权诉讼，由医疗机构就医疗行为与损害结果之间不存在因果关系及不存在医疗过错承担举证责任。

有关法律对侵权诉讼的举证责任有特殊规定的，从其规定。

第五条　在合同纠纷案件中，主张合同关系成立并生效的一方当事人对合同订立和生效的事实承担举证责任；主张合同关系变更、解除、终止、撤销的一方当事人对引起合同关系变动的事实承担举证责任。

对合同是否履行发生争议的，由负有履行义务的当事人承担举证责任。

对代理权发生争议的，由主张有代理权一方当事人承担举证责任。

第六条 在劳动争议纠纷案件中，因用人单位作出开除、除名、辞退、解除劳动合同、减少劳动报酬、计算劳动者工作年限等决定而发生劳动争议的，由用人单位负举证责任。

第七条 在法律没有具体规定，依本规定及其他司法解释无法确定举证责任承担时，人民法院可以根据公平原则和诚实信用原则，综合当事人举证能力等因素确定举证责任的承担。

第八条 诉讼过程中，一方当事人对另一方当事人陈述的案件事实明确表示承认的，另一方当事人无需举证。但涉及身份关系的案件除外。

对一方当事人陈述的事实，另一方当事人既未表示承认也未否认，经审判人员充分说明并询问后，其仍不明确表示肯定或者否定的，视为对该项事实的承认。

当事人委托代理人参加诉讼的，代理人的承认视为当事人的承认。但未经特别授权的代理人对事实的承认直接导致承认对方诉讼请求的除外；当事人在场但对其代理人的承认不作否认表示的，视为当事人的承认。

当事人在法庭辩论终结前撤回承认并经对方当事人同意，或者有充分证据证明其承认行为是在受胁迫或者重大误解情况下作出且与事实不符的，不能免除对方当事人的举证责任。

第九条 下列事实，当事人无需举证证明：

（一）众所周知的事实；

（二）自然规律及定理；

（三）根据法律规定或者已知事实和日常生活经验法则，能推定出的另一事实；

（四）已为人民法院发生法律效力的裁判所确认的事实；

（五）已为仲裁机构的生效裁决所确认的事实；

（六）已为有效公证文书所证明的事实。

前款（一）、（三）、（四）、（五）、（六）项，当事人有相反证据足以推翻的除外。

第十条 当事人向人民法院提供证据，应当提供原件或者原物。如需自己保存证据原件、原物或者提供原件、原物确有困难的，可以提供经人民法院核对无异的复制件或者复制品。

第十一条 当事人向人民法院提供的证据系在中华人民共和国领域外形成的，该证据应当经所在国公证机关予以证明，并经中华人民共和国驻该国使领馆予以认证，或者履行中华人民共和国与该所在国订立的有关条约中规定的证明手续。

当事人向人民法院提供的证据是在香港、澳门、台湾地区形成的，应当履行相关的证明手续。

第十二条 当事人向人民法院提供外文书证或者外文说明资料，应当附有中文译本。

第十三条 对双方当事人无争议但涉及国家利益、社会公共利益或者他人合法权益的事实，人民法院可以责令当事人提供有关证据。

第十四条 当事人应当对其提交的证据材料逐一分类编号，对证据材料的来源、证明对象和内容作简要说明，签名盖章，注明提交日期，并依照对方当事人人数提出副本。

人民法院收到当事人提交的证据材料，应当出具收据，注明证据的名称、份数和页数以及收到的时间，由经办人员签名或者盖章。

二、人民法院调查收集证据

第十五条 《民事诉讼法》第六十四条规定的“人民法院认为审理案件需要的证据”，是指以下情形：

（一）涉及可能有损国家利益、社会公共利益或者他人合法权益的事实；

（二）涉及依职权追加当事人、中止诉讼、终结诉讼、回避等与实体争议无关的程序事项。

第十六条 除本规定第十五条规定的情形外，人民法院调查收集证据，应当依当事人的申请进行。

第十七条 符合下列条件之一的，当事人及其诉讼代理人可以申请人民法院调查收集证据：

（一）申请调查收集的证据属于国家有关部门保存并须人民法院依职权调取的档案材料；

（二）涉及国家秘密、商业秘密、个人隐私的材料；

（三）当事人及其诉讼代理人确因客观原因不能自行收集的其他材料。

第十八条 当事人及其诉讼代理人申请人民法院调查收集证据，应当提交书面申请。申请书应当载明被调查人的姓名或者单位名称、住所地等基本情况、所要调查收集的证据的内容、需要由人民法院调查收集证据的原因及其要证明的事实。

第十九条 当事人及其诉讼代理人申请人民法院调查收集证据，不得迟于举证期限届满前7日。

人民法院对当事人及其诉讼代理人的申请不予准许的，应当向当事人或其诉讼代理人送达通知书。当事人及其诉讼代理人可以在收到通知书的次日起3日内向受理申请的人民法院书面申请复议一次。人民法院应当在收到复议申请之日起5日内作出答复。

第二十条 调查人员调查收集的书证，可以是原件，也可以是经核对无误的副本或者复制件。是副本或者复制件的，应当在调查笔录中说明来源和取证情况。

第二十一条 调查人员调查收集的物证应当是原物。被调查人提供原物确有困难的，可以提供复制品或者照片。提供复制品或者照片的，应当在调查笔录中说明取证情况。

第二十二条 调查人员调查收集计算机数据或者录音、录像等视听资料的，应当要求被调查人提供有关资料的原始载体。提供原始载体确有困难的，可以提供复制件。提供复制件的，调查人员应当在调查笔录中说明其来源和制作经过。

第二十三条 当事人依据《民事诉讼法》第七十四条的规定向人民法院申请保全证据，不得迟于举证期限届满前7日。

当事人申请保全证据的，人民法院可以要求其提供相应的担保。

法律、司法解释规定诉前保全证据的，依照其规定办理。

第二十四条 人民法院进行证据保全，可以根据具体情况，采取查封、扣押、拍照、录音、录像、复制、鉴定、勘验、制作笔录等方法。

人民法院进行证据保全,可以要求当事人或者诉讼代理人到场。

第二十五条 当事人申请鉴定,应当在举证期限内提出。符合本规定第二十七条规定的情形,当事人申请重新鉴定的除外。

对需要鉴定的事项负有举证责任的当事人,在人民法院指定的期限内无正当理由不提出鉴定申请或者不预交鉴定费用或者拒不提供相关材料,致使对案件争议的事实无法通过鉴定结论予以认定的,应当对该事实承担举证不能的法律后果。

第二十六条 当事人申请鉴定经人民法院同意后,由双方当事人协商确定有鉴定资格的鉴定机构、鉴定人员,协商不成的,由人民法院指定。

第二十七条 当事人对人民法院委托的鉴定部门作出的鉴定结论有异议申请重新鉴定,提出证据证明存在下列情形之一的,人民法院应予准许:

(一)鉴定机构或者鉴定人员不具备相关的鉴定资格的;

(二)鉴定程序严重违法的;

(三)鉴定结论明显依据不足的;

(四)经过质证认定不能作为证据使用的其他情形。

对有缺陷的鉴定结论,可以通过补充鉴定、重新质证或者补充质证等方法解决的,不予重新鉴定。

第二十八条 一方当事人自行委托有关部门作出的鉴定结论,另一方当事人有证据足以反驳并申请重新鉴定的,人民法院应予准许。

第二十九条 审判人员对鉴定人出具的鉴定书,应当审查是否具有下列内容:

(一)委托人姓名或者名称、委托鉴定的内容;

(二)委托鉴定的材料;

(三)鉴定的依据及使用的科学技术手段;

(四)对鉴定过程的说明;

(五)明确的鉴定结论;

(六)对鉴定人鉴定资格的说明;

(七)鉴定人员及鉴定机构签名盖章。

第三十条 人民法院勘验物证或者现场,应当制作笔录,记录勘验的时间、地点、勘验人、在场人、勘验的经过、结果,由勘验人、在场人签名或者盖章。对于绘制的现场图应当注明绘制的时间、方位、测绘人姓名、身份等内容。

第三十一条 摘录有关单位制作的与案件事实相关的文件、材料,应当注明出处,并加盖制作单位或者保管单位的印章,摘录人和其他调查人员应当在摘录件上签名或者盖章。

摘录文件、材料应当保持内容相应的完整性,不得断章取义。

三、举证时限与证据交换

第三十二条 被告应当在答辩期届满前提出书面答辩，阐明其对原告诉讼请求及所依据的事实和理由的意见。

第三十三条 人民法院应当在送达案件受理通知书和应诉通知书的同时向当事人送达举证通知书。举证通知书应当载明举证责任的分配原则与要求、可以向人民法院申请调查取证的情形、人民法院根据案件情况指定的举证期限以及逾期提供证据的法律后果。

举证期限可以由当事人协商一致，并经人民法院认可。

由人民法院指定举证期限的，指定的期限不得少于30日，自当事人收到案件受理通知书和应诉通知书的次日起计算。

第三十四条 当事人应当在举证期限内向人民法院提交证据材料，当事人在举证期限内不提交的，视为放弃举证权利。

对于当事人逾期提交的证据材料，人民法院审理时不组织质证。但对方当事人同意质证的除外。

当事人增加、变更诉讼请求或者提起反诉的，应当在举证期限届满前提出。

第三十五条 诉讼过程中，当事人主张的法律关系的性质或者民事行为的效力与人民法院根据案件事实作出的认定不一致的，不受本规定第三十四条规定的限制，人民法院应当告知当事人可以变更诉讼请求。

当事人变更诉讼请求的，人民法院应当重新指定举证期限。

第三十六条 当事人在举证期限内提交证据材料确有困难的，应当在举证期限内向人民法院申请延期举证，经人民法院准许，可以适当延长举证期限。当事人在延长的举证期限内提交证据材料仍有困难的，可以再次提出延期申请，是否准许由人民法院决定。

第三十七条 经当事人申请，人民法院可以组织当事人在开庭审理前交换证据。

人民法院对于证据较多或者复杂疑难的案件，应当组织当事人在答辩期届满后、开庭审理前交换证据。

第三十八条 交换证据的时间可以由当事人协商一致并经人民法院认可，也可以由人民法院指定。

人民法院组织当事人交换证据的，交换证据之日举证期限届满。当事人申请延期举证经人民法院准许的，证据交换日相应顺延。

第三十九条 证据交换应当在审判人员的主持下进行。

在证据交换的过程中，审判人员对当事人无异议的事实、证据应当记录在卷；对有异议的证据，按照需要证明的事实分类记录在卷，并记载异议的理由。通过证据交换，确定双方当事人争议的主要问题。

第四十条 当事人收到对方交换的证据后提出反驳并提出新证据的，人民法院应当通知当事人在指定的时间进行交换。

证据交换一般不超过2次。但重大、疑难和案情特别复杂的案件，人民法院认为确有必要再次进行证据交换的除外。

第四十一条 《民事诉讼法》第一百二十五条 第一款规定的“新的证据”，是指以下情形：

（一）一审程序中的新的证据包括：当事人在一审举证期限届满后新发现的证据；当事人确因客观原因无法在举证期限内提供，经人民法院准许，在延长的期限内仍无法提供的证据。

（二）二审程序中的新的证据包括：一审庭审结束后新发现的证据；当事人在一审举证期限届满前申请人民法院调查取证未获准许，二审法院经审查认为应当准许并依当事人申请调取的证据。

第四十二条 当事人在一审程序中提供新的证据的，应当在一审开庭前或者开庭审理时提出。

当事人在二审程序中提供新的证据的，应当在二审开庭前或者开庭审理时提出；二审不需要开庭审理的，应当在人民法院指定的期限内提出。

第四十三条 当事人举证期限届满后提供的证据不是新的证据的，人民法院不予采纳。

当事人经人民法院准许延期举证，但因客观原因未能在准许的期限内提供，且不审理该证据可能导致裁判明显不公的，其提供的证据可视为新的证据。

第四十四条 《民事诉讼法》第一百七十九条 第一款第（一）项规定的“新的证据”，是指原审庭审结束后新发现的证据。

当事人在再审程序中提供新的证据的，应当在申请再审时提出。

第四十五条 一方当事人提出新的证据的，人民法院应当通知对方当事人在合理期限内提出意见或者举证。

第四十六条 由于当事人的原因未能在指定期限内举证，致使案件在二审或者再审期间因提出新的证据被人民法院发回重审或者改判的，原审裁判不属于错误裁判案件。一方当事人请求提出新的证据的另一方当事人负担由此增加的差旅、误工、证人出庭作证、诉讼等合理费用以及由此扩大的直接损失，人民法院应予支持。

四、质证

第四十七条 证据应当在法庭上出示，由当事人质证。未经质证的证据，不能作为认定案件事实的依据。

当事人在证据交换过程中认可并记录在卷的证据，经审判人员在庭审中说明后，可以作为认定案件事实的依据。

第四十八条 涉及国家秘密、商业秘密和个人隐私或者法律规定的其他应当保密的证据，不得在开庭时公开质证。

第四十九条 对书证、物证、视听资料进行质证时，当事人有权要求出示证据的原件或者原物。但有下列情况之一的除外：

（一）出示原件或者原物确有困难并经人民法院准许出示复制件或者复制品的；

（二）原件或者原物已不存在，但有证据证明复制件、复制品与原件或原物一致的。

第五十条 质证时，当事人应当围绕证据的真实性、关联性、合法性，针对证据证明力有无以及证明力大小，进行质疑、说明与辩驳。

第五十一条 质证按下列顺序进行：

（一）原告出示证据，被告、第三人与原告进行质证；

（二）被告出示证据，原告、第三人与被告进行质证；

（三）第三人出示证据，原告、被告与第三人进行质证。

人民法院依照当事人申请调查收集的证据，作为提出申请的一方当事人提供的证据。

人民法院依照职权调查收集的证据应当在庭审时出示，听取当事人意见，并可就调查收集该证据的情况予以说明。

第五十二条 案件有两个以上独立的诉讼请求的，当事人可以逐个出示证据进行质证。

第五十三条 不能正确表达意志的人，不能作为证人。

待证事实与其年龄、智力状况或者精神健康状况相适应的无民事行为能力人和限制民事行为能力人，可以作为证人。

第五十四条 当事人申请证人出庭作证，应当在举证期限届满10日前提出，并经人民法院许可。

人民法院对当事人的申请予以准许的，应当在开庭审理前通知证人出庭作证，并告知其应当如实作证及作伪证的法律后果。

证人因出庭作证而支出的合理费用，由提供证人的一方当事人先行支付，由败诉一方当事人承担。

第五十五条 证人应当出庭作证，接受当事人的质询。

证人在人民法院组织双方当事人交换证据时出席陈述证言的，可视为出庭作证。

第五十六条 《民事诉讼法》第七十条 规定的"证人确有困难不能出庭"，是指有下列情形：

（一）年迈体弱或者行动不便无法出庭的；

（二）特殊岗位确实无法离开的；

（三）路途特别遥远，交通不便难以出庭的；

（四）因自然灾害等不可抗力的原因无法出庭的；

（五）其他无法出庭的特殊情况。

前款情形，经人民法院许可，证人可以提交书面证言或者视听资料或者通过双向视听传输技术手段作证。

第五十七条 出庭作证的证人应当客观陈述其亲身感知的事实。证人为聋哑人的，可以其他表达方式作证。

证人作证时,不得使用猜测、推断或者评论性的语言。

第五十八条 审判人员和当事人可以对证人进行询问。证人不得旁听法庭审理;询问证人时,其他证人不得在场。人民法院认为有必要的,可以让证人进行对质。

第五十九条 鉴定人应当出庭接受当事人质询。

鉴定人确因特殊原因无法出庭的,经人民法院准许,可以书面答复当事人的质询。

第六十条 经法庭许可,当事人可以向证人、鉴定人、勘验人发问。

询问证人、鉴定人、勘验人不得使用威胁、侮辱及不适当引导证人的言语和方式。

第六十一条 当事人可以向人民法院申请由 1 至 2 名具有专门知识的人员出庭就案件的专门性问题进行说明。人民法院准许其申请的,有关费用由提出申请的当事人负担。

审判人员和当事人可以对出庭的具有专门知识的人员进行询问。

经人民法院准许,可以由当事人各自申请的具有专门知识的人员就有关案件中的问题进行对质。

具有专门知识的人员可以对鉴定人进行询问。

第六十二条 法庭应当将当事人的质证情况记入笔录,并由当事人核对后签名或者盖章。

五、证据的审核认定

第六十三条 人民法院应当以证据能够证明的案件事实为依据依法作出裁判。

第六十四条 审判人员应当依照法定程序,全面、客观地审核证据,依据法律的规定,遵循法官职业道德,运用逻辑推理和日常生活经验,对证据有无证明力和证明力大小独立进行判断,并公开判断的理由和结果。

第六十五条 审判人员对单一证据可以从下列方面进行审核认定:

(一)证据是否原件、原物,复印件、复制品与原件、原物是否相符;

(二)证据与本案事实是否相关;

(三)证据的形式、来源是否符合法律规定;

(四)证据的内容是否真实;

(五)证人或者提供证据的人,与当事人有无利害关系。

第六十六条 审判人员对案件的全部证据,应当从各证据与案件事实的关联程度、各证据之间的联系等方面进行综合审查判断。

第六十七条 在诉讼中,当事人为达成调解协议或者和解的目的作出妥协所涉及的对案件事实的认可,不得在其后的诉讼中作为对其不利的证据。

第六十八条 以侵害他人合法权益或者违反法律禁止性规定的方法取得的证据,不能作为认定案件事实的依据。

第六十九条 下列证据不能单独作为认定案件事实的依据:

(一)未成年人所作的与其年龄和智力状况不相当的证言;

（二）与一方当事人或者其代理人有利害关系的证人出具的证言；

（三）存有疑点的视听资料；

（四）无法与原件、原物核对的复印件、复制品；

（五）无正当理由未出庭作证的证人证言。

第七十条 一方当事人提出的下列证据，对方当事人提出异议但没有足以反驳的相反证据的，人民法院应当确认其证明力：

（一）书证原件或者与书证原件核对无误的复印件、照片、副本、节录本；

（二）物证原物或者与物证原物核对无误的复制件、照片、录像资料等；

（三）有其他证据佐证并以合法手段取得的、无疑点的视听资料或者与视听资料核对无误的复制件；

（四）一方当事人申请人民法院依照法定程序制作的对物证或者现场的勘验笔录。

第七十一条 人民法院委托鉴定部门作出的鉴定结论，当事人没有足以反驳的相反证据和理由的，可以认定其证明力。

第七十二条 一方当事人提出的证据，另一方当事人认可或者提出的相反证据不足以反驳的，人民法院可以确认其证明力。

一方当事人提出的证据，另一方当事人有异议并提出反驳证据，对方当事人对反驳证据认可的，可以确认反驳证据的证明力。

第七十三条 双方当事人对同一事实分别举出相反的证据，但都没有足够的依据否定对方证据的，人民法院应当结合案件情况，判断一方提供证据的证明力是否明显大于另一方提供证据的证明力，并对证明力较大的证据予以确认。

因证据的证明力无法判断导致争议事实难以认定的，人民法院应当依据举证责任分配的规则作出裁判。

第七十四条 诉讼过程中，当事人在起诉状、答辩状、陈述及其委托代理人的代理词中承认的对己方不利的事实和认可的证据，人民法院应当予以确认，但当事人反悔并有相反证据足以推翻的除外。

第七十五条 有证据证明一方当事人持有证据无正当理由拒不提供，如果对方当事人主张该证据的内容不利于证据持有人，可以推定该主张成立。

第七十六条 当事人对自己的主张，只有本人陈述而不能提出其他相关证据的，其主张不予支持。但对方当事人认可的除外。

第七十七条 人民法院就数个证据对同一事实的证明力，可以依照下列原则认定：

（一）国家机关、社会团体依职权制作的公文书证的证明力一般大于其他书证；

（二）物证、档案、鉴定结论、勘验笔录或者经过公证、登记的书证，其证明力一般大于其他书证、视听资料和证人证言；

（三）原始证据的证明力一般大于传来证据；

（四）直接证据的证明力一般大于间接证据；

（五）证人提供的对与其有亲属或者其他密切关系的当事人有利的证言，其证明力一般小于其他证人证言。

第七十八条 人民法院认定证人证言，可以通过对证人的智力状况、品德、知识、经验、法律意识和专业技能等的综合分析作出判断。

第七十九条 人民法院应当在裁判文书中阐明证据是否采纳的理由。

对当事人无争议的证据，是否采纳的理由可以不在裁判文书中表述。

六、其他

第八十条 对证人、鉴定人、勘验人的合法权益依法予以保护。

当事人或者其他诉讼参与人伪造、毁灭证据，提供假证据，阻止证人作证，指使、贿买、胁迫他人作伪证，或者对证人、鉴定人、勘验人打击报复的，依照《民事诉讼法》第一百零二条的规定处理。

第八十一条 人民法院适用简易程序审理案件，不受本解释中第三十二条、第三十三条第三款和第七十九条规定的限制。

第八十二条 本院过去的司法解释，与本规定不一致的，以本规定为准。

第八十三条 本规定自2002年4月1日起施行。2002年4月1日尚未审结的一审、二审和再审民事案件不适用本规定。

本规定施行前已经审理终结的民事案件，当事人以违反本规定为由申请再审的，人民法院不予支持。

本规定施行后受理的再审民事案件，人民法院依据《民事诉讼法》第一百八十六条的规定进行审理的，适用本规定。

十三、中华人民共和国仲裁法

（◆1994年8月31日第八届全国人民代表大会常务委员会第九次会议通过
◆2009年8月27日第十一届全国人民代表大会常务委员会第十次会议
《关于修改部分法律的决定》修正）

第一章 总则

第一条 为保证公正、及时地仲裁经济纠纷，保护当事人的合法权益，保障社会主义市场经济健康发展，制定本法。

第二条 平等主体的公民、法人和其他组织之间发生的合同纠纷和其他财产权益纠纷，可以仲裁。

第三条 下列纠纷不能仲裁：

（一）婚姻、收养、监护、扶养、继承纠纷；

（二）依法应当由行政机关处理的行政争议。

第四条 当事人采用仲裁方式解决纠纷，应当双方自愿，达成仲裁协议。没有仲裁协议，一方申请仲裁的，仲裁委员会不予受理。

第五条 当事人达成仲裁协议，一方向人民法院起诉的，人民法院不予受理，但仲裁协议无效的除外。

第六条 仲裁委员会应当由当事人协议选定。仲裁不实行级别管辖和地域管辖。

第七条 仲裁应当根据事实，符合法律规定，公平合理地解决纠纷。

第八条 仲裁依法独立进行，不受行政机关、社会团体和个人的干涉。

第九条 仲裁实行一裁终局的制度。裁决作出后，当事人就同一纠纷再申请仲裁或者向人民法院起诉的，仲裁委员会或者人民法院不予受理。裁决被人民法院依法裁定撤销或者不予执行的，当事人就该纠纷可以根据双方重新达成的仲裁协议申请仲裁，也可以向人民法院起诉。

第二章　仲裁委员会和仲裁协会

第十条 仲裁委员会可以在直辖市和省、自治区人民政府所在地的市设立，也可以根据需要在其他设区的市设立，不按行政区划层层设立。

仲裁委员会由前款规定的市的人民政府组织有关部门和商会统一组建。

设立仲裁委员会，应当经省、自治区、直辖市的司法行政部门登记。

第十一条 仲裁委员会应当具备下列条件：

（一）有自己的名称、住所和章程；

（二）有必要的财产；

（三）有该委员会的组成人员；

（四）有聘任的仲裁员。

仲裁委员会的章程应当依照本法制定。

第十二条 仲裁委员会由主任1人、副主任2至4人和委员7至11人组成。

仲裁委员会的主任、副主任和委员由法律、经济贸易专家和有实际工作经验的人员担任。仲裁委员会的组成人员中，法律、经济贸易专家不得少于2/3。

第十三条 仲裁委员会应当从公道正派的人员中聘任仲裁员。

仲裁员应当符合下列条　件之一：

（一）从事仲裁工作满8年的；

（二）从事律师工作满8年的；

（三）曾任审判员满8年的；

（四）从事法律研究、教学工作并具有高级职称的；

(五)具有法律知识、从事经济贸易等专业工作并具有高级职称或者具有同等专业水平的。

仲裁委员会按照不同专业设仲裁员名册。

第十四条 仲裁委员会独立于行政机关,与行政机关没有隶属关系。仲裁委员会之间也没有隶属关系。

第十五条 中国仲裁协会是社会团体法人。仲裁委员会是中国仲裁协会的会员。中国仲裁协会的章程由全国会员大会制定。

中国仲裁协会是仲裁委员会的自律性组织,根据章程对仲裁委员会及其组成人员、仲裁员的违纪行为进行监督。

中国仲裁协会依照本法和民事诉讼法的有关规定制定仲裁规则。

第三章 仲裁协议

第十六条 仲裁协议包括合同中订立的仲裁条款和以其他书面方式在纠纷发生前或者纠纷发生后达成的请求仲裁的协议。

仲裁协议应当具有下列内容:

(一)请求仲裁的意思表示;

(二)仲裁事项;

(三)选定的仲裁委员会。

第十七条 有下列情形之一的,仲裁协议无效:

(一)约定的仲裁事项超出法律规定的仲裁范围的;

(二)无民事行为能力人或者限制民事行为能力人订立的仲裁协议;

(三)一方采取胁迫手段,迫使对方订立仲裁协议的。

第十八条 仲裁协议对仲裁事项或者仲裁委员会没有约定或者约定不明确的,当事人可以补充协议;达不成补充协议的,仲裁协议无效。

第十九条 仲裁协议独立存在,合同的变更、解除、终止或者无效,不影响仲裁协议的效力。

仲裁庭有权确认合同的效力。

第二十条 当事人对仲裁协议的效力有异议的,可以请求仲裁委员会作出决定或者请求人民法院作出裁定。一方请求仲裁委员会作出决定,另一方请求人民法院作出裁定的,由人民法院裁定。

当事人对仲裁协议的效力有异议,应当在仲裁庭首次开庭前提出。

第四章 仲裁程序

第一节 申请和受理

第二十一条 当事人申请仲裁应当符合下列条件:

(一)有仲裁协议;

（二）有具体的仲裁请求和事实、理由；

（三）属于仲裁委员会的受理范围。

第二十二条 当事人申请仲裁，应当向仲裁委员会递交仲裁协议、仲裁申请书及副本。

第二十三条 仲裁申请书应当载明下列事项：

（一）当事人的姓名、性别、年龄、职业、工作单位和住所，法人或者其他组织的名称、住所和法定代表人或者主要负责人的姓名、职务；

（二）仲裁请求和所根据的事实、理由；

（三）证据和证据来源、证人姓名和住所。

第二十四条 仲裁委员会收到仲裁申请书之日起5日内，认为符合受理条件的，应当受理，并通知当事人；认为不符合受理条 件的，应当书面通知当事人不予受理，并说明理由。

第二十五条 仲裁委员会受理仲裁申请后，应当在仲裁规则规定的期限内将仲裁规则和仲裁员名册送达申请人，并将仲裁申请书副本和仲裁规则、仲裁员名册送达被申请人。

被申请人收到仲裁申请书副本后，应当在仲裁规则规定的期限内向仲裁委员会提交答辩书。仲裁委员会收到答辩书后，应当在仲裁规则规定的期限内将答辩书副本送达申请人。被申请人未提交答辩书的，不影响仲裁程序的进行。

第二十六条 当事人达成仲裁协议，一方向人民法院起诉未声明有仲裁协议，人民法院受理后，另一方在首次开庭前提交仲裁协议的，人民法院应当驳回起诉，但仲裁协议无效的除外；另一方在首次开庭前未对人民法院受理该案提出异议的，视为放弃仲裁协议，人民法院应当继续审理。

第二十七条 申请人可以放弃或者变更仲裁请求。被申请人可以承认或者反驳仲裁请求，有权提出反请求。

第二十八条 一方当事人因另一方当事人的行为或者其他原因，可能使裁决不能执行或者难以执行的，可以申请财产保全。

当事人申请财产保全的，仲裁委员会应当将当事人的申请依照民事诉讼法的有关规定提交人民法院。

申请有错误的，申请人应当赔偿被申请人因财产保全所遭受的损失。

第二十九条 当事人、法定代理人可以委托律师和其他代理人进行仲裁活动。委托律师和其他代理人进行仲裁活动的，应当向仲裁委员会提交授权委托书。

第二节 仲裁庭的组成

第三十条 仲裁庭可以由3名仲裁员或者1名仲裁员组成。由3名仲裁员组成的，设首席仲裁员。

第三十一条 当事人约定由3名仲裁员组成仲裁庭的，应当各自选定或者各自委托仲裁委员会主任指定1名仲裁员，第三名仲裁员由当事人共同选定或者共同委托仲裁委员会主任指定。第三名仲裁员是首席仲裁员。

当事人约定由1名仲裁员成立仲裁庭的，应当由当事人共同选定或者共同委托仲裁委员会主任指定仲裁员。

第三十二条 当事人没有在仲裁规则规定的期限内约定仲裁庭的组成方式或者选定仲裁员的，由仲裁委员会主任指定。

第三十三条 仲裁庭组成后，仲裁委员会应当将仲裁庭的组成情况书面通知当事人。

第三十四条 仲裁员有下列情形之一的，必须回避，当事人也有权提出回避申请：

(一)是本案当事人或者当事人、代理人的近亲属；

(二)与本案有利害关系；

(三)与本案当事人、代理人有其他关系，可能影响公正仲裁的；

(四)私自会见当事人、代理人，或者接受当事人、代理人的请客送礼的。

第三十五条 当事人提出回避申请，应当说明理由，在首次开庭前提出。回避事由在首次开庭后知道的，可以在最后一次开庭终结前提出。

第三十六条 仲裁员是否回避，由仲裁委员会主任决定；仲裁委员会主任担任仲裁员时，由仲裁委员会集体决定。

第三十七条 仲裁员因回避或者其他原因不能履行职责的，应当依照本法规定重新选定或者指定仲裁员。

因回避而重新选定或者指定仲裁员后，当事人可以请求已进行的仲裁程序重新进行，是否准许，由仲裁庭决定；仲裁庭也可以自行决定已进行的仲裁程序是否重新进行。

第三十八条 仲裁员有本法第三十四条第四项规定的情形，情节严重的，或者有本法第五十八条 第六项规定的情形的，应当依法承担法律责任，仲裁委员会应当将其除名。

第三节 开庭和裁决

第三十九条 仲裁应当开庭进行。当事人协议不开庭的，仲裁庭可以根据仲裁申请书、答辩书以及其他材料作出裁决。

第四十条 仲裁不公开进行。当事人协议公开的，可以公开进行，但涉及国家秘密的除外。

第四十一条 仲裁委员会应当在仲裁规则规定的期限内将开庭日期通知双方当事人。当事人有正当理由的，可以在仲裁规则规定的期限内请求延期开庭。是否延期，由仲裁庭决定。

第四十二条 申请人经书面通知，无正当理由不到庭或者未经仲裁庭许可中途退庭的，可以视为撤回仲裁申请。

被申请人经书面通知，无正当理由不到庭或者未经仲裁庭许可中途退庭的，可以缺席裁决。

第四十三条 当事人应当对自己的主张提供证据。

仲裁庭认为有必要收集的证据，可以自行收集。

第四十四条 仲裁庭对专门性问题认为需要鉴定的，可以交由当事人约定的鉴定部门鉴定，也可以由仲裁庭指定的鉴定部门鉴定。根据当事人的请求或者仲裁庭的要求，鉴定部门应当派鉴定人参加开庭。当事人经仲裁庭许可，可以向鉴定人提问。

第四十五条 证据应当在开庭时出示，当事人可以质证。

第四十六条 在证据可能灭失或者以后难以取得的情况下，当事人可以申请证据保全。当事人申请证据保全的，仲裁委员会应当将当事人的申请提交证据所在地的基层人民法院。

第四十七条 当事人在仲裁过程中有权进行辩论。辩论终结时，首席仲裁员或者独任仲裁员应当征询当事人的最后意见。

第四十八条 仲裁庭应当将开庭情况记入笔录。当事人和其他仲裁参与人认为对自己陈述的记录有遗漏或者差错的，有权申请补正。如果不予补正，应当记录该申请。笔录由仲裁员、记录人员、当事人和其他仲裁参与人签名或者盖章。

第四十九条 当事人申请仲裁后，可以自行和解。达成和解协议的，可以请求仲裁庭根据和解协议作出裁决书，也可以撤回仲裁申请。

第五十条 当事人达成和解协议，撤回仲裁申请后反悔的，可以根据仲裁协议申请仲裁。

第五十一条 仲裁庭在作出裁决前，可以先行调解。当事人自愿调解的，仲裁庭应当调解。调解不成的，应当及时作出裁决。

调解达成协议的，仲裁庭应当制作调解书或者根据协议的结果制作裁决书。调解书与裁决书具有同等法律效力。

第五十二条 调解书应当写明仲裁请求和当事人协议的结果。调解书由仲裁员签名，加盖仲裁委员会印章，送达双方当事人。调解书经双方当事人签收后，即发生法律效力。

在调解书签收前当事人反悔的，仲裁庭应当及时作出裁决。

第五十三条 裁决应当按照多数仲裁员的意见作出，少数仲裁员的不同意见可以记入笔录。仲裁庭不能形成多数意见时，裁决应当按照首席仲裁员的意见作出。

第五十四条 裁决书应当写明仲裁请求、争议事实、裁决理由、裁决结果、仲裁费用的负担和裁决日期。当事人协议不愿写明争议事实和裁决理由的，可以不写。裁决书由仲裁员签名，加盖仲裁委员会印章。对裁决持不同意见的仲裁员，可以签名，也可以不签名。

第五十五条 仲裁庭仲裁纠纷时，其中一部分事实已经清楚，可以就该部分先行裁决。

第五十六条 对裁决书中的文字、计算错误或者仲裁庭已经裁决但在裁决书中遗漏的事项，仲裁庭应当补正；

当事人自收到裁决书之日起30日内，可以请求仲裁庭补正。

第五十七条 裁决书自作出之日起发生法律效力。

第五章 申请撤销裁决

第五十八条 当事人提出证据证明裁决有下列情形之一的，可以向仲裁委员会所在地的中级人民法院申请撤销裁决：

（一）没有仲裁协议的；

（二）裁决的事项不属于仲裁协议的范围或者仲裁委员会无权仲裁的；

（三）仲裁庭的组成或者仲裁的程序违反法定程序的；

（四）裁决所根据的证据是伪造的；

（五）对方当事人隐瞒了足以影响公正裁决的证据的；

（六）仲裁员在仲裁该案时有索贿受贿，徇私舞弊，枉法裁决行为的。

人民法院经组成合议庭审查核实裁决有前款规定情形之一的，应当裁定撤销。

人民法院认定该裁决违背社会公共利益的，应当裁定撤销。

第五十九条 当事人申请撤销裁决的，应当自收到裁决书之日起6个月内提出。

第六十条 人民法院应当在受理撤销裁决申请之日起两个月内作出撤销裁决或者驳回申请的裁定。

第六十一条 人民法院受理撤销裁决的申请后，认为可以由仲裁庭重新仲裁的，通知仲裁庭在一定期限内重新仲裁，并裁定中止撤销程序。仲裁庭拒绝重新仲裁的，人民法院应当裁定恢复撤销程序。

第六章 执行

第六十二条 当事人应当履行裁决。一方当事人不履行的，另一方当事人可以依照民事诉讼法的有关规定向人民法院申请执行。受申请的人民法院应当执行。

第六十三条 被申请人提出证据证明裁决有民事诉讼法第二百一十三条第二款规定的情形之一的，经人民法院组成合议庭审查核实，裁定不予执行。

第六十四条 一方当事人申请执行裁决，另一方当事人申请撤销裁决的，人民法院应当裁定中止执行。

人民法院裁定撤销裁决的，应当裁定终结执行。撤销裁决的申请被裁定驳回的，人民法院应当裁定恢复执行。

第七章 涉外仲裁的特别规定

第六十五条 涉外经济贸易、运输和海事中发生的纠纷的仲裁，适用本章规定。本章没有规定的，适用本法其他有关规定。

第六十六条 涉外仲裁委员会可以由中国国际商会组织设立。

涉外仲裁委员会由主任1人、副主任若干人和委员若干人组成。

涉外仲裁委员会的主任、副主任和委员可以由中国国际商会聘任。

第六十七条 涉外仲裁委员会可以从具有法律、经济贸易、科学技术等专门知识的外籍人士中聘任仲裁员。

第六十八条 涉外仲裁的当事人申请证据保全的，涉外仲裁委员会应当将当事人的申请提交证据所在地的中级人民法院。

第六十九条 涉外仲裁的仲裁庭可以将开庭情况记入笔录，或者作出笔录要点，笔录要点可以由当事人和其他仲裁参与人签字或者盖章。

第七十条 当事人提出证据证明涉外仲裁裁决有民事诉讼法第二百五十八条 第一款规定的情形之一的，经人民法院组成合议庭审查核实，裁定撤销。

第七十一条 被申请人提出证据证明涉外仲裁裁决有民事诉讼法第二百五十八条 第一款规定的情形之一的，经人民法院组成合议庭审查核实，裁定不予执行。

第七十二条 涉外仲裁委员会作出的发生法律效力的仲裁裁决，当事人请求执行的，如果被执行人或者其财产不在中华人民共和国领域内，应当由当事人直接向有管辖权的外国法院申请承认和执行。

第七十三条 涉外仲裁规则可以由中国国际商会依照本法和民事诉讼法的有关规定制定。

第八章 附则

第七十四条 法律对仲裁时效有规定的，适用该规定。法律对仲裁时效没有规定的，适用诉讼时效的规定。

第七十五条 中国仲裁协会制定仲裁规则前，仲裁委员会依照本法和民事诉讼法的有关规定可以制定仲裁暂行规则。

第七十六条 当事人应当按照规定交纳仲裁费用。

收取仲裁费用的办法，应当报物价管理部门核准。

第七十七条 劳动争议和农业集体经济组织内部的农业承包合同纠纷的仲裁，另行规定。

第七十八条 本法施行前制定的有关仲裁的规定与本法的规定相抵触的，以本法为准。

第七十九条 本法施行前在直辖市、省、自治区人民政府所在地的市和其他设区的市设立的仲裁机构，应当依照本法的有关规定重新组建；未重新组建的，自本法施行之日起届满1年时终止。

本法施行前设立的不符合本法规定的其他仲裁机构，自本法施行之日起终止。

第八十条 本法自1995年9月1日起施行。

十四、最高人民法院关于当事人对仲裁协议的效力提出异议由哪一级人民法院管辖问题的批复

（◆2000年8月8日◆法释[2000]25号）

山东省高级人民法院：

你院鲁高法[1998]144号《关于当事人对仲裁协议的效力有异议应该向何人民法院请求作

出裁定以及人民法院如何作出裁定的请示》收悉。经研究,答复如下:

关于请示的第一个问题,当事人协议选择国内仲裁机构仲裁后,一方对仲裁协议的效力有异议请求人民法院作出裁定的,由该仲裁委员会所在地的中级人民法院管辖。当事人对仲裁委员会没有约定或者约定不明的,由被告所在地的中级人民法院管辖。

关于请示的第二个问题,我院法释(1998)27 号批复已有明确规定,在此不再答复。

此复。

十五、最高人民法院关于适用《中华人民共和国仲裁法》若干问题的解释

(◆2006 年 8 月 23 日◆法释[2006]7 号)

根据《中华人民共和国仲裁法》和《中华人民共和国民事诉讼法》等法律规定,对人民法院审理涉及仲裁案件适用法律的若干问题作如下解释:

第一条 仲裁法第十六条 规定的“其他书面形式”的仲裁协议,包括以合同书、信件和数据电文(包括电报、电传、传真、电子数据交换和电子邮件)等形式达成的请求仲裁的协议。

第二条 当事人概括约定仲裁事项为合同争议的,基于合同成立、效力、变更、转让、履行、违约责任、解释、解除等产生的纠纷都可以认定为仲裁事项。

第三条 仲裁协议约定的仲裁机构名称不准确,但能够确定具体的仲裁机构的,应当认定选定了仲裁机构。

第四条 仲裁协议仅约定纠纷适用的仲裁规则的,视为未约定仲裁机构,但当事人达成补充协议或者按照约定的仲裁规则能够确定仲裁机构的除外。

第五条 仲裁协议约定两个以上仲裁机构的,当事人可以协议选择其中的一个仲裁机构申请仲裁;当事人不能就仲裁机构选择达成一致的,仲裁协议无效。

第六条 仲裁协议约定由某地的仲裁机构仲裁且该地仅有一个仲裁机构的,该仲裁机构视为约定的仲裁机构。该地有两个以一卜仲裁机构的,当事人可以协议选择其中的一个仲裁机构申请仲裁;当事人不能就仲裁机构选择达成一致的,仲裁协议无效。

第七条 当事人约定争议可以向仲裁机构申请仲裁也可以向人民法院起诉的,仲裁协议无效。但一方向仲裁机构申请仲裁,另一方未在仲裁法第二十条第二款规定期间内提出异议的除外。

第八条 当事人订立仲裁协议后合并、分立的,仲裁协议刘对其权利义务的继受人有效。

当事人订立仲裁协议后死亡的,仲裁协议对承继其仲裁事项中的权利义务的继承人有效。

前两款规定情形,当事人订立仲裁协议时另有约定的除外。

第九条 债权债务全部或者部分转让的，仲裁协议对受让人有效，但当事人另有约定、在受让债权债务时受让人明确反对或者不知有单独仲裁协议的除外。

第十条 合同成立后未生效或者被撤销的，仲裁协议效力的认定适用仲裁法第十九条第一款的规定。

当事人在订立合同时就争议达成仲裁协议的，合同未成立不影响仲裁协议的效力。

第十一条 合同约定解决争议适用其他合同、文件中的有效仲裁条款的，发生合同争议时，当事人应当按照该仲裁条款提请仲裁。

涉外合同应当适用的有关国际条约中有仲裁规定的，发生合同争议时，当事人应当按照国际条约中的仲裁规定提请仲裁。

第十二条 当事人向人民法院申请确认仲裁协议效力的案件，由仲裁协议约定的仲裁机构所在地的中级人民法院管辖；仲裁协议约定的仲裁机构不明确的，由仲裁协议签订地或者被申请人住所地的中级人民法院管辖。

申请确认涉外仲裁协议效力的案件，由仲裁协议约定的仲裁机构所在地、仲裁协议签订地、申请人或者被申请人住所地的中级人民法院管辖。

涉及海事海商纠纷仲裁协议效力的案件，由仲裁协议约定的仲裁机构所在地、仲裁协议签订地、申请人或者被申请人住所地的海事法院管辖；上述地点没有海事法院的，由就近的海事法院管辖。

第十三条 依照仲裁法第二十条第二款的规定，当事人在仲裁庭首次开庭前没有对仲裁协议的效力提出异议，而后向人民法院申请确认仲裁协议无效的，人民法院不予受理。

仲裁机构对仲裁协议的效力作出决定后，当事人向人民法院申请确认仲裁协议效力或者申请撤销仲裁机构的决定的，人民法院不予受理。

第十四条 仲裁法第二十六条规定的“首次开庭”是指答辩期满后人民法院组织的第一次开庭审理，不包括审前程序中的各项活动。

第十五条 人民法院审理仲裁协议效力确认案件，应当组成合议庭进行审查，并询问当事人。

第十六条 对涉外仲裁协议的效力审查，适用当事人约定的法律；当事人没有约定适用的法律但约定了仲裁地的，适用仲裁地法律；没有约定适用的法律也没有约定仲裁地或者仲裁地约定不明的，适用法院地法律。

第十七条 当事人以不属于仲裁法第五十八条或者民事诉讼法第二百五十八条规定的事由申请撤销仲裁裁决的，人民法院不予支持。

第十八条 仲裁法第五十八条第一款第一项规定的“没有仲裁协议”是指当事人没有达成仲裁协议。仲裁协议被认定无效或者被撤销的，视为没有仲裁协议。

第十九条 当事人以仲裁裁决事项超出仲裁协议范围为由申请撤销仲裁裁决，经审查属实的，人民法院应当撤销仲裁裁决中的超裁部分。但超裁部分与其他裁决事项不可分的，人民法院应当撤销仲裁裁决。

第二十条 仲裁法第五十八条规定的"违反法定程序",是指违反仲裁法规定的仲裁程序和当事人选择的仲裁规则可能影响案件正确裁决的情形。

第二十一条 当事人申请撤销国内仲裁裁决的案件属于下列情形之一的,人民法院可以依照仲裁法第六十一条的规定通知仲裁庭在一定期限内重新仲裁:

(一)仲裁裁决所根据的证据是伪造的;

(二)对方当事人隐瞒了足以影响公正裁决的证据的。

人民法院应当在通知中说明要求重新仲裁的具体理由。

第二十二条 仲裁庭在人民法院指定的期限内开始重新仲裁的,人民法院应当裁定终结撤销程序;未开始重新仲裁的,人民法院应当裁定恢复撤销程序。

第二十三条 当事人对重新仲裁裁决不服的,可以在重新仲裁裁决书送达之日起六个月内依据仲裁法第五十八条规定向人民法院申请撤销。

第二十四条 当事人申请撤销仲裁裁决的案件,人民法院应当组成合议庭审理,并询问当事人。

第二十五条 人民法院受理当事人撤销仲裁裁决的申请后,另一方当事人申请执行同一仲裁裁决的,受理执行申请的人民法院应当在受理后裁定中止执行。

第二十六条 当事人向人民法院申请撤销仲裁裁决被驳回后,又在执行程序中以相同理由提出不予执行抗辩的,人民法院不予支持。

第二十七条 当事人在仲裁程序中未对仲裁协议的效力提出异议,在仲裁裁决作出后以仲裁协议无效为由主张撤销仲裁裁决或者提出不予执行抗辩的,人民法院不予支持。

当事人在仲裁程序中对仲裁协议的效力提出异议,在仲裁裁决作出后又以此为由主张撤销仲裁裁决或者提出不予执行抗辩,经审查符合仲裁法第五十八条或者民事诉讼法第二百一十三条、第二百五十八条规定的,人民法院应予支持。

第二十八条 当事人请求不予执行仲裁调解书或者根据当事人之间的和解协议作出的仲裁裁决书的,人民法院不予支持。

第二十九条 当事人申请执行仲裁裁决案件,由被执行人住所地或者被执行的财产所在地的中级人民法院管辖。

第三十条 根据审理撤销、执行仲裁裁决案件的实际需要,人民法院可以要求仲裁机构作出说明或者向相关仲裁机构调阅仲裁案卷。

人民法院在办理涉及仲裁的案件过程中作出的裁定,可以送相关的仲裁机构。

第三十一条 本解释自2006年9月8日起实施。

本院以前发布的司法解释与本解释不一致的,以本解释为准。